社会组织建设的新视野

中国和澳大利亚经验分析

主编◎廖鸿

时事出版社

目　录

第一编　社会组织的培育与扶持

第二编　社区社会组织的发展与治理

第三编 公益慈善组织的运作与管理

Contents

Part 1 Government Support for the Development of NGOs

Part 2 Development and Governance of Community NGOs

Part 3 The Operation and Management of Not-For-Profit Organizations and Charitable Organizations

第 一 编

社会组织的培育与扶持

加强政府与非营利组织合作伙伴关系的财税政策探析*

李冬妍

近年来，中国公益慈善事业发展迅速，在帮助弱势群体、调节贫富差距、促进社会和谐稳定和提供公共服务等方面发挥着越来越重要的作用。中国政府对民间非营利组织发展的关注与重视都在不断加强，并对其在公共服务体系建设中发挥积极作用寄予了很大的希望：2005 年政府工作报告指出，“坚决把政府不该管的事交给企业、市场和社会组织，充分发挥社会团体、行业协会、商会和中介机构的作用”；2006 年 3 月十届全国人大四次会议批准的《中华人民共和国国民经济和社会发展第十一个五年规划纲要》，进一步把“规范和引导民间组织有序发展”作为完善社会管理体制的重要内容，明确提出在“十一五”期间要“培育发展行业协会、学会、公益慈善和基层服务性民间组织，发挥提供服务、反映诉求、规范行为的作用”；2006 年 10 月十六届六中全会提出“健全社会组织，增强服务社会功能”、“坚持培育发展和管理监督并重，完善培育扶持和依

* 本文是联合国儿童基金会项目“公共财政支持民间组织政策研究”（YJ602）的阶段性研究成果。在此，感谢中央财经大学保险学院郑苏晋老师、民政部民间组织管理局安宁处长在本文形成过程中给予的宝贵建议，当然，文责自负。

法管理社会组织的政策”、“鼓励社会力量在教育、科技、文化、卫生、体育、社会福利等领域兴办民办非企业单位；发挥行业协会、学会、商会等社会团体的社会功能，为经济社会发展服务；发展和规范各类基金会，促进公益事业发展”。

中国政府对民生问题的政策倾斜，政府由生产型政府向公共服务型政府的职能转型，这些背景都使加强政府与非营利组织的合作伙伴关系成为财税政策研究的重要命题。

一、非营利组织界定及其在公共服务体系中的定位

（一）非营利组织的含义与类型

1. 非营利组织的界定

事实上，非营利组织并不是一个具有严格定义的术语，各个国家和地区根据自己的实际情况对非营利组织的界定有不同侧重，且处于不断发展过程中。通常对非营利组织的定义是通过对其基本属性的归纳来给出的，例如引用率极高的美国约翰·霍普金斯大学莱斯特·萨拉蒙（Lester M. Salamon）所提出的 NPOs 基本特征：组织性（formal）、民间性（private）、非营利性（non-profit distributing）、自治性（self-governing）和志愿性（voluntary）；或者，对其定义通常是从“NOT”的角度，而非“IS”的角度做出。即大多数情况下，其定义都在说明它“不是、不做”什么，如：中国 2005 年 1 月 1 日开始实施的《民间非营利组织会计制度》中规定非营利组织应“不以营利为宗旨和目的、资源提供者向该组织投入资源不取得经济回报、资源提供者不享有该组织的所有权”；再如：澳大利亚政府对非营利性机构的定义是，“这是一些组织，性质是非营利性的，

不进行利润分配，它们在机构上独立于政府，进行自我管理，不是义务性质的"[①]。在中国语境中，通常将 NPO 称为"民间组织"(Civil or Civilian Organizations)。

由于中国非营利组织的发展处于从"官办"、"半官办"向"民办"转型的过渡阶段，其基本特征并不严格满足西方学界对 NPOs 的界定，但中国的确存在为数众多的、在行为和运作机制上既不同于政府又不同于企业的、不以营利为目的、且不进行利润分配的社会组织。康晓光（2001 年）提出，只要是依法注册的正式组织，从事非营利性活动，满足志愿性和公益性要求，具有不同程度的独立性和自治性，即可被称为非营利组织。王名等（2001 年）认为非营利组织是指在政府部门和以营利为目的的市场部门（企业）之外的一切志愿团体、社会组织或民间协会。

2. 非营利组织的分类

非营利组织类型多样，既可以是免税又可以是应税的组织，其共同特点在于没有所有者，依靠捐赠、资助、会费或服务费等非营利性收入作为资金来源。从具体形式来看，美国约翰·霍·普金斯大学（JHU）的研究人员提出了非营利组织国际分类表（ICNPO），将非营利性组织划分为 12 个类别：（1）文化娱乐；（2）教育研究；（3）卫生；（4）社会服务；（5）环境；（6）发展与收容；（7）法律、宣传和政治；（8）慈善媒介和志愿推广；（9）国际行动；（10）宗教；（11）商业和专业协会、联合会；（12）其他。

清华大学 NGO 研究所的王名和贾西津认为，中国现阶段的非营利组织应主要包括五大类：（1）会员制互益型组织，这其中又可细分为经济性、社会性及其他性质的会员制互益型组织；（2）公益型组织，这其中包括会员制公益型组织、运作型组织和实体型社会服务机构等；（3）人民团体；（4）转型中的国有事业单位；（5）未登

① 澳大利亚国民核算：非营利性机构附属账户 1999—2000，澳大利亚统计局，卷宗编号 5256.0，2002。

记或转登记的团体。这一分类较为全面地涵盖了目前中国各类非营利组织。

中国现行法律法规对非营利组织的分类是根据法人身份来界定的，从管理的角度将民间非营利组织分为在民政部门登记注册的社会团体、基金会和民办非企业单位三类，不包括上面分类中提到的公立组织（例如政府建立的非营利导向的人民团体、公立学校、公立医院等事业单位）[①]。

（二）非营利组织是公共服务体系不可或缺的组成部分

1. 非营利组织提供的公共产品是政府供给的有力补充

非营利组织弥补“市场失灵”和“政府失灵”，具有分担部分社会管理职能、促进公益的特点，具有良好的自适应性，起到粘接政府与企业两类主体的作用，是公共事业中不可或缺的重要组成部分。从非营利组织的诞生与发展来看，非营利组织正是应解决社会问题的需求而出现的社会组织，其核心功能就在于提供公共服务。政府和市场在提供公共产品方面的局限性，导致了对非营利部门的功能需求，这是非营利部门存在的主要原因。从历史上看，原则上凡是不能通过国家以及市场解决的社会问题，都在非营利组织的视野之内。相对于政府和市场在公共服务中的供给不足，非营利组织的延展服务不可或缺。

2. 非营利组织提供公共服务的优势

非营利组织有着不同于政府和企业的本质区别，在公共产品提供方面具有很多独一无二的优势。

① 中国的许多社会福利、教育、卫生、科学和文化活动是由人民团体、事业单位实施的，尽管这些组织无法严格满足非营利组织的民间性、志愿性等基本特征，但又无疑是非营利性的组织。中国人民团体和事业单位由于其机构设置、人员编制和经费来源主要由政府决定或财政供给，各类适用于事业单位的法律规定具有特殊性，且目前为数超过100万的事业单位中，很多处于转型过程中，因此，这些特定的非营利组织暂不纳入本文的研究范畴。

(1) 非营利组织与营利组织的本质区别使其具有提供公共服务的优势

“非分配约束”(non-distribution constraint)是非营利组织区别于营利性组织的最重要的特征，这一本质区别使得某些特定的活动只能由非营利组织而不是营利组织来承担。所谓“非分配约束”，是指非营利组织不能把获得的净收入(net earnings)分配给对该组织实施控制的个人，包括组织成员、管理人员、理事等。净收入必须完全用于为组织的进一步发展提供资金。这个特征使得非营利组织在提供存在信息不对称的商品和服务时，尽管有能力去提高价格或降低产品质量，而且不用担心消费者的报复，但他们仍然不会去损害消费者的利益，因为他们所获得的利润不能参与分配。这在很大程度上抑制了生产者实施机会主义行为的动机，从而维护了消费者的利益。

(2) 非营利组织提供公共产品，能够促进公共服务供给效率最大化

正如经济学理论与实践中早就被证明了的，不同种类的公共产品由于其特征上的差异，决定了其供给方式上的不同。充分发挥构成社会的各类组织与部门的作用与功能，采取不同方式供给不同种类的公共产品符合效用最大化原则。打破政府垄断供给、实现公共服务的提供者（政府、企业、非营利组织）多元并存、竞争发展，是降低公共服务供给成本的有效渠道。

(3) 非营利组织提供公共服务能够满足公共需求的多样性与异质性

政府提供公共品的数量和质量往往都是为了满足社会的平均水平，而且是由政治决策过程决定，但对数量巨大的多样化、异质需求却不能很好满足。非营利组织作为公民表达自身利益的代言人，提供的公共服务种类多、覆盖面大、针对性强，能够扩大消费者在多元供给者间进行选择的权力和得以选择的资源，从而实现消费者效用的最大化。

3. 非营利组织是政府有力的公私合作伙伴

政府、市场和第三部门之间存在着频繁的互动和交换关系，包

括竞争与合作、各种资源的交换等。当不止一个部门的组织提供相似服务的时候，就存在着竞争关系；当集中不同的资源来共同解决社会问题的时候，彼此之间就是合作关系。以城市中给老年人提供食品为例，政府出钱购买食品，营利性的组织如餐馆等负责准备食品，非营利组织来协调这些活动并负责组织志愿者来发送食品。

非营利组织与政府存在天然的合作伙伴关系，因此成为积极影响社会的重要组织制度创新形式，并在公共治理中扮演着越来越重要的角色。“伙伴关系”作为现代公共治理中的一个重要理念，体现了治理主体的多元化及其相互之间的协同作用。政府、非营利性组织、营利性组织、个人、社区等，均可能参与到公共管理的过程中。从而，存在多种层次的伙伴关系：公私部门间的伙伴关系，政府与非营利组织间的伙伴关系，中央政府与地方政府间的伙伴关系，地方与社区间的伙伴关系，政府各部门间伙伴关系等。其中，政府与民间组织的伙伴关系是伙伴关系最突出的方面，也是国际社会20世纪90年代以来的发展趋势。1998年11月，英国率先由首相代表国家签署《英格兰和威尔士地区政府与志愿及社区部门关系协定》(COMPACT)，将政府与民间的伙伴关系作为一项国家政策确立下来。其后，苏格兰地区，以及加拿大、新加坡等诸多国家也出台了类似的协定或守则，“伙伴关系”都成为政府与公民社会之间更为广泛实践的一种理念。

二、中国民间非营利组织的发展与政府合作

随着中国经济水平及市场化水平的提高，政府公共性支出的比重不断增加，生产性支出不断减少，而且公共服务供给的方式正在逐步转变，越来越多地由政府直接生产向市场供给的模式转变。与此同时，政府加强了与非营利组织，尤其是与公益性非营利组织的合作。

（一）中国民间非营利组织的基本现状

1. 中国民间非营利组织的形成与发展

近年来，随着改革开放和社会主义市场经济、民主政治的发展，各种各样的民间组织大量涌现并发展，整体质量明显提高。从总体趋势来看，中国民间组织体系从1999年起发育成型，之后发展迅速（参见图1）。截至2006年底，中国各类民间组织已发展到35.4万多个，其中社会团体19.1万个，基金会1144个，民办非企业单位16.1万个。[①] 2008年，其总体规模达到38万个，同时还有1千多万的志愿者队伍。

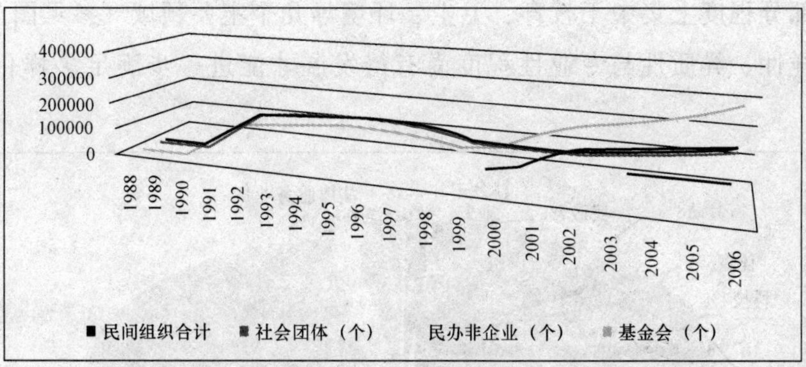

图1 中国民间组织发展走势图[②]

2. 中国民间组织提供公共服务的基本情况

中国三类民间组织在发展中表现出不同的特点。基金会是典型的公益性组织，尽管数量在民间组织中最少，但却在基础教育、赈灾救灾、扶贫济困、卫生环保、帮助妇女儿童和老弱贫残等方面发挥了极大的作用。据初步统计，全国基金会的资产总额已经突破百

① 中华人民共和国民政部：《中国民政统计年鉴2006》，中国统计出版社，2007年版。

② 2002年以前的基金会含在社会团体内。

亿元，年募集资金超过 80 亿元。2006 年，在民政部登记的基金会共有 110 家，其中有 92 个基金会参加民政部年检，其净资产总额达到 54.2 亿元，公益支出达到 25.6 亿元，呈现出快速发展的态势。①

社会团体的数量在三类民间组织中数量最多，尽管其互益性较强，但是近年来他们却积极参与公益事业并初步得到社会与政府的认可。这些公益性的社团大多集中在扶贫、环保、志愿事业以及疾病救治等领域。

民办非企业单位一般直接提供服务，在民政部登记的不多，大部分都是在地方工商部门登记的，它们提供的服务种类多样，如为老服务、心理矫正服务、就业服务等，也是未来提供公共服务的重要力量。

从提供服务的类型上看，目前中国民间组织提供服务的种类绝大部分程度上集中于教育、卫生、环境等几个主要领域（参见图 2），多样性、异质性与专业性程度尚有待发展才能进一步满足多样化的

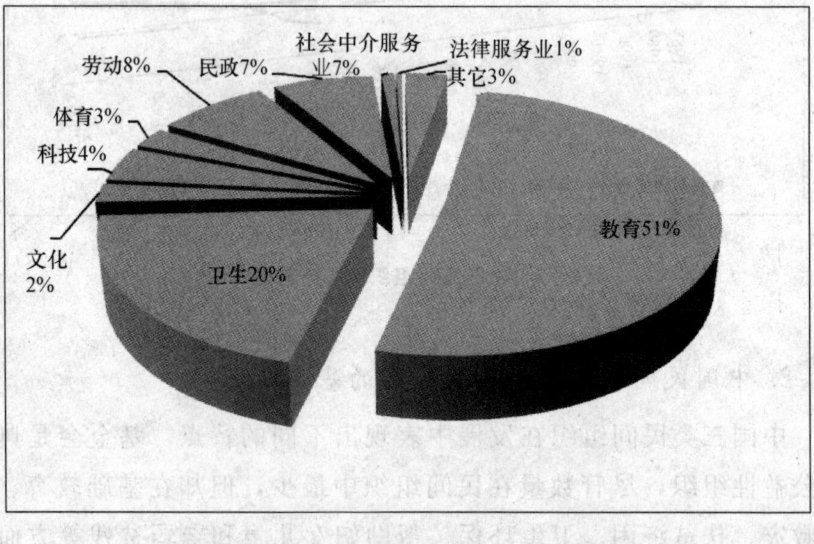

图 2 2004 年中国民间组织提供服务结构图

---

① 中华人民共和国民政部：《中国民政统计年鉴 2006》，中国统计出版社，2007 年版。

公共需求，这就需要政府加大引导、监督管理与扶持力度。

（二）中国政府与民间非营利组织的合作

随着中国公共服务型政府建设，政府职能积极转型、民间组织蓬勃兴起，在很多地区和领域都出现了政府与民间合作的尝试与创新。这些实践为政府支持非营利组织的发展积累了丰富的经验，同时也提出了很多问题，迫切需要理论的支持与推进。

1. 经验

近几年来，在民政与财政部门的大力推进下，中国各级地方政府以购买公共服务形式同 NPO 进行合作的探索逐渐活跃。上海、北京、江苏等地均做出了有益的尝试，购买公共服务的范围逐渐拓展，包括各类养老为老服务、就业服务、培训服务、扶贫服务、心理矫正服务、法律服务、环境保护服务等等。各类实践中获得政府与 NPOs 合作并培育发展 NPOs 的一些具有普遍性的经验，包括：资金支持、政府补贴、设施支持、税收优惠。

2. 遇到的问题

中国政府与 NPOs 合作还处于摸索阶段，总结近年的实践，尚有几方面不足值得关注：首先，政府与非营利组织的合作尚未纳入法定程序，无论是政府对非营利组织的支持，抑或是创新型合作方式的探索，均缺乏高层次法律制度的支撑与保障。其次，公共服务的提供方——民间非营利组织的发育不健全、供给能力不足。再次，中国文化、人文等社会大环境尚有待成熟。

三、加强政府与非营利组织合作的财税政策建议

理论界与实践部门都越来越深刻地感受到非营利组织作为公共

服务提供方的重要地位，这种公共服务是在加强而不是削弱公共权力。因而，健全中国民间组织相关法律法规，尤其是完善政府与非营利组织合作的财政、税收政策，是实现中国政府职能转型、创新公共服务体系的必然选择。

（一）转变政府职能，确立公益性民间组织为重要合作伙伴关系

政府实现管理理念的创新，从根本上重视民间组织的发展，尤其是支持公益性民间组织的发展与成长。公益性活动属于基本公共服务的重要范畴，与民生息息相关，公益性民间组织以公共利益为唯一目的，其活动的受益对象是社会公众，特别是某些处于弱势地位以及其他值得给予特别关照的特定群体。因此，公益性民间组织应成为新型公共服务体系的重要依托。在政府购买的初期发展阶段，先从公益性服务开始购买是政府部门的必然选择。将公益性民间组织置于重要的合作伙伴位置，则政府应重视民间组织的主体独立性，在政策制定、合约订立、服务管理、评估监督等各个环节，按照法制原则而非行政原则来办事。

在中国民间组织中，除基金会从成立之日起就自动享有公益组织的地位，其他民间组织是否具有公益性，主要取决于其章程、宗旨和实际活动与行为，需要权威部门的甄别与年度审核。笔者建议进一步规范对公益性民间组织的认定标准与程序，并加强相关立法工作。

（二）建立新型公共服务体系，创新“政府购买”合作模式

在建立新型公共服务体系的过程中，应科学运用政府购买公共服务的模式。政府购买公共服务（Government Purchase of Service Contracting，GPSC）是指政府部门为了履行服务社会公众的职能，通过政府财政向各类社会组织直接购买公共服务从而实现政府财政

效率最大化的行为；更具体地说，是指政府通过合同的方式向营利、非营利组织或其他部门签订契约、由政府界定服务的种类、数量及品质，向受托者支付费用以购买全部或部分公共服务的模式。政府购买公共服务的本质是一种行政委托—代理行为；政府与受托者间以契约关系为纽带；从财政资金角度来看，可以认为是一种财政资金的转移支付。广义上看，政府购买公共服务其实也是一种政府采购，传统的政府采购仅指政府购买办公用品等基本实物，而随着政府职能的转变，对无形产品与公共服务的购买也成为一种更具效率的实现手段。市场机制的引入，使政府得以将原本直接以财政投入方式进行的直接生产或对生产方给予的直接投资等生产性支出，转变为公共服务性支出。

1. 明确政府购买公共服务相关法律法规，购买程序规范化

政府购买公共服务作为一项规范的政府工具之一，必然需要明确的法律作为制度保障。可纳入中国《政府采购法》之中，以单列形式规定公共服务购买细则。购买—委托—评估—认证—问责等诸环节都应纳入相应的法定程序，为民间组织的参与提供制度化的渠道。此外，将政府购买公共服务纳入法定程序的一个重要举措就是建立公共服务采购预算，这是民间组织参与政府采购的运行平台，可以结合推进中的政府收支分类改革，按照公共服务的类型与模式，采取以服务类型为基础的跨部门预算管理模式。为推动政府向民间组织购买公共服务，中央政府应有意识引导地方政府及其他各部门，积极安排政府购买项目。

政府购买的基本理念之一是在某些领域通过引入市场机制来提高政府运作的效率，因而在政府购买公共服务的过程中，应尽量遵循市场规律，对购买的服务应给付价值相应的资金而非低于或高于市场价格，科学设计购买合同，要细化到项目的具体要求、具体标准、具体实施效果等，在协议或合同中予以阐明，可采用委托的形式，也可采用招投标的方式，逐步形成规范机制。政府购买要遵循

参与程序公开透明原则，无论是招投标程序的设计、执行还是信息的发布，都需要公开、公平、竞争性的招标程序，公正的程序才能够保证可持续的公共服务购买关系。

2. 清晰界定“政府购买”内容及所服务的对象，重视咨询原则

各级政府在购买活动中面临不同层级的服务对象的需求，由于服务对象不同，中央政府和地方政府可能在购买的具体内容方面有不同侧重：中央部门购买的公共服务的服务对象通常为全体社会成员，体现整体公益性；而地方政府购买的公共服务的服务对象通常是当地居民，主要是满足地方性需求的，体现局部公益性。因而，政府从公益性民间组织购买公共服务的资金支持也可采用分级负责制：中央财政主要支持更多地体现整体公益性的基金会、全国性的社团组织；地方财政主要支持地方级次上的民间组织。从对不同层次的财政支持来看，中央财政支持起到从宏观上引导的作用；而地方财政支持则主要考虑民间组织的具体特点和地方需求，有针对性地从各类组织中购买服务。

在明确服务对象的基础上，为了购买到有针对性的需求，应重视咨询原则。也就是说，政府购买公共服务的立项，需以现实且有针对性的公共需求为导向，因此在采购前期就应开展咨询工作，建立与公众的信息交流渠道；在过程中，同样要尽量纳入对社会组织和公众的咨询，充分协商，以平等、及时、符合民间组织接受能力的有效途径和方式发布信息，减少进入障碍，以便于参与的组织充分准备；采购后期，同样需要遵循咨询原则，以便于未来工作的进一步改进。事实上，这也可以说是对公众利益充分保障的要求。

（三）加强对公益性民间组织筹资能力的财政支持

考虑设立公益性组织发展基金，鼓励、扶持公益性民间组织提供公共服务。公益性民间组织以服务社会为目标，社会支持是其提

供服务的基础。由于中国社会人文环境尚不成熟，公益性民间组织的资金来源渠道有限，投资能力不足，工作人员的工资以及行政办公经费就只能从捐赠收入中列支。而捐赠人往往希望自己的捐赠全额用于公益事业，人员工资、行政办公等支出就成为公益性民间组织提供服务的瓶颈，也成为制约公益性民间组织筹善的巨大阻力。还有某些特定的公益性民间组织由于公益项目的特殊性，受社会的认知与认可程度较低，筹资极为困难，发展陷入困境，如中国法律援助基金会。从国家鼓励自然人、法人或者其他组织对公益事业进行捐赠的角度考虑，政府应该采用一定措施帮助消除这一问题。为此，建议政府把支持公益性民间组织筹资列入政府公共财政体系，专门设立公益性组织发展基金，基金可以从彩票公益金以及财政超收收入中列支。基金可以对公益性民间组织的工作经费给予补贴，以避免民间组织动用善款安排日常运行支出，有利于吸引更多的社会捐赠，帮助公益性组织更好地提供公共服务，同时在中国社会大环境不成熟的时期，也有利于为公益性民间组织创造稳定的发展环境。基金也可以用于奖励公共服务供给水平高的公益性组织，奖励的额度可根据其具体的公益性支出或筹集到的社会捐款的一定比例来设定，以建立公益性民间组织提供公共服务的激励机制。

以中央财政为例，财政部可以根据公益性民间组织公益支出额度的8%～10%的比例，从特定的财政收入中列支，设立公益性组织发展基金。这一比例的确定，主要参考发展基金的用途：最低可补偿公益性组织的日常运作费用。根据国际经验，这部分经费通常占民间组织总活动支出的5%～10%；另外拿出一部分作为奖励，为公共服务提供动力；多余的资金可滚入投资资金或更好地提供服务。以2006年为例，基金会的公益性支出为25.6亿元（社团与民办非企业单位的公益支出没有统计），按照8%的比例，发展基金的资金安排约为2亿元，这对财政不会造成很大的负担，但却能对动员社会捐赠、增加公共服务的增量资源起到积极的促进作用。

（四）完善对公益性民间组织的税收制度与税收优惠政策

中国各类民间组织都反映，在税收管理方面遇到了一些问题，问题主要集中在两个方面：一方面是对公益性民间组织捐赠所得的扣除问题；另一方面是民间组织自身在开展公益活动过程中面临的营业税、所得税缴纳问题。由于中国尚未专门建立与民间组织有关的税收管理制度，各类民间组织所面临的税收管理、税收优惠有较大的差异，对一些公益性民间组织的发展造成很大困扰。

首先，实现要制定科学可行的公益性民间组织认定标准与程序，实行免税资格认定制。将公益性的社团组织同产业型的、行业协会等性质的社会团体（服装协会、保险协会、汽车协会等）分开，区分纯公益性活动与非公益性活动，从而区别公益组织的相关收入与无关收入。这样，有助于将民间组织与营利性企业的税收管理区分开来。

其次，优化对公益性民间组织捐赠的税收优惠。应允许超过捐赠限额的部分递延抵扣，应具体规定并细化捐赠税前扣除的形式，合理估算捐赠价值，对公益性民间组织与宗旨相关的营利性收入免征所得税和营业税。

最后，将分散于各类法规中的相关条例予以统一协调，制定专门针对民间组织的票据账簿、申报、检查等征管规定。

参考文献：

1. 政府与民间伙伴关系研究课题组，贾西津等：《中国政府与民间伙伴关系的研究与建议：以公共服务购买为核心》，清华大学公共管理学院 NGO 研究所，2007 年 3 月版。

2. 康晓光：《NGO 扶贫行为研究》，中国经济出版社，2001 年版。

3. 王名、刘国翰、何建宇：《中国社团改革：从政府选择到社会选择》，社会科学文献出版社，2001 年版。

4. 范丽珠：《全球化下的社会变迁与非政府组织（NGO）》，上海人民出版社，

2003 年版。

5. 王绍光：《多元与统一——第三部门国际比较研究》，浙江人民出版社，1999 年版。

6. 盛洪：《走向超越功利的社会》，《新华文摘》，2002 年第 8 期。

7. Salamon，Laster M，Anheier，Helmut K. Global Civil Society：Dimensions of the Nonprofit Sector. U. S. A. The Johns Hopkins University Maryland，1999.

（作者为中国社会科学院财政与贸易经济研究所博士后）

中澳非营利组织税收优惠和管理的比较及思考

靳东升

澳大利亚是一个福利水平比较高的市场经济国家，在支持非营利组织发展过程中有许多比较成熟的经验，也有一些教训。本文是在中华人民共和国民政部和澳大利亚人权与机会平等委员会联合主办的“中澳培育发展非营利组织研讨会”上的评议与回应。经过中澳之间的税收优惠政策和税收管理的比较，取长补短，寻找对中国制定支持非营利组织发展的税收优惠政策提供参考的思路。

一、澳大利亚对非营利组织的税收优惠和税务管理

由于澳大利亚实行的联邦制政体，因此澳大利亚税收政策的制定仅涉及联邦税收的税种，地方税收是否对非营利组织给予税收优惠待遇由各州自行决定。澳大利亚税收政策的制定是由澳大利亚联邦政府负责的，政府在制定政策的过程中通常会向公众征求意见，澳大利亚税务局也会参与政策的制定过程。

(一) 澳大利亚对非营利组织的税收优惠

澳大利亚税收政策制定的指导思想是重实质，不重形式。税收优惠政策的制定以帮助非营利组织的建立和发展为目标，收到了比较好的税收政策效果。

1. 公司所得税优惠

已经进行免缴所得税备案的慈善组织勿需缴纳联邦公司所得税，也勿需提交所得税申报表。

享受免税待遇的非营利性组织包括体育俱乐部和社区服务组织。这些组织不需要缴纳联邦公司所得税，也不需要提交联邦公司所得税申报表。他们也勿需从澳大利亚税务局获得免税的确认书。

不能享受免税待遇的非营利性组织应缴纳联邦公司所得税税款，并可能需要提交联邦公司所得税申报表。这些组织可以享受特殊的所得税率和关于提交联邦公司所得税申报表的特殊安排。

2. 个人所得税优惠

对于非营利组织来说，了解某个人是志愿者还是员工是非常重要的。这影响到该组织对此人所做的支付应如何纳税的问题。通常情况下，志愿者无需为其以志愿者身份获得的报酬或者福利而纳税，而该组织也没有义务为这笔支出支付纳税。另外，志愿者通常也不能为其在担任志愿者而做出的花费而申请减税。

3. 捐赠扣除

在澳大利亚，纳税人对慈善组织的捐赠可以全额扣除。但是，只有减税免税捐赠接收机构（DGR）才有权接受捐赠，而且只有捐赠给捐赠接收机构的捐赠，才可以在捐赠人应纳税额前全额扣除。DGR 必须在澳大利亚税务局登记备案之后才能享受税收优惠待遇。

另外，筹资活动中的出资可享受的扣除数量等于出资额减去出资人所获得的好处，而且出资额应是 150 澳元或者更多。另外，所获得的好处的价值不应高于出资额或者 150 澳元的 20%。

4. 货物劳务税优惠

已经进行备案的慈善组织可以得到减免货物劳务税的优待。在供应在澳大利亚消费的大多数产品和服务时享受10%的减税待遇。另外，一个慈善组织已经进行了货物劳务税登记，并且已经进行了货物劳务税减免的备案，那么该组织就可以出售别人所捐赠的二手产品，无需缴纳产品服务税。

5. 其他税收优惠

另外一项税收优惠待遇是免缴附加福利税（FBT），该税种是公司在向员工发放非工资性福利时所征收的。公共慈善组织和健康促进慈善组织享受免缴附加福利税待遇，但是免缴附加福利税待遇是有最高额度限制的。慈善组织可以享受退还FBT的待遇。这一退税待遇能够帮助减轻慈善组织的税务责任。退税数量相当于FBT总额的48%，但也有最高额度限制。虽然慈善基金组织也是慈善组织，但这些慈善组织并不享受FBT的退税待遇。

（二）澳大利亚对非营利组织的税务管理

澳大利亚除了制定了针对非营利组织的特殊税收优惠政策，还设立专门的组织机构从事非营利组织的涉税事务的管理和服务，税务机关注重对非营利组织的监督和管理，规定了专门的税收管理办法和税收优惠政策的申请和办理。

1. 税收管理的环境

澳大利亚是一个比较发达和成熟的市场经济国家，市场经济秩序比较规范，社会诚信体系比较健全，法制思想深入人心。税收管理的良好环境为澳大利亚联邦澳大利亚税务局加强税务管理、优化纳税服务提供了良好的社会环境。

澳大利亚联邦澳大利亚税务局设立了一个名为非营利性组织中心的专门机构，这个机构在澳大利亚各地共有60名工作人员。该中心负责管理非营利性组织（包括慈善组织）及其所能享受税收优惠待遇。澳大利亚税务局还有另外30名工作人员参与对非营利性部门的税务管理。目前，在澳大利亚税务局登记注册的非营利性组织大约有20万家。

2. 非营利组织的形式

非营利性组织主要分为三种：慈善组织、减税免税捐赠接收机构和其他非营利性组织。

慈善组织享受的税收优惠的幅度最大。慈善组织是指为了公众利益或者部分公众的利益而设立的以慈善为目的的非营利性组织。慈善目的包括：（1）救助穷人、病人或者有需要的老人（例如：一些向穷人、医院和养老院提供住房的组织）；（2）发展教育（例如：开办学校、学院、大学、科研机构等）；（3）推进宗教事业的发展（例如：创办教堂、犹太教堂、天主教堂和宗教秩序等）；（4）其他对公众有益的事业（例如：修建图书馆、体育馆、成立艺术和文化组织以及救灾组织等）。

不同的慈善组织将享受不同的税收优惠待遇。为此，澳大利亚税务局将慈善组织分为四种：第一种是慈善组织，这些机构的唯一目的是推动促进慈善事业的发展。第二种是公共慈善组织，即PBI。这些非营利组织的目的是直接救助穷人、病人、处于困境中的人、抑郁的人、不幸的人、残疾人或者无助的人。PBI组织的活动包括：向无家可归者提供住所；为病人提供治疗；向年老体弱者提供家庭帮助；救助无家可归者。第三种是健康促进慈善组织，即HPC。这些机构主要从事人类疾病的预防和控制工作。疾病预防和控制工作的主要内容包括：向病人、卫生专业人员、护理人员和公众提供相关信息；研究如何发现、预防和治疗疾病；以及为病人开发或者提供相关的援助和设备。一些慈善组织同时也是公共慈善组织或者健康促进慈善组织。第四种是慈善基金。这些基金有的是以信托基金为依托成立的，有的是以慈善为目的成立的。慈善基金主要管理信托资产以及/或者将慈善资产发放给其他实体或者人群。如果一个组织认定自己属于这几种慈善组织之列，那么就可以向澳大利亚税务局申请备案。

减税免税捐赠接收机构（或者 DGR）指那些有资格接受捐赠者可享受减税或者免税的捐赠机构。这些组织需要在澳大利亚税务局登记备案，以便能够享受应得的税收优惠待遇。澳大利亚税务局注意到了一个有趣的现象：在减税免税捐赠接收组织中，大多数是慈善组织。但并非所有的慈善组织都是 DGR。实际上，澳大利亚税务局有两种不同的登记备案程序，一种是针对慈善组织的，而另外一种是针对 DGR 的。减税免税捐赠接收机构（DGR）是只有资格接受捐赠者享受减税待遇的捐赠机构，DGR 必须在澳大利亚税务局登记备案之后才能享受税收优惠待遇。澳大利亚税务局一共列举了 47 种 DGR。这 47 种机构又被划分成 11 个大组：

健康（例如：医院和健康促进机构）；

教育（例如：公立大学、学校建设基金和奖学金）；

研究（例如：得到批准的研究机构）；

福利和权利（例如：公共慈善组织和澳大利亚减灾基金）；

防御（例如：战争纪念物维修基金）；

环境（例如：用于环境组织注册的公共基金）；

家庭（例如：用于得到批准的婚姻辅导组织的公共基金）；

国际事务（例如：海外援助基金）；

运动娱乐（例如：童子军和指导分部）；

文化组织（例如：公共图书馆和体育馆）；

附属基金：指接受捐赠和向其他 DGR 提供捐赠的基金。

目前，澳大利亚大约有 21950 家作为减税免税捐赠接收组织进行了备案。在这些组织中，以上述前五种组织的数量为最多。

在全部备案的 DGR 中，公共慈善组织占的比例为 45%；学校或者学院建设基金占的比例为 18%；文化组织占的比例为 14%，文化组织中包括宣传文学、音乐、社区艺术、表演艺术、电影和音像等方面的组织；附属基金占的比例为6%；健康促进机构占的比例为3%。符合标准的组织可以申请作为减税免税捐赠组织进行备案。

其他非营利性组织通常可以自我评定其是否有资格享受税收优惠待遇。一些组织可无需交纳所得税（例如：体育俱乐部和社区服务组织等），而另外一些组织则应当纳税，而且可能还需要提交纳税申报表并缴纳税款（例如：社交俱乐部）。

3. 注册手续

非营利性组织需要在澳大利亚税务局进行注册，获得澳大利亚商业代码以及/或者税务档案编号，这样才能享受各种税收优惠待遇并履行其纳税义务。注册对于任何需要纳税的组织来说都是必要的。

澳大利亚商业编码（ABN）是一个独立的公共识别号码，凭借该编码，非营利组织可以从事两项事务：一是向澳大利亚税务局申请作为减税免税捐赠接收组织或者作为享受税收优惠待遇的慈善组织而进行备案；二是进行各种税务登记，例如：货物劳务税。一个组织的ABN注册情况将在澳大利亚商业登记处存档，以供公众查阅。

税务档案编号（TFN）是澳大利亚税务局用来进行识别和记录工作的唯一编码。如果某个人或者某个组织准备在澳大利亚从事经营活动，他们通常需要获得一个TFN并提交所得税申报表。

对于非营利组织来说，及时更新其注册信息是非常重要的。如果某个组织的情况发生了变化，那么这个组织可能需要注销其一个或者多个税项。该组织还需要更新其联络方式。其中包括：该组织的联系地址发生改变，或者该组织授权和澳大利亚税务局办理税务事宜的工作人员发生变动。这样能够帮助澳大利亚税务局保护一个组织的隐私。

4. 备案手续

非营利组织的注册登记和作为享受税收优惠待遇的慈善组织以及减税免税捐赠接收组织进行备案是两种独立的工作程序。慈善组织必须在澳大利亚税务局进行备案之后，才能享受税收优惠待遇。例如：一个健康促进机构已经进行了免缴附加福利税的备案，那么该组织将无需缴纳附加福利税（每名员工的最高限额为3万澳元）。已经完成享受一项或者多项慈善税收优惠待遇的慈善组织被称为税收优惠慈善组织。作为一个税收优惠慈善组织而进行了备案并不意味着某个组织能够接收减税免税捐赠。作为减税免税捐赠接收组织需要进行特殊的备案。

首先，关于税收优惠慈善组织的备案程序。申请进行备案的慈善组织要填写一个专门的申请表。申请组织可以给澳大利亚税务局打电话领取表格，或者从澳大利亚税务局的网站上下载该表格。申请组织在申请备案之前必须获得了澳大利亚商业编码（ABN）。

如果某个组织申请进行免缴所得税的备案，那么该组织必须通过一些测试。慈善组织和慈善基金会将接受不同的测试。

如果某个组织准备获得附加福利税和货物劳务税的减免优惠待遇，那么该组织必须在澳大利亚税务局进行备案。该组织可以利用同一表格申请进行关于获得这些税收优惠待遇的备案。

澳大利亚税务局收到申请表之后，将对申请进行评估。如果通过了评估，那么该组织就会得到一张备案通知书。如果申请没有通过，那么澳大利亚税务局将以书面方式明确说明备案申请已经遭到拒绝。申请遭到拒绝的组织有权要求进行复核。

已经进行备案的慈善组织应履行其责任。其中包括：定期进行自我评估，如果不再有资格进行备案，应及时告知澳大利亚税务局。澳大利亚税务局提供工作表，以帮助组织进行自我评估。澳大利亚税务局还在网站上提供在线自我评估工具，以帮助组织了解其是否有资格进行备案。

其次，关于减税免税捐赠接收组织（DGR）的备案。减税免税捐赠接收组织是指那些有资格接收减税或者免税捐赠的组织。某个组织在备案成为DGR之前必须满足一些条件，例如：该组织必须拥有澳大利亚商业编码（填写在表格的这个地方），并属于DGR组织之列。满足这些条件的组织应填写申请表，并将其提交给澳大利亚税务局。DGR也必须使用专门的申请表申请进行备案。申请组织可以给澳大利亚税务局打电话索要这个表格，也可以从澳大利亚税务局的网站上进行下载。

澳大利亚税务局接到申请表之后就会进行评估。如果通过了评估，那么该组织就会得到备案通知书。从备案之日起，捐赠者就可以为其向该组织所捐赠的物品申请减免所得税。如果申请没有成功，那么澳大利亚税务局将会以书面形式确认备案申请遭到拒绝。

备案的DGR应履行其职责。其中包括：遵守对接收捐赠物品的规定，如果该组织不再有资格进行DGR备案，应及时告知澳大利亚税务局，定期进行自我评估等。

5. 捐赠申请减税免税

若要享受减税待遇，捐赠必须符合以下条件：（1）捐赠必须是赠与。澳大利亚法律将捐赠视为赠与。赠与的物品是捐赠者已经自愿进行了支付了的。而且，捐赠者在赠与之后，不得接受任何物质好处作为对赠与支付的交换。（2）捐赠的对象必须是一个减税免税捐赠接收组织。（3）捐赠的物品必须是货币或者某种类型的实物。例如：股份、家具和土地等。

进行备案的减税免税捐赠接收组织还可以通过举办晚宴和拍卖或者澳大利亚税务局批准进行的活动来筹集资金。如果公众为了参加某个筹资活动而出资或者购买了在活动中出售的物品，那么他们可以为其出资而申请减税。

类似捐赠，出资也必须符合一些条件才能够申请减税。这些出资必须是：（1）金钱或者某种类型的实物；（2）出资的接收对象是减税免税捐赠接收组织；（3）出资的目的是为了一个合乎规定的筹资活动。筹集资金活动与捐赠不同。因为捐赠者并不因其捐赠而获得任何好处，所以捐赠是可以总额减税的。

6. 对非营利组织的监督

通常情况下，绝大多数非营利组织都能彻底履行其纳税义务。但是，也发现了一些违规问题，这主要是因为很多非营利组织在管理税务问题方面的资源非常有限，这些组织主要依靠志愿者的工作，而志愿者们的税务经验也是非常有限的。澳大利亚税务局通常的做法是：确保非营利组织能够获得足够的信息和支持，便于他们遵守相关规定。在设计产品和服务时，通过用户调查、参加慈善咨询委员会和俱乐部论坛等高峰论坛以及行业机构论坛的方式，向来自非营利组织的代表征求意见。

澳大利亚税务局所采用的另外一种通常方法是在澳大利亚商业登记处的网站上公布备案组织的详细情况，鼓励相关组织遵守有关规定，这也意味着准许捐赠者能够查阅某个组织的税务情况。

澳大利亚税务局还密切监督非营利组织的变化趋势，对于那些违规风险很高的组织提出警告。同时，澳大利亚税务局还对组织进行审查，确保他们的活动符合他们的税务状况。例如：在对慈善组织的检查工作中，将主要检查那些开展政治游说活动和商业活动的组织。

如果非营利组织出现违规行为，澳大利亚税务局就会采取行动。例如：如果某个组织忽视其纳税义务或者滥用税收优惠待遇，就可以对其予以惩罚。另外，如果某个组织不再具备备案资格，也会取消其备案。

澳大利亚税务局每年都会公布遵守规定项目，介绍违规的风险领域以及准备如何应对，同时还会公布很多方法，以帮助非营利组织尽量遵守规定。

为了确保只有符合条件的组织才能进行备案，澳大利亚税务局对全部备案申请进行审查。如果申请文件中的信息和组织情况不符，澳大利亚税务局就会进行审核。

澳大利亚税务局规范备案组织的具体措施是每年对很多备案组

织进行检查，了解这些组织的活动是否发生了变化，而这些变化是否影响他们享受税收优惠待遇的资格。进行抽查的方法有：（1）分析从很多项目中获取的信息，这些项目包括存储的非营利组织过去的违规行为以及从非营利组织提交的纳税申报表中获取的数据；（2）将非营利组织提交的信息和澳大利亚交易报告和分析中心（AUSTRAC）等第三方提交的信息进行对比；（3）跟踪了解社区提供的信息。

在了解信息的基础上，在开始对可能有风险的备案组织进行检查时，澳大利亚税务局会考虑活动的性质是否影响组织的备案。如果某个组织的活动不符合备案的要求，澳大利亚税务局就会取消其备案。

澳大利亚税务局可能还会检查这些组织是否符合一些行政管理要求，例如非营利组织条款等。通常情况下，如果澳大利亚税务局发现一些轻微的违规行为，澳大利亚税务局会要求该组织根据非营利组织的条款纠正这些错误，而不是取消其备案。

7. 纳税服务

澳大利亚税务局设有专门的非营利组织服务部门，该部门主要从事非营利组织涉税问题的解决。例如：宣传、培训、注册、备案、检查等。

澳大利亚税务局提供的捐赠指南向减税免税捐赠接收组织进行减税免税捐赠以及捐赠者的情况做出了明确的解释。澳大利亚税务局提供的非营利组织和筹资活动一书解释了筹资活动的税收待遇以及所能享受的税收优惠待遇，以及政府对于筹资活动的其他要求，例如：对举行此类活动的限制等。澳大利亚税务局还提供的一些印刷成册的核心指导性文件，非营利组织也可以从澳大利亚税务局的网站上下载。

澳大利亚税务局为志愿者提供培训，使之了解关于税务和备案方面的要求。因此，澳大利亚税务局提供了一系列出版物、咨询服务、教育和电子服务设施，帮助志愿者了解对于其所在的非营利组织的税务和备案要求。

澳大利亚税务局还提供一些说明表格，介绍减税免税捐赠接收组织以及税收优惠慈善团体的备案手续。澳大利亚税务局还将这些说明翻译成其他语言。

澳大利亚联邦澳大利亚税务局还在网站上开辟了向非营利组织提供服务的专门区域。这个专区提供的内容包括：（1）和非营利组织相关的税收；（2）可以申请的免税和减税待遇；（3）关于筹集资金、保留记录、志愿者和减税免税捐赠的一些信息。通过澳大利亚税务局网站上的订阅链接，公众还可以订阅非营利组织新闻服务。

澳大利亚税务局还提供电子邮件更新服务，以便提醒订阅者注意影响非营利组织的重要税收问题；提供澳大利亚税务局发布的关于非营利组织出版物的信息；及时介绍税收法律的最新变化。

除了书面和网络产品之外，澳大利亚税务局还开通了电话专线，公众可以直接向接受过专门训练的人员咨询有关非营利组织的相关事宜。

二、中国对非营利组织的税收优惠和税务管理

中国是统一的单一制集权国家，绝大部分税权集中在中央。中央不仅可以决定中央税收的税收优惠政策，而且有权制定共享税和地方税的税收优惠政策。对非营利组织的税收管理以行政审批为主，缺乏专门针对非营利组织的特殊税收管理措施。

（一）中国对非营利组织的税收优惠

中国历来重视支持非营利组织的发展，因此有关非营利组织的税收优惠政策比较繁杂。对非营利组织本身，中国税法规定了比较

丰富的税收优惠政策，基本上涵盖了向非营利组织征收的各个税种。

1. 企业所得税优惠

新的《企业所得税法》第二十六条第四款规定，“符合条件的非营利组织的收入”为免税收入。《企业所得税法实施条例》第八十四条从七个方面明确了符合条件的非营利组织的具体条件，具体是：(1) 依法履行非营利组织登记手续；(2) 从事公益性或者非营利性活动；(3) 取得的收入除用于与该组织有关的、合理的支出外，全部用于登记核定或者章程规定的公益性或者非营利性事业；(4) 财产及其孳息不用于分配；(5) 按照登记核定或者章程规定，该组织注销后的剩余财产用于公益性或者非营利性目的，或者由登记管理机关转赠给与该组织性质、宗旨相同的组织，并向社会公告；(6) 投入人对投入该组织的财产不保留或者享有任何财产权利；(7) 工作人员工资福利开支控制在规定的比例内，不变相分配该组织的财产。

另外，对于非营利性的科研机构，税法规定：非营利性科研机构从事技术开发、技术转让业务和与之相关的技术咨询、技术服务所得的收入，按有关规定免征企业所得税。对于非营利性科研机构从事非主营业务收入用于改善研究开发条件的投资部分，经税务部门审核批准可抵扣其应纳税所得额。

对于公益事业基金会，税法规定：对这些基金会在金融机构的基金存款取得的利息收入，不作为企业所得税应税收入；对其购买股票、债券（国库券除外）等有价证券所取得的收入和其他收入，应并入应纳企业所得税应税收入总额，照章征收企业所得税。

2. 捐赠扣除

《企业所得税法》第九条规定，“企业发生的公益性捐赠支出，在年度利润总额 12% 以内的部分，准予在计算应纳税所得额时扣除”。《企业所得税法实施条例》第五十一条规定，公益性捐赠是指企业通过公益性社会团体或者县级以上人民政府及其部门，用于

《中华人民共和国公益事业捐赠法》规定的公益事业的捐赠。

公益性社会团体，是指同时符合下列条件的基金会、慈善组织等社会团体：(1) 依法登记，具有法人资格；(2) 以发展公益事业为宗旨，且不以营利为目的；(3) 全部资产及其增值为该法人所有；(4) 收益和营运结余主要用于符合该法人设立目的的事业；(5) 终止后的剩余财产不归属任何个人或者营利组织；(6) 不经营与其设立目的无关的业务；(7) 有健全的财务会计制度；(8) 捐赠者不以任何形式参与社会团体财产的分配；(9) 国务院财政、税务主管部门会同国务院民政部门等登记管理部门规定的其他条件。

年度利润总额，是指企业依照国家统一会计制度的规定计算的年度会计利润。纳税人直接向受益人的捐赠不得在所得税前扣除。

个人向非营利组织捐赠的，主要有以下几项税收优惠政策：(1) 个人将其所得通过中国境内的社会团体、国家机关向教育和其他社会公益事业以及遭受严重自然灾害地区、贫困地区的捐赠，捐赠额未超过纳税人申报的应纳税所得额30%的部分，可以从应纳税所得额中扣除，超过部分不得扣除。社会团体采取列名单的方法，名单与企业所得税允许用于公益、救济性的捐赠扣除的名单基本相同。(2) 个人通过非营利性的社会团体和国家机关向农村义务教育、红十字事业、公益性未成年人校外活动场所和福利性、非营利性的老年服务机构的捐赠，向中国红十字会、中国福利会、中华慈善总会、中国扶贫基金会、中国教育发展基金会、中国医药卫生事业发展基金会、中国老龄事业发展基金会、中国父女发展基金会、中国儿童少年基金会、中国关心下一代健康体育基金会、中国残疾人福利基金会、中国法律援助基金会、中国绿化基金会、中国生物多样性保护基金会、中国光彩事业基金会、中国华文教育基金会、中国煤矿尘肺病治疗基金会、中华见义勇为基金会、中华健康快车基金会、中华环境保护基金会、宋庆龄基金会、孙冶方经济科学基金会捐赠的，在计算缴纳个人所得税时，准予在税前的应纳税所得额中全额扣除。(3)个人资助非关联的科研机构、高等学校研究开发新产品、新技术、新工艺的研究开发经费，可全额扣除。(4)个体工商户将其所得通过中国境内的社会团体、国家机关向教育和其他社会公益事业以及遭受严重自然灾害地区、贫困地区的捐赠，捐赠额不超过其应纳税所得额30%的部分可以据实扣除。纳税人直接给受益人的捐赠不得扣除。

3. 流转税优惠

(1)营业税。营业税税法规定，有关非营利组织的营业税免税项目主要包括以下几个方面：①托儿所、幼儿园、养老院、残疾人福利机构提供的养育服务、婚姻介绍、殡葬服务。②医院、诊所和其它医疗机构提供的医疗服务。非营利性医疗机构、疾病控制机构、妇幼保健等机构按国家规定取得的医疗卫生服务；营利性医疗服务机构取得的收入直接用于改善医疗卫生条件的，自取得执业登记之日起3年内取得的医疗服务收入也可免税。③学校和其他教育机构提供的教育劳务。这里的学校和其他教育机构，是指普通学校以及经地、市级以上人民政府或者同级政府的教育行政部门批准成立、国家承认其学员学历的各类学校。④纪念馆、博物馆、文化馆、美术馆、展览馆、书画馆、图书馆、文物保护单位举办文化活动取得的门票收入，宗教场所举办文化、宗教活动的门票收入。这里所称的纪念馆等单位举办的文化活动，是指这些单位在自己的场所举办的属于文化体育税目征税范围的文化活动，其门票收入，是指销售第一道门票的收入。宗教场所举办文化、宗教活动的门票收入，是指寺庙、宫观、清真寺和教堂举办文化、宗教活动销售门票的收入。⑤财政性收费、社会团体收取的会费。⑥非营利性科研机构从事技术开发、技术转让业务和与之相关的技术咨询、技术服务所得的收入。

(2)增值税。直接用于科学研究、科学实验和教学进口的仪器、设备，免征增值税。因此，进口上述规定产品的非营利组织可以享受该税收优惠政策。

（3）关税。中国税法规定，外国政府、国际组织无偿赠送的物资可以免征进口关税。

4. 其他税收优惠

（1）房产税。中国对非营利组织制定了比较优惠的房产税税收减免政策。《房产税暂行条例》规定以下三类非营利组织可以免缴房产税：①国家机关、人民团体、军队自用的房产。其中，人民团体是指经国务院授权的政府部门批准设立或登记备案并由国家拨付行政事业费的各种社会团体。②由国家财政部门拨付事业经费的单位自用的房产。实行差额预算管理的事业单位本身自用的房产。由国家财政部门拨付事业经费的单位，其经费来源实行自收自支后，从事业单位经费实行自收自支的年度起，免征房产税 3 年。自用的房产是指这些单位本身的业务用房。企业办的各类学校、医院、托儿所、幼儿园自用的房产，可以比照由国家财政部门拨付事业经费的单位自用的房产，免征房产税。③宗教寺庙、公园，名胜古迹自用的房产。宗教寺庙自用的房产是指举行宗教仪式等的房屋和宗教人员使用的生活用房屋。公园、名胜古迹自用的房产，是指供公共参观游览的房屋及其管理单位的办公用房屋。

（2）城镇土地使用税。中国对非营利组织征收城镇土地使用税的免税政策主要有：①国家机关、人民团体、军队自用的土地。这里的人民团体，是指经国务院授权的政府部门批准设立或登记备案并由国家拨付行政事业费的各种社会团体。这里的自用土地，是指这些单位本身的办公用地和公务用地。②由国家财政部门拨付事业经费的单位自用的土地。这里的由国家财政部门拨付事业经费的单位，是指由国家财政部门拨付经费，实行全额预算管理或差额预算管理的事业单位。不包括实行自收自支，自负盈亏的事业单位。自用的土地，是指这些单位本身的业务用地。另外，企业办的学校、医院、托儿所、幼儿园，其用地能与企业其他用地明确区分的，可以比照由国家财政部门拨付事业经费的单位自用的土地，免征土地使用税。集体和个人办的各类学校、医院、托儿所、幼儿园用地是否免税，由当地的省、自治区、直辖市的税务部门确定。③宗教寺庙、公园、名胜古迹自用的土地。其中，宗教寺庙自用的土地是指举行宗教仪式等的用地和寺庙内的宗教人员生活用地。宗教寺庙包括寺、庙、宫、观、教堂等各种宗教活动场所。公园、名胜古迹自用的土地，是指供公共参观游览的用地及其管理单位的办公用地。④非营利性的医疗机构、疾病控制机构、妇幼保健机构等机构，政府部门和企业、事业单位、社会团体、个人投资兴办的福利性、非营利性老年服务机构，非营利性科研机构，企业办的学校、托儿所、幼儿园，公益性未成年人校外活动场所自用的土地免征城镇土地使用税。营利性医疗机构取得的收入直接用于改善医疗条件的，自其取得执业登记之日起 3 年内，自用土地也可免税。

（3）土地增值税。房产所有人、土地使用权人将房屋产权、土地使用权赠与非营利组织可以享受免税待遇。

（4）耕地占用税。对学校、幼儿园、敬老院、医院、殡仪馆、火葬场等非营利组织的占用耕地，可以免征耕地占用税。

（5）契税。事业单位、社会团体承受土地、房屋用于办公、教学、医疗和科研设施的，免征契税。

（6）印花税。财产所有人将财产捐赠给社会福利单位、学校所立的数据，免纳印花税。

（7）车辆购置税。中国对非营利组织征收车辆购置税并没有特殊的免税政策，但税法规定，纳税人自产、受赠、获奖或者以其他方式取得并自用的应税车辆的计税价格，按照最低计税价格核定。

（8）车船税。省、自治区、直辖市人民政府可以根据当地实际情况，对城市、农村公共交通车船给予定期减税、免税。

（二）中国对非营利组织的税务管理

中国并没有专门建立一套与非营利组织有关的税收管理制度。

对各种非营利组织的税收管理、税收执法和救助，都是与营利性的企业相同，按照《税收征管法》及其实施细则以及其他各种具体税法的规定来进行。

1. 税收管理的环境

中国是一个正在实现由计划经济向社会主义市场经济体制转轨的国家，市场经济发展初期的一些特征比较明显。例如：社会诚信制度正在建立，人们的诚信理念比较淡薄，市场经济秩序比较混乱。整顿和规范市场经济秩序的任务非常艰巨。非营利组织发展迅速，各种非营利组织良莠不齐的情况在所难免。

2. 非营利组织形式

非营利组织（Non-Profit Organization，NPO），从字面意义上理解，就是不以营利为目的的组织，也常常被称为“非政府组织”、“第三部门”、“公益性组织”、“非企业单位”、“独立部门”、“公民社会”等等。非营利组织的产生和发展有着较长历史，目前在世界许多国家都发挥着越来越重要的作用。然而，对这一概念国内外理论界至今还没有统一、严格的界定，概念依然比较模糊。从职能上讲，非营利组织为社会提供特殊形式的公共物品，对政府职能欠缺提供必要的补充，其存在不以营利为目的。从活动领域上讲，它主要从事慈善、科学、教育、文化、卫生等事业。从性质上讲，它提供的服务或产品往往有着明显的公益性或互益互助性。从机构性质上讲，它区别和独立于作为公共管理部门的政府和作为营利部门的企业，是第三部门。另外，不少学者还从法律、资金来源、税收待遇等角度，为非营利组织给出了不同的定义，有的还对非营利组织的各种不同称谓进行了比较详细的区分。

结合中国的实际情况，中国非营利组织是指那些不以营利为目的、不分配收益，活动有公益性或互益互助性，主要从事慈善、科学、教育、文化、卫生、扶贫和法律援助等事业活动。其组织形式主要有三类：社会团体、民办非企业单位和基金会，以及原有的事业单位。

（1）社会团体。中国《社会团体登记管理条例》规定："社会团体是由公民自愿组成，为实现会员共同意愿，按照其章程开展活动的非营利性社会组织。"社会团体的组织形式主要包括慈善组织、协会、学会、联合会、研究会等等。社会团体在中国的非营利组织中占有很大的比重。

（2）民办非企业单位。中国《民办非企业单位登记管理条例》规定："民办非企业单位，是指企业事业单位、社会团体和其他社会力量以及公民个人利用非国有资产举办的，从事非营利性社会服务活动的社会组织。"主要包括各种民办学校、民办医院、民办博物馆、民办文化艺术团体、民办福利院、民办科研机构等等。

（3）基金会。中国《基金会管理条例》规定："基金会是指利用自然人、法人或者其他组织捐赠的财产，以从事公益事业为目的，按照规定成立的非营利性法人。"基金会的活动宗旨是通过资金资助推动科学研究、文化教育、社会福利和其他公益事业的发展。

另外，还有一些游离于营利性组织与政府和非营利组织之间的特殊社会组织，许多也可以认定为非营利组织。例如：特殊社会团体法人、各种单位内部不须登记的公益活动团体和以企业法人形式存在的非营利组织。

3. 登记多部门管理

中国对各种非营利组织的收入来源和使用有着比较明确的规定，要求必须有合法的资产和经费来源，并严格按照规定使用，对非营利组织的日常管理和审计监督，也都制定了比较严格的管理制度。

（1）成立非营利组织的登记管理。对社会团体的成立和日常管理，中国也都给予比较明确的规定。社会团体在成立时，要经业务主管单位审查同意，并由发起人向登记管理机关申请筹备。社会团体成立以后，必须严格执行国家规定的财务管理制度，并接受财政部门的监督。社会团体的资产来源属于国家拨款或者社会捐赠、资助的，还应当接受审计机关的监督。《社会团体登记管理条例》明确规定，社会团体应当于每年 3 月 31 日前向业务主管单位报送上一年度的工作报告，经业务主管单位初审同意后，于 5 月 31 日前报送登记管理机关，接受年度检查。工作报告的内容包括：本社会团体遵守法律法规和国家政策的情况、依照条例履行登记手续的情况、按照章程开展活动的情况、人员和机构变动的情况以及财务管理的情况。

民办非企业单位成立以后，还要接受业务主管单位和登记管理机关的双重管理。登记管理机关负责民办非企业单位的成立、变更、注销登记、年度检查、监督检查和行政处罚等等。业务主管单位负责民办非企业单位成立、变更、注销登记前的审查，监督、指导民办非企业单位依法照章开展活动，年度检查的初审，协助查处违法行为，指导清算等等。

设立基金会，应当向登记管理机关提出申请，国务院民政部门和省、自治区、直辖市人民政府民政部门是基金会的登记管理机关。民政部门登记注册发给《基金会法人登记证书》，具有法人资格后，方可开展业务活动。基金会变更或者注销，也要按照相应的程序办理登记手续。基金会、境外基金会办理登记后，应当依法办理税务登记，依照法律、行政法规的规定享受税收优惠政策。

(2) 税务登记。中国税法规定，从事生产经营的非营利组织，以及非从事生产经营而有应税收入的非营利组织，都应按照《税收征管法》及其实施细则的有关规定，依法办理税务登记。

非营利组织应在领取营业执照等有关成立文件之日起 30 天以内，向税务机关申请办理税务登记。在办理税务登记时，应提供以下相关资料：营业执照或者事业单位法人证书等批准成立文件、社会团体登记证书、民办非企业单位登记证书、其他核准执业证件或证明；有关章程、合同、协议书；银行账号证明；法定代表人身份证；组织机构统一代码证书等等。

非营利组织税务登记的内容发生变化的，应当在有关部门办理变更登记之日起 30 日内向主管税务机关办理变更登记。申请办理注销登记的，应在注销登记之前持有关证件向税务部门办理注销登记。

4. 优惠申请需一次一事

各类非营利组织必须依照税法规定确定的纳税申报期限、申报内容如实办理纳税申报，报送纳税申报表、财务会计报表以及税务机关根据实际需要要求报送的其他纳税资料。需要强调的是，税法规定，无论非营利组织是否有应纳税所得额，都应按照规定的期限和要求向税务机关进行纳税申报。非营利组织不能按期办理纳税申报的，经税务机关批准，可以延期申报。

非营利组织享受税法规定的免税项目，应当向主管税务机关提出申请，并提供有关材料。享受税收优惠政策需要在每次申报纳税时提供相关材料。在接受税务部门检查时，应根据税务部门的要求提供有关的证明材料。

5. 监督管理比较宽松

总体上看，税务机关对非营利组织监督管理比较宽松，一般不会严格审查非营利组织的纳税事宜。但是，为了保证非营利组织按照规定期限缴纳税款，税法还制定了一定的保障性和处罚性条款。

对未按规定期限解缴税款的，从滞纳税款之日起按日加收滞纳税款万分之五的滞纳金。

对未按规定办理税务登记的，由税务机关核定其应纳税款，责令缴纳；不缴纳的，税务机关可以扣押其价值相当于应纳税款的商品、货物，直至纳税人缴纳税款；扣押后仍不缴纳的，税务机关可以依法拍卖或变卖所扣押的商品、货物，以拍卖或变卖所得抵扣税款。

纳税人有明显的转移、隐匿其应税商品、货物或者其他财产以逃避纳税义务的，税务机关可以责成纳税人提供纳税担保。如果纳税人不能提供担保的，税务机关可以采取诸如冻结银行存款，扣押、查封纳税人的商品、货物或财产等税务保全措施。

纳税人未按规定的期限缴纳税款的，税务机关责令其限期缴纳，逾期仍未缴纳的，税务机关可以采取强制执行措施。第一，从纳税人的银行存款中扣缴税款；第二，扣押、查封、依法拍卖或者变卖纳税人相当于税款的商品、货物或者其他财产，以拍卖或者变卖所得抵扣税款。

对欠缴税款的纳税人或者其法定代表人需要出境的，应在出境之前向税务机关结清税款、滞纳金或者提供担保。未结清税款、滞纳金，又不提供担保的，税务机关可通知出入境管理机关阻止其出境。

中国税法规定，税务机关可以对各类非营利组织的所有涉税事项进行税务检查。可以检查其账簿、记账凭证、报表和有关资料、商品、货物和其他财产，以及有关的单据、凭证、有关资料等等。税务机关在进行税务检查时，发现纳税人有逃避纳税义务行为，并有明显的转移、隐匿其应税商品、货物以及其他财产、收入的迹象的，可以采取税收保全措施。

另外，对于纳税人在税务登记、账簿管理、纳税申报等方面出现违法行为，以及出现偷骗抗税行为的，税法都规定了相应的行政处罚措施。

6. 纳税服务

中国的税务机关正在全面推广纳税服务，为纳税人申报纳税和办理各种涉税事宜提供方便。非营利组织可以通过电话、互联网和到办税服务厅等方式咨询和办理涉税事宜。但是，中国目前还没有单独的税务机构为非营利组织纳税人提供服务。

如果非营利组织与税务机关在纳税上发生争议时，必须先依照税务机关的纳税决定缴税或者提供相应的担保，然后可以依法申请行政复议，对行政复议决定不服的，可以依法向法院提起诉讼。非营利组织对税务机关的处罚决定、强制执行措施或税收保全措施不服的，可以依法申请行政复议，也可以依法向人民法院起诉。

中国对非营利组织的税务管理滞后，尚未形成完善的税收管理系统。鉴于非营利组织出现时间较短、发展很快，政府管理的各项工作不能适应非营利组织成长的需要。例如：许多非营利组织的设立不能进行民政登记，只能进行工商登记，被纳入经营性管理的范围。税务部门没有单独针对非营利组织的票证管理体系，迫使许多非营利组织使用经营性单位的纳税申报表、财务报表等。不能结合非营利组织的特点进行税务管理，一定程度上也影响了非营利组织的正常运行。

三、中、澳对非营利组织税收优惠和管理的差异

中、澳历史、文化、法律制度、社会环境、经济发展等有许多差异，但在支持非营利组织发展的政策目标是一致的。由于各种背景的差异，中、澳难免对非营利组织税收优惠和管理存在许多的差异。

（一）非营利组织税收优惠的差异

中、澳制定税收优惠政策的标准有着明显的差异：澳大利亚以符合条件的主体和资金最终使用为标准，无论非营利组织从事何种经济活动，只要取得的资金用于非营利组织的活动，都可以给予减免税收。中国除符合条件的主体外，更加注重非营利组织从事的活动的标准，将非营利组织的活动划分为宗旨相关的活动和不相关活动，相关活动可以得到减免税，不相关活动不能得到减免税。主要差异还表现在以下四个方面。

1. 税权差异

由于澳大利亚实行的联邦制政体，因此税收实行分权制。联邦政府和地方政府都拥有各自独立的税权。而中国是实行集权制的国家，中央拥有绝对统一的税权，地方拥有很少的税权。

2. 税收优惠种类的差异

澳大利亚能够实行对非营利组织税收优惠政策的税收种类较少，仅公司所得税、个人所得税、货物劳务税和附加福利税等 4 个税种。而中国能够实行对非营利组织税收优惠政策的税收种类多达 11 个，构成全方位、多环节的税收优惠政策体系。

3. 税收优惠主体范围的差异

澳大利亚被认定为享受税收优惠政策的主体比较少，仅慈善组织、减税免税捐赠接收机构和其他非营利性组织三种类型。而中国非营利组织是指那些不以营利为目的、不分配收益，活动有公益性或互益互助性，主要从事慈善、科学、教育、文化、卫生、扶贫和法律援助等事业活动。其组织形式主要有三类：社会团体、民办非企业单位和基金会，以及原有的事业单位。中国认定非营利组织的范围要比澳大利亚认定非营利组织的范围宽泛许多。

4. 税收优惠程度的差异

虽然澳大利亚税收优惠政策的税收种类较少，但是税收优惠政策的力度比较大，公司所得税和货物劳务税的彻底免税，使非营利组织的税收负担较轻。而中国虽然对非营利组织实行税收优惠政策的税收种类多达 11 个，但是普遍适用性不强，税收减免有许多限制，非营利组织得到的实惠比较有限。

（二）非营利组织税收管理的差异

中、澳对非营利组织税收管理理念存在较大的差异，澳大利亚以帮助和服务为主，监督为辅。而中国以管理和监督为主，服务为辅，表现出经济和社会发展的程度不同。主要差异还表现在以下六个方面：

1. 税收管理的环境差异

澳大利亚市场经济秩序比较规范，社会诚信体系比较健全，法制思想深入人心。因此，澳大利亚税务局可以将主要精力用于涉税服务。中国社会诚信制度正在建立，人们的诚信理念比较淡薄，市场经济秩序初步建立。因此，中国税务局将主要精力用于规范非营利组织的涉税行为，辨别真伪，建立和完善税收秩序。

2. 税务登记

澳大利亚非营利性组织只要在澳大利亚税务局进行注册，获得澳大利亚商业代码以及税务档案编号，就能享受各种税收优惠待遇并履行其纳税义务。中国非营利性组织首先要到管理部门注册，然后再到税务局登记，接受多个部门的监督和管理。

3. 税收优惠申请

澳大利亚非营利性组织只要在澳大利亚税务局进行备案，就可以自动享受各项税收优惠政策。中国非营利性组织需要提供有关资料，经过税务局审批后才能够享受税收优惠政策。如果涉及申请多个税种的减免待遇，就需要多次申请，并且每次申报纳税都要提出申请。

4. 捐赠扣除管理

必须通过经批准的慈善机构的捐赠才可以扣除，中国和澳大利亚是相同的。不同之处是澳大利亚对慈善购买也可以有条件地进行扣除，范围比较宽。中国只能是直接捐赠可以扣除。另外，澳大利亚采取标准管理的办法认定可以接受捐赠的慈善组织，中国曾经采取审批的办法。

5. 监督管理

澳大利亚税务局对非营利性组织是否符合条件以日常监督为主，并公布符合条件的非营利性组织名单，接受社会监督。中国对非营利性组织是否符合条件以资格审批为主，符合条件的非营利性组织范围比较窄。

6. 纳税服务

澳大利亚税务局设有专门机构为非营利性组织提供纳税服务和管理，该部门主要从事非营利组织涉税问题的解决。例如：宣传、培训、注册、备案、检查等等。中国目前对非营利性组织尚没有采取特殊对待，非营利性组织与普通纳税人一样得到相应的纳税服务，接受税务管理。

四、完善中国对非营利组织的税收优惠和税务管理的思考

中国的非营利组织是随着经济体制改革和社会主义市场经济的发展而逐渐发展壮大的，社会对于非营利组织的了解和认识也是逐步深入的。因此，中国对非营利性组织的税收制度完善也需要一个渐进的过程。

(一) 关于税收优惠政策问题

完善中国对非营利性组织的税收优惠政策并不是税收越优惠越好，也不是享受税收优惠的组织越多越好。税收优惠政策的选择应该是简便和有效，使真正的非营利组织得到实惠。完善中国的非营利组织的税收优惠政策总体思路是有增有减、结构调整、加大力度。

1. 企业所得税优惠

中国新的《企业所得税法》已经公布实施，依据《新企业所得税法》第二十六条第四款的规定，“符合条件的非营利组织的收入”为免税收入。此项规定符合现阶段中国的实际情况。但从长远发展考虑，为了加大对非营利组织的税收政策支持力度，可以考虑逐步

扩大符合条件的非营利组织的免税收入范围。

2. 捐赠扣除

中国新的《企业所得税法》第九条已经明确规定："企业发生的公益性捐赠支出，在年度利润总额12%以内的部分，准予在计算应纳税所得额时扣除。"但是，个人所得税仍然适用原定扣除标准，为了保持政策的一致性，应该修改个人所得税有关公益性捐赠的扣除标准。

3. 流转税优惠

中国流转税实行增值税与营业税并存的制度，现实中大部分非营利组织的活动只要收费或取得收入，都要缴纳营业税。非营利组织拍卖收到的捐赠物品还要缴纳增值税。收入不多，矛盾很多，很尖锐。如果时机成熟，应该对非营利组织从事宗旨内的活动取得的收入逐步减免营业税。对非营利组织拍卖收到的捐赠物品取得的收入逐步减免增值税。由于这种拍卖一般都是偶然行为，影响税收收入微乎其微。也可以考虑对慈善义卖和慈善募捐销售的收入减免增值税。

4. 其他税收优惠

中国除了所得税和流转税对非营利组织实行税收优惠政策以外，其他对非营利组织实行税收优惠政策的税种达七八个之多。这些税种的税收优惠政策既发挥不了有力的支持作用，又难以管理，产生许多税收漏洞。房地产等财产性的税收优惠政策也不利于有效使用资源，不符合节约型社会的要求。因此，建议除保留印花税和关税对非营利组织实行税收优惠政策以外，其他对非营利组织实行的财产性的税收优惠政策一律取消。

（二）关于税务管理问题

完善中国的非营利组织税收管理是要实现从管理服务型向服务管理型的根本转变，改善征纳关系，构建和谐征纳关系的基础。

1. 非营利组织主体认定

关于非营利组织主体认定问题，要实现由审批为主向标准为主的转变。有关部门制定符合条件的非营利组织标准，将非营利组织标准向社会公开，非营利组织申请合格并得到批准后，向社会公布符合条件的非营利组织名单，实现公开、公正、公平、透明。

2. 税务登记

为了结合非营利组织的实际情况进行管理，实行单独的非营利组织税务登记管理办法，区分公益性非营利组织和非公益性非营利组织，进行分类管理。

3. 税收优惠申请

税收优惠申请逐步由审批制转变为备案制，符合条件的公益性非营利组织可以自动享受企业所得税的免税待遇，当发生应税行为时再申报纳税，勿需经常性申报纳税。对一般的非营利组织，可继续使用现行税收优惠申请办法。

4. 捐赠扣除管理

由于中国信用体系不健全，捐赠扣除的票据相当重要。由于目前票据不统一，造成捐赠扣除管理的困难和混乱，阻碍跨地区捐赠，也容易产生税收漏洞。当务之急是规定和制作全国统一的捐赠票据，作为捐赠扣除的法律依据。

5. 监督管理

加强税务与民政部门的沟通和联系，交换相互掌握的信息资料，加强对非营利组织，特别是对公益性非营利组织的监督管理。加大对非营利组织的宣传力度，帮助非营利组织了解在税收问题上拥有的权责利，促使非营利组织自觉遵守税收法律法规和各项规章制度。

6. 纳税服务

由于非营利组织已经是一股不可忽视的社会力量，并且不断发展壮大，税务机关对非营利组织的纳税服务越来越重要。在将来的税务机构改革中应设立非营利组织的纳税服务机构。现阶段可以加强对非营利组织的税收宣传和培训，在税务网站设立专门的窗口，使非营利组织便于了解涉税事宜。设计和完善适合非营利组织特点的纳税申报表和减免税申请表。简化非营利组织纳税手续，减轻非营利组织的纳税负担。

（作者为国家税务总局税收科学研究所副所长、研究员）

澳大利亚政府和非营利组织概述

娜塔莎·德·席尔瓦

感谢你们为我提供这个机会，在这里介绍澳大利亚政府、非营利组织以及二者间相互联系的情况。在演讲开始时，我需要说明的是：我本人和我所代表的澳大利亚人权和平等机会委员会都不能自诩为这个领域的专家。

人权和平等机会委员会是一个非营利组织，所以我在介绍澳大利亚非营利组织的总体情况之前，要首先介绍一下我们的经验以及我们和政府之间的关系。

在具体介绍之前，我要先向你们介绍一下背景，让你们对澳大利亚的政府体系有一个大致的了解。我还准备简要介绍一下我们的法律体系和政府的情况，希望这能够帮助你们更好地理解代表们在今后几天里将要发表的演讲。

澳大利亚政府和法律体系的结构体现了欧洲模式和美国模式的结合。另外，它还吸收了澳大利亚首创的传统（例如：无记名投票和妇女广泛投票权），这些传统使澳大利亚政府和法律体系也体现出独一无二的本国特色。

一、澳大利亚宪法

虽然在很多人看来澳大利亚是一个年轻的国家，但这个国家却拥有着世界上最为古老的政府、法律和宪法结构。例如：新南威尔士州最高法院成立于1823年，是世界上最古老的仍在运作的法院之一。澳大利亚宪法从1901年开始实施，因此澳大利亚拥有全世界历史最为悠久的宪法结构。

澳大利亚宪法是由6个原英属殖民地协商而产生的，这6个殖民地主要是由欧洲殖民者在18世纪和19世纪建立的。协商的结果是：这些殖民地成为澳大利亚联邦中的6个州。宪法规定了联邦政府（根据宪法组建而成）和各州政府（各州政府可继续拥有制宪立法权）的权力分工。

（一）约束力

宪法对所有澳大利亚公民和组织具有平等约束力，其中包括所有政府部门和澳大利亚女王。如果君主或者政府中的任一部门所采取的行动不符合宪法的规定，那么这种行动就是无效的。

（二）修订

宪法规定了修订宪法的程序。宪法的修订只能通过公民投票的方式进行。只有多数投票人同意、并且经多数州的多数投票人同意新的宪法修订案时，这个修订案才能生效。所有党派在宪法面前的平等性，以及只有通过民众的直接投票才能修宪的规定，有效地确保了澳大利亚人民能够直接行使其主权。

1901年以来，澳大利亚宪法一共进行了8次修订。其中大多数修订只是对宪法做了比较小的改动，例如：最近一次修订是经民众同意在1977年进行的，这次修订将高等法院法官的退休年龄规定为

70 岁。而修订之前的宪法规定，高等法院法官的任命实行终身制。

1. 七个平等的政府

根据宪法的规定，6 个州政府和联邦政府的地位是平等的，因为他们的权力都是宪法所赋予的。宪法明确了联邦政府以及各州政府的权力。宪法详细规定了联邦政府的权力范围，其中包括国防、外交事务、货币政策以及其他重要国家事务。宪法没有明确规定属于联邦政府的权力，则自动归属于各州政府。这样一来，宪法中所没有提及的权力就被视为属于各州政府。其中包括卫生、教育、刑法和其他重要事宜。由于宪法中没有涉及人权的内容，所以关于人权的立法权力则属于各州政府。[①]

各州政府的权力不是由联邦政府指派的，各州政府和联邦政府的权力都是宪法所平等赋予的。因此，各州政府和联邦政府在地位上是平等的，只是有着不同的权力分工而已。

宪法的规定决定了联邦政府和各州政府之间必然存在矛盾冲突。如果宪法没有赋予联邦政府以处理某一事务的权力，那么联邦政府就无权就此事进行立法。但是，如果宪法赋予联邦以处理某一事务的权力，那么，如果出现各州关于此事的法律和联邦政府所制定的法律不一致的情况，各州制定的法律就被视为无效，无效的程度取决于不一致的程度。

2. 联邦政府

宪法确立了三权分立的原则，三种权力分别由联邦政府的三个机构——立法部门、行政部门和司法部门行使。各州政府也有其各自的宪法，也以同样的方式将州政府的权力进行划分。通常情况下，立法部门有权制定法律，行政部门有权执行法律，而司法部门则有权对法律进行解释。

① 但是，通过利用其签订条约的权力，联邦政府已经获得了制定人权方面法律的相同权力。

3. 立法部门

立法权（制定法律的权力）是由议会两院行使的。下院，也被称为众议院，每三年选举一次。众议员代表各自所在的地理选区，每个选区的人数大致相等。上院，也称为参议院，每六年选举一次。参议员的选举采取轮换制，其中半数参议员是每三年选举一次。参议员代表各州的选民。每个州的参议员人数是相等的。

一项提案必须经过多数以上的两院议员批准才能成为法律。议会无权通过违背宪法的法律。

立法机构是有权向人民征税的唯一政府部门。如若立法部门不向行政部门提供资金，行政部门将无法执行法律。另外，立法部门还有权成立独立于行政部门之外的机构，这些机构的任务是确保所有政府部门的行动符合法律规定。

4. 行政部门

行政权（执行法律的权力）掌握在澳大利亚女王手里，女王通过总督、总理和内阁行使该项权力。总督是女王在澳大利亚的代表，女王通过总督任命总理，总理须为能够赢得众议院多数议员支持的人选。然后，总理推荐内阁部长，并接受女王的任命。总理和内阁部长都必须是议会成员。如果总理失去了众议员的信任，那么该总理必须辞职，或者向女王建议解散议会，重新选举议会。

行政部门有权签署国际条约，由女王通过总督、总理和内阁行使这项权力。但是，由于行政部门没有立法权（立法权只属于立法部门），行政部门签署的条约并不意味着该条约构成澳大利亚法律的一部分。一个条约必须经过立法部门的批准才能在澳大利亚成为法律。

行政部门主要通过公务员所组成的“部门”开展工作。例如：这些部门包括外交部、澳大利亚联邦税务局和家庭住房社区服务和土著事务部。对于大多数澳大利亚人来说，他们所接触到的政府主要是行政部门所雇佣的公务员。这些行政部门的资金来自立法部门每年向行政部门所划拨的预算。立法部门还通过行政预算向政府中的司法部门以及很多独立于行政部门之外的机构提供资金。

5. 司法部门

司法权（解释法律的权力）属于高等法院和联邦政府下属的其他法院（例如：联邦法院、家庭法院、联邦治安法院等）。高等法院负责解释宪法，如果立法部门或者行政部门的行为不符合宪法的规定，那么高等法院可以宣布这些行为无效。高等法院每年只象征性地审理50起案件，确保高等法院只受理最为重要的案件。

高等法院有7名法官，这些法官是由行政部门任命的，没有特殊情况不得解聘①。根据规定，这些法官在70岁的时候从该法院退休。

6. 政府负责制

多数澳大利亚人所说的“政府”指的仅仅是行政部门。根据政府负责制原则，行政部门就其采取的行动向议会负责。议会相应地就其行为向人民负责。这样一来，虽然澳大利亚一个是君主立宪制国家，其最终的主权是属于人民的。

联邦政府最多每隔三年多进行一次选举②。所有年满18岁的澳大利亚公民和永久居民都要参与投票③。任何公民或者永久居民可以参加议会选举。实际上，多数议员都加入了某个有组织的政治党派，每个政治党派都有着统一的政治哲学和确定的公共政策观念。

二、澳大利亚的独立

虽然澳大利亚女王也是英国女王，但澳大利亚是一个独立的国

① 从未发生过高等法院和其他联邦法院的法官遭到解聘的现象。

② 从本届议会开始工作之日起，必须在三年之内选举新一届议会。

③ 无故不参加投票者将会被处以小额罚款。

家。新南威尔士州于 1853 年率先实行了政府负责制（有效的人民主权），从那时起澳大利亚开始缓慢但却坚定地走向完全独立。澳大利亚宪法于 1901 年 1 月 1 日开始生效，人们普遍认为这象征着澳大利亚获得了完全独立，但在实际上争取独立的过程是非常漫长的。

三、澳大利亚的法律体系

（一）澳大利亚法院体系

每个州和领地设有多层级的法院体系。最基层的是地方法院，上一级是区县法院，再上一级是州或者领地最高法院。最高法院有其自身的上诉法庭，最高法院上诉至高等法院。

高等法院是最高级联邦法院，也是澳大利亚最高级别的法律机构。高等法院受理各类上诉诉讼，包括在州法院进行初审的案件。

高等法院通常只审理那些在其看来更具有法律意义的案件，这些案件可能具有宪法意义或者关系到公众利益。

（二）澳大利亚的人权法

澳大利亚宪法的主要内容是进行联邦政府和州政府的权力分工，并没有具体规定澳大利亚民众的权力。澳大利亚没有将类似于《权利法案》中的权利纳入宪法，这在西方国家是很独特的。

而且，国际人权条约对于澳大利亚国内的法律没有直接的影响，因此也不能改变澳大利亚民众的权力状况。这是因为加入国际条约是政府行政部门的行为，而制定澳大利亚法律是由政府中的立法部门负责的。

尽管缺乏对权利的全面阐释，澳大利亚民众的人权还是通过多种方式得以确立、倡导和保护。已经确立的权利包括：

1. 澳大利亚普通法上的权利。例如：高等法院认为免于受到任意逮捕是普通法的内容之一，这是由来自英国的殖民者所带来的权利，这项权利在至少900年前就被列入了普通法。由于政府中的立法部门并没有将其撤销，所以这仍旧是普通法中所规定的人权。

2. 被纳入立法的权利。例如：行政部门签署了《消除对妇女一切形式歧视公约》（CEDAW），这是一个非常重要的国际人权条约。此后，立法部门通过了《反对性别歧视法案》（SDA）。SDA有效地将CEDAW所规定的权利纳入到澳大利亚的法律中。

3. 被看作是法律的应有之义的权利。例如：高等法院认为宪法确立了一个民主、责任自负的政府体系。如果没有政治言论的自由，那么这个政府体系是无法运作的。因此，高等法院认为澳大利亚民众享有发表政治言论的自由是宪法的应有之义。

通过上述三种方式（同时还有其他一些不太重要的方式），澳大利亚法律中包含很多关于人权内容的规定。除了普通法内容中所包含的全面的基本权利，立法机构还将《反对种族歧视法》、《反对性别歧视法》、《反对残疾人歧视法》和《反对年龄歧视法》纳入到澳大利亚法律之中。

（三）人权和平等机会委员会

通过颁布《人权和平等机会委员会法案》，立法部门成立了人权和平等机会委员会（HREOC），负责倡导和保护人权。虽然该委员会的资金来自行政部门的预算，但其职能是独立于行政部门之外的。行政部门所能动用的资金是立法部门通过的法律——《拨款法》所规定的。

虽然HREOC的主要职能是教育公众，但该机构参加法庭审理的情况也并不少见，有时还对政府行政部门的行动或者政策提出反对意见。

该委员会需要有能力积极倡导每个澳大利亚人所享有的人权。为此，保持独立性是非常必要的。独立性也意味着澳大利亚民众普遍期望政府不要试图削弱或者剥夺我们这个组织以及其他类似组织的独立性，而是应尊重该组织有权对政府进行批评，并在适当的情况下采纳该组织的建议。

该委员会的主席作为首席执行官负责管理委员会的工作，委员会的权力是联邦反歧视法和人权法所赋予的。负责人权、性别歧视、种族歧视、年龄歧视、残疾人权利和土著居民权利事务的专员协助委员会主席执行这些法律。主席和专员是得到正式任命的，固定任期通常是三到五年。

该委员会的主要工作目标是倡导人权、禁止民众社区中的歧视和违反人权的现象。该委员会的主要工作内容是：

（1）开展人权教育和倡导；

（2）调查、调解和裁定根据（国家）人权法和反歧视法所做出的个人投诉；

（3）对违反人权行为和歧视性行为进行公开问讯；

（4）制定政策，监督政府履行国际人权条约义务的情况；

（5）推荐并审核法律、政策、项目和活动，以倡导和保护人权。

由于工作内容纷繁复杂，在解决具体问题的过程中，我们需要采取灵活多变的工作方式。因此，我们需要经常评估我们是否履行了作为澳大利亚国家级的人权机构所应发挥的作用，以及我们是否通过最为有效的方式开展人权倡导活动。我们通过多种方式开展人权倡导活动，其中包括：

（1）受理投诉；

（2）和媒体进行接触；

（3）开展教育和倡导活动；

（4）制定政策；

（5）开展研究；

（6）法律干预；

（7）国家问讯。

对世界上所有国家级的人权机构来说，保持独立性是一项艰巨的任务，HREOC也不例外。如果这些人权机构能有效地发挥其作用，那么保持独立性是非常必要的，特别是在监督政府履行国际人权条约义务情况的时候。HREOC所面临的一项挑战是：机构的资金主要来自于政府部门，而该机构恰恰需要对该部门的工作进行监督。其他一些法定机构也面临着这样的问题。

因此，这种机构通常面临着严格的资金限制也就不足为怪了，而且这种机构需要利用有限的资金争取最大的影响力，这也是一个严峻的挑战。

为了解决这个问题，联合国组织国家机构的代表们于1991年在巴黎召开了一次会议。在这次会议上，代表们制定并通过了巴黎原则。

巴黎原则就HREOC等国家机构的地位做出了详细的规定。联合国人权委员会[①]和联合国大会[②]随后签署了巴黎原则，这些原则已经成为国家级人权机构成立和运转的基础和参考点。

简单说来，符合巴黎原则的机构应具备以下特点：

（1）独立性由法律或者宪法予以保证；

（2）独立于政府；

（3）多元化，包括机构成员的多元化；

（4）基于普遍人权标准的广泛义务；

（5）充分的调查权力；

（6）充足的资金。

保持独立性越来越不再仅仅意味着独立于政府。在当今的多数国家里，政府和企业或者行业的利益存在着重叠之处。政治的性质说明保持独立性可能需要保持能够独立于一系列的利益相关者。

这就带来了新的挑战。从国际层面上来说，这需要承认完全的

---

① 1992年3月3日决议1992/54。

② 1993年12月20日决议48/134附件。

独立性。这也意味着在国家的层面上支持这种独立性，并提倡和其他独立机构之间的团结一致以及相互支持。

虽然面临着诸多困难，但该委员会还是通过和媒体、教育工作者、工会、雇主以及社区团体的合作，在提高澳大利亚民众的人权意识方面取得了巨大成功。

澳大利亚法律所赋予 HREOC 的管理职能在很大程度上保证了澳大利亚签署的国际人权条约的具体实施。根据国际条约的承诺，制定国内法律的重要性是不容忽视的。人权法平等适用于全世界的所有人民，无论身处哪个国家、哪种文化环境和信奉哪种宗教。

和公众所关注的其他领域一样，很多组织关注着澳大利亚政府在人权方面的表现。在这些组织中，既有公共财政支持的组织，也有私人资金支持的组织。一些组织主要关注某种类型的团体（例如残疾人）或者某一问题（例如公民自由权），而另外一些组织则广泛关注有关人权保护的各种问题。这些组织都能够自由表达其观点、组织游行、呼吁变革，并通过法庭和法院系统推进具体事业的进展。

HREOC 和其他类似的监管机构所处的位置非常独特。它们既不是政府机构，也不是非政府机构或者非政府组织（NGO）。相反，我们介乎于这二者之间。我在前面已经讲过，我们是一家非营利组织，我们的资金全部是由联邦政府所提供的，同时我们的运作也独立于政府。我们不提供政府资助的服务，也不为专门某一类群体而工作，我们呼吁保护全体澳大利亚民众的人权。HREOC 这类组织和非营利组织或者 NPO 之间的差别是很微妙的，但二者之间确实存在着差别。

四、澳大利亚政府和非营利组织之间的关系

在澳大利亚社会中，非营利组织的运作、参与和活动是澳大利

亚民主的一个重要特点。

在详细介绍政府和非营利性部门之间的关系之前，我需要简单介绍一下和这个部门相关的一些术语。

世界各国有很多用来描述非营利性部门的术语。你们中间的很多人都很熟悉的术语包括：非政府组织（NGO）、非营利组织（NPO）、非营利性机构、第三部门、高峰组织、民间组织等。

所有这些名称在很大程度上指的是同一类组织。在澳大利亚，澳大利亚统计局（我们的官方统计机构）对于非营利性机构的定义是这样的：

他们是这样一些组织，性质是非营利性的，不进行利润分配，在机构上独立于政府，进行自我管理，具有非强制性①。

在谈到澳大利亚的非营利性部门时，我们实际上谈论的是很大一群组织。广义的定义包括：体育俱乐部、冲浪救生协会、教堂、福利机构、慈善团体、社团组织等等。

在广义的非营利性部门的定义中，包含着我们所熟悉的“高峰团体或者高峰组织”。这些组织的定义如下：

这些组织是某一行业或者社区中某一部分（例如：儿童或者妇女服务、老人服务、残疾人服务）的代表，代表其会员组织进行倡导、演示、协调、通知、研究和制定政策。高峰团体本身并不提供服务。它们在制定政策的过程中提供建议，并就议会制定相关法律时进行的质询提出建议。②

Andrew Johnson 所代表的澳大利亚社会服务委员会就是一个高峰机构。在澳大利亚，我们通常将这个部门称为非政府组织或者部门。今天，我将主要介绍非营利性部门和高峰机构。

---

① 澳大利亚国民核算：非营利性机构附属账户 1999—2000，澳大利亚统计局，卷宗编号 5256.0，2002。

② Marian Sawer：“主流治理：社区代表的含义”，澳大利亚国立大学社会科学系，发表于澳大利亚公共管理期刊，2002 年 3 月。

（一）历史

第一次世界大战以来，也许更早以前，澳大利亚一直主要依靠非营利性部门提供社会福利服务。但是，大约是在 20 世纪 70 年代，NPO 开始逐渐采取我们今天所看到的运作方式。在 70 年代，关于如何建设一个公正公平的社会这个问题在澳大利亚引起了激烈的讨论。通过这次辩论，政府开始向社会中的少数人团体或者遭到边缘化的团体提供资助，使得社会也能听到这些团体的声音。

资助 NPO 的目的是加强社会中弱势群体的声音，如果没有这种资助，在公共辩论和政策制定过程中就无法听到这些声音。

随着资助的不断进行，NPO 的作用也不断扩大。它们不再是单纯的服务提供者，例如向饥饿者提供食物，向无家可归者提供住所、咨询服务等，而是开始发挥倡导作用。

政策倡导的定义是“为支持某一事务而进行辩护或者辩论的行为”，这些事务包括一个事业、一个想法或者一项政策。从政策的角度来说，政策倡导对于良好的决策来说是非常重要的因素。当选的官员、政府监管者、公务员和其他人员所制定的法律法规影响到民众的日常生活，因此对于政策制定者来说，了解民众的需要和愿望是非常重要的。

倡导机构和政府不会经常有着统一的看法。事实上，二者的看法经常发生分歧。但是，只有存在分歧，才能实现进步。分歧通常会带来有建设性的成果，因为分歧会迫使决策者认真检查自己的决策思路。这样一来，有助于使出台的政策更加周全，也能更好地平衡各方利益。需要注意的是：高峰团体或者倡导者不会为了制造分歧而故意对政府表示异议，非营利组织更愿意提供一些建设性的反馈，帮助全面改善政策。

NPO 作用的不断扩大是澳大利亚社区和 NPO 部门发展前进

的重要一步。目前，一个强大、活跃和健康的NPO部门被看作是对充分发扬民主的重要因素。NPO部门努力在工作中代表人民的利益，因此这一部门的态度、价值观和期望在不断发生变化。

在制定政策的过程中征求社区的意见已经成为澳大利亚各级政府工作的一部分，成为了一种通用的做法。

政府向NPO提供资助，通过不断向NPO征求意见，加强了政府和社区之间的参与性联系。若要具备展示边缘化团体观点的能力，就需要在政策辩论和结果之间取得平衡。

在20世纪80年代，NPO的数量不断增加，这些NPO都是由公共财政支持的。但是，随着NPO数量的增加，当时的工党政府越来越重视业绩指标和预算分配技巧。在一些人看来，这种对NPO的管理方式是对NPO提出了不现实的要求，例如制定商业计划等。对于那些单纯依靠志愿者工作的NPO来说，这种劳动密集型的管理工作是非常沉重的负担。

回顾过去，80年代出现的这些关于NPO的问题充分说明政府和NPO之间的关系开始发生改变。在刚开始的时候，政府向NPO无条件地提供经济和政治支持（政府热切需要NPO在政策辩论中所提出的建议）；现在，政府提供的支持变得更加规范，成为商业类型的安排。

虽然这些情况可能提高可信度，这是一件好事，但需要记住的是，NPO在成立初期的资金非常有限。因此，在提供资助方面设定的要求会严重妨碍NPO有效开展其核心工作。

到了90年代，同一个联邦政府仅在社区服务和卫生领域就向38个高峰团体提供资助[①]。

在那一年，主管社区服务和卫生的联邦部长要求社区事务的议

① Marian Sawer："主流治理：社区代表的含义"，澳大利亚国立大学社会科学系，发表于澳大利亚公共管理期刊，2002年3月。

会委员会提交关于资助NPO（特别是关于“高峰团体”）的思路。该委员会在1991年提交了这一报告，指出：向这类团体提供资助的最主要思路是在制定和执行政策的过程中能够体现弱势群体的利益，而这一想法平衡了有组织的私人利益的要求。这里所说的弱势群体可能包括低收入人群、残疾人、老人、无家可归者、土著居民或者非英语背景人士等[1]。

另外，该委员会还支持认为：“这些组织的咨询和游说作用还包括在必要的时候对政府政策提出异议，以代表其拥护者的利益。”[2]

在向该委员会提交的证据中，当时的社区服务部强调指出：“政府向代表机构提供资助，不应助长政府在该领域的优先权，因为这些机构的目的就是让政府的日子不好过，或者在必要的时候惹怒政府。”[3] 因此，虽然政府向这些机构提供资助，但这些高峰机构和NPO应保持独立于政府。

该委员会的这些发现在很多方面具有重要意义。首先，该委员会的报告确认了成立和资助NPO的基本目的是代表社会中的边缘化团体或者没有发言权的人群。其次，该报告明确指出NPO有权向政府表示异议，认为这种关系具备积极的特点。

在该委员会提交报告的五年之后，澳大利亚在1996年选举中经历了政府的变革，约翰·霍华德（保守党人士）成为了澳大利亚总理。在当选总理之后不久，约翰·霍华德在一次公开演讲中表达了他对NPO高峰团体的看法，他将其称为“既得利益团体”。

在接下来的一年里，政府继续沿用了前一届政府从80年代开始对NPO提出的条件，并开始采纳“成果导向”的资助方式。这意味

① “曾经辉煌：关于资助高峰卫生和社区组织的报告”，澳大利亚联邦议会众议院社区服务常务委员会（HORSCCA），1991年。

② “曾经辉煌：关于资助高峰卫生和社区组织的报告”，澳大利亚联邦议会众议院社区服务常务委员会（HORSCCA），1991年。

③ “曾经辉煌：关于资助高峰卫生和社区组织的报告”，澳大利亚联邦议会众议院社区服务常务委员会（HORSCCA），1991年。

着政府和NPO之间的关系迅速向买卖关系转变，NPO需要签订和政府目标密切相关的正式合同，并需要取得合同规定的具体成果。

采取成果导向的资助方式和70年代的做法有了明显不同，因为在70年代，同样的组织仅凭其代表地位就能获得资助。采取这种新做法意味着和政府签订合同的NPO由于自身资金有限，所以其参与公共辩论或者为其所代表的边缘化团体进行呼吁的能力开始减弱。

随后，在1999年，政府开始重新订立资助合同，在其中加入了保密条款，并要求签约组织在举行任何媒体活动之前需要提前告知，[①] 这一规定进一步削弱了透明度，并限制了NPO在公共领域的影响力。

除了这些措施之外，政府后来还取消了对很多NPO的资助，因为政府认为这些组织过于“背离主流”，并且政府还强制要求一些NPO进行合并，尽管这些组织并不具备开展合理合作的条件。这种消除和分化的做法所带来的后果是：从前有一些组织能够发出独立的声音，这些声音有时是同意政府的做法和政策的，也有的时候是不同意的，但现在这样的组织开始变得沉默了。

在实施这些改变的时候，政府并没有表示这是其所期望的结果。然而，即使政府没有想到会出现这样的结果，这些做法仍然明显改变了NPO在批评政府政策方面所具有的独立性和自由。

当NPO部门面对这些重大变化时，很多重要的非营利组织于2002年共同成立了全国非营利组织圆桌会议。这一机构的宗旨是代表非营利性部门，解决澳大利亚非营利组织共同面对的出资、业绩和独立发展的问题。即将在今天晚些时候发表演讲的Andrew Johnson是圆桌会议的成员之一，他将在演讲中介绍圆桌会议的作用。

（二）资助

Andrew Johnson 和 Robyn Fleming 比我更适合介绍政府和

---

① Marian Sawer：“主流治理：社区代表的含义”，澳大利亚国立大学 社会科学系，发表于澳大利亚公共管理期刊，2002年3月。

NPO之间的资金分配与获得关系，所以我在这里只做简单介绍。

非营利性机构的资金来源非常广泛，但是很显然的是，政府是最主要的出资者。在2002年，澳大利亚非营利性部门从政府接受了100亿澳元（约合600亿人民币）的资助（这一数字包含各级政府一联邦政府、州政府和地方政府）[①]。

如果没有这些资助，很多NPO可能无法有效运转。

志愿者的劳动是NPO所接受的另外一个主要资助，稍后我将详细介绍这方面的情况。

（三）统计数据

为了全面说明澳大利亚非营利性部门的总体情况，我在这里告诉大家一些相关的统计数据。

相对于2100万的人口规模来说，澳大利亚的NPO部门是非常重要的。全国大约有70万家非营利组织，有的是州组织，有的属于联邦组织。但在这些组织中，大多数都是小型的NPO，即使不是完全依靠会员的志愿服务，这些组织对志愿者的依赖程度也很高。

在澳大利亚大约70万家NPO中，有半数以上的，也就是大约38万家的非营利组织如我们所说采取了一些公司形式。也就是说它们是依法成立的独立实体。采取了公司形式的NPO承担着报告和纳税的责任，来自澳大利亚联邦税务局的PY Lim将在明天的演讲中对此做详细介绍。

据估计，澳大利亚大约有3.5万家非营利组织雇佣了员工。我在前面已经讲过，雇佣员工的数量在很大程度上取决于该组织会员的志愿工作是否足以维持组织的运转。NPO部门的雇佣水平是相当客观的，雇员人数大约为60万人，占澳大利亚就业总人数的6.8%。

在非营利性部门的雇员中，26%从事社会服务工作，24%从事

① 澳大利亚国民核算：非营利性机构附属账户1999—2000，澳大利亚统计局，卷宗编号5256.0，2002年。

教育和研究工作，21%从事文化娱乐活动，15%从事卫生工作，2.5%从事专业协会和工会工作，其余的11.5%从事其他方面的工作[①]。

因此，NPO部门对经济发挥的巨大影响力也就不足为怪了。据估计，NPO在1999年/2000年对澳大利亚经济所做的贡献为210亿澳元（约合1260亿人民币），相当于GDP的3.3%。

我在前面已经讲过，非营利组织的收入来源很广，但其中最为主要的两项来源是政府拨款和个人企业的捐款。

在2004年，1340万名澳大利亚民众向非营利组织捐款达52亿澳元（约合312亿人民币）。另外，澳大利亚民众还通过购买慈善彩票（可中奖）、在慈善拍卖会上购买物品或者参加类似的筹集资金活动等方式贡献了20亿澳元的资金。

正如我在前面已经讲过的，澳大利亚的NPO主要依靠志愿者劳动。澳大利亚统计局对志愿者的定义是：自愿提供无偿帮助的人员，提供的内容包括提供时间、服务或者技能[②]。在澳大利亚，志愿者文化的影响力非常强大。

在2004年，41%的澳大利亚成年人，人数大约为630万，向非营利组织提供了共7500万小时的志愿工作。如果进行支付的话，这些志愿劳动的价值约为133亿澳元（约合798亿人民币），无论采取哪种标准，这都称得上是巨大贡献[③]。

年龄在35岁至44岁之间的人们和妇女最有可能成为志愿者。在居住在澳大利亚的妇女中，46%的人曾经担任志愿者，而担任志愿者的男性比例为36%。有趣的是，在全部志愿工作时间中，全职

---

① Mark Lyons和Andrew Passey："奉献的澳大利亚：对澳大利亚慈善事业的研究"，家庭社区和土著事务部，堪培拉，2004年。

② "志愿工作，澳大利亚"，2000年，卷宗编号4441，澳大利亚统计局，2001年。

③ Mark Lyons和Andrew Passey："奉献的澳大利亚：对澳大利亚慈善事业的研究"，家庭社区和土著事务部，堪培拉，2004年。

和兼职员工所做的贡献超过了50%，而失业的人参加志愿工作的可能性最小[①]。因此，你可能认为由于工作和家庭的原因最不可能参加志愿工作的人，在现实生活中却成为最可能成为志愿者的人。

（四）调查结果

在2004年，澳大利亚一家从事非营利组织研究的机构开展了一项网络调查，要求290家从事倡导工作的NPO对影响其参加公共辩论的障碍进行评估[②]。

我在这里要强调几个非常重要的调查结果，因为我认为这说明了政府和NPO在最近一段时间内的关系情况。

大家可能对这样的结果并不感到吃惊，调查发现NPO批评各级政府政策的可能性大于支持的可能性。

NPO参与咨询的主要方式是撰写提议，然后举行圆桌会议并参加质询。这说明NPO代表很少有机会和政治人物进行面对面的交流。

在接受调查的人群中，92%认为政府不关心他们的提议内容。

有趣的是，43%的NPO表示他们获取资助的方式从未限制过他们评判政府政策的能力。相反，57%的组织相信政府资助限制了他们充分参与公共辩论的能力，最起码在一些情况下如此。

在接受调查的人群中，90%表示同意不应通过减少资金的方式分散组织的风险。这到底是否正确是另外一回事，这种看法只反映了目前在澳大利亚人们对政府和NPO组织之间关系的看法。

58%的受访者表示认为在澳大利亚这种辩论已经很少了，而33%的人表示人们是在忍受。

---

① Mark Lyons和Andrew Passey："奉献的澳大利亚：对澳大利亚慈善事业的研究"，家庭社区和土著事务部，堪培拉，2004。

② S. Maddison，R. Denniss和C. Hamilton："沉默的异议—非政府组织和澳大利亚民主"，澳大利亚学院，讨论稿，2004年6月。

正如我在前面已经讲过的，这项调查是在2004年进行的，这反映了当时NPO和政府之间的冷漠关系。去年11月，澳大利亚举行了政府换届选举。由于新政府刚刚组建，新政府和NPO之间的关系还在形成过程中。

但是，早期的情况还是非常乐观的，新政府努力恢复澳大利亚NPO的真正独立性，并试图和非营利性部门建立良好的工作关系。为此，政府已经任命了社会共融部长（她同时也担任副总理），并建立了同一名称的内阁委员会，以便和非营利性部门建立"全国性"的友好关系，努力营建这种关系的框架结构。

从政府的角度来看，社会共融指联邦政府和各州政府在政策上和NPO保持协调，确保没有人会被排除在有意义地参与国家经济和社会生活之外。[①]

这一方式反映出新政府已经认识到需要依赖NPO改善社会对最弱势群体和边缘化人群的包容程度。

Andrew将在演讲中详细介绍NPO和政府在这些方面进行讨论的情况。

（五）结论

总而言之，我要强调的是NPO在澳大利亚社会和公共辩论中所发挥的作用是不可或缺的。NPO在很多方面为我们的社会做出了巨大贡献。他们代表着可能被我们忽略的声音，他们提供了必要的服务，他们促进社区团结，并反映了社区的价值观和渴望，他们为制定良好全面的政策和公共辩论做出了重大贡献。

同样的，政府也愿意和所有民众保持接触，为所有澳大利亚民众建立一个公平的社会，这是我们的民主体制中可贵而又基本的一个方面。

---

① "20社会共融部长"，Hon Julia Gillard在ACOSS年会上的讲话，墨尔本，2008年4月10日。

为了确保政府和NPO能够实现各自的目标，保持双方之间的积极关系是非常必要的，而且，NPO也需要保持独立发展和真正的独立性，双方尊重对方拥有提出异议的权利。

（作者为澳大利亚人权与平等机会委员会项目经理）

与政府的合作：非营利组织的观点

菲利普·安德鲁·约翰逊

国际背景

首先，我想结合非营利组织发展的国际背景谈谈澳大利亚社会服务委员会。

在20世纪的最后二十年中，非营利组织的影响力不断提高，这是20世纪最为重要的一个进步，但同时，尤其是在澳大利亚，也是经常被人忽略的事实。其重要性的提升体现为——目前，非营利事业的价值已达1万亿美元。

90年代，诸多外力的催化导致非营利组织，尤其是从事社会发展与服务的组织，或历经了重大变革，或考虑进行重大改革。现在，这些组织正在不断发展壮大。与此同时，它们也在重新审视自己的作用与责任，部分源于他们所取得的成功——不断增长的经济实力，对国际关系、企业行为日益增长的影响力。

这种内部审视与外部审视，是以瞬息万变的环境和世界新秩序为背景的。这些非营利组织应对威胁与挑战的能力将最终影响他们的未来，而他们的未来又与世界上那些处于贫困、战争与疾病之中的人们息息相关。

这些威胁、挑战及机会包括但不限于以下内容：全球化的出现以及全球公民社会的兴起；发展本身无法解决世界发展所带来的各种问题的共识；对于发展项目方面，政府采取了一种新的模式——加强与非营利组织的合作，而不是将其拒之门外；对非营利组织合法性的批判正持续增长。

观念的转换：倡导的兴起

19 世纪 90 年代早期，以“影响力”大会的召开为标志，非营利组织开始了观念转换。转换源于当时非营利组织实施的规划，尤其是在发展中国家实施的规划结果令人沮丧。许多非营利组织纷纷发掘各种新的活动，力求产生更大的影响力（爱德华兹，1992 年）。他们的工作重心发生了转移，其核心是非营利组织开展了一项新运动——倡导。倡导成为新的工作重点，甚至在某些最为极端的情况下，倡导替代了发展规划，成为组织原则。

90 年代早期，北部一些重要非营利组织的决策者逐渐意识到，他们寻求发展的努力影响甚微。尽管非营利组织筹集的公众资金数目得到了大幅提高，但他们的实际影响力通常很小或只是临时的。自《影响力》发布以来（爱德华兹与赫尔姆，1992 年），非营利组织的思想重点及实践重心，逐渐地转至开展更为有效地国际游说与倡导。

“倡导”这个概念要比游说更为广泛，在“倡导”中，重点强调的是系列活动和工作方法的代表性及可推广性。游说是其中的一项但非全部内容。倡导的结果不仅仅是要影响决策者对公众及其他各社会部门观点的影响力。“倡导”概念及实践的核心内容是最终开展对政策修订产生影响的各种活动。

其他可以用来描绘“倡导”一词的词汇包括“提高觉悟”（不特指任何行为）及“宣传运动”。前者是向您的目标听众提供信息资料，讨论您的个案，争取大家的理解。后者通常强调宣传，积极促成公众观念的形成，并围绕特定主题营造政治压力。

澳大利亚社会服务委员会情况

世界上的许多组织都在努力思考自己在倡导工作对象的利益上所起的作用。澳大利亚服务委员会在过去半个多世纪里也一直在思考这些问题。

澳大利亚社会服务委员会成立于1956年，是澳大利亚最高一级的社区服务与福利事业部门，代表着全国贫困与不公正受困群体的需求与愿望。

澳大利亚社会服务委员会的任务是让澳大利亚成为一个公正、全面、可持续发展的国家，所有个人及团体都拥有必要资源参与社会经济生活并从中受益。

澳大利亚社会服务委员会的目标是消除贫穷与不公，推动政府、社团及商界制定推进各种社会、经济及环保公众政策及活动，同时支持那些为弱势澳大利亚群体提供帮助的非政府组织。

澳大利亚社会服务委员会通过其在全国的分部将澳大利亚各地的社团及福利服务相统一，包括：

1. 八个州及地区的社会服务委员会，代表了数千个一线社区组织。

2. 国家消费者与服务提供者的最高组织。

3. 全国各宗教及非宗教福利组织，包括救世军、关怀联盟、安格利福利救济社、天主教福利中心、澳洲使命及史密斯家庭。

4. 低收入消费者群体，如全国单身母亲与子女联合会、澳大利亚养老及退休人员联合会。

澳大利亚社会服务委员会以其高水准的社区咨询、政策发展、分析研究服务，为澳大利亚的弱势群体制定了有效的、影响较大的政策。委员会因此在全国名声斐然。

澳大利亚社会服务委员会积极从事十个主要政策领域：社区服

务、经济与税务、就业、教育与培训、卫生医疗、住宅生活、本土问题、国际社会问题、司法、农村与偏远团体及社会安全。

澳大利亚社会服务委员会引领各种创新活动，支持社区服务与福利部门，是非党派的独立政治机构。

澳大利亚社会服务委员会基于对受贫困及不公正待遇影响的人士的直接经验，以及多元化的会员构成，力图推动政府、社区和商界制定并推进有效的社会经济公众政策。

社区服务与福利事业的重要性

澳大利亚社会服务委员会的另一角色是澳大利亚社区服务与福利工作的最高机构。首先，我想介绍一下澳大利亚这项事业的重要性。

非营利、非政府组织在为澳大利亚的低收入与弱势群体提供服务方面一直起着重要的作用。在许多地区，非政府组织提供了超过70％的服务，而这些服务在其他国家被定性为公共服务。

行业规模与范围

澳大利亚统计局估计，至 2000 年 6 月底共有 9287 家公司及组织参与到社区服务工作中。这 9287 家公司及组织包括 2800 家营利组织、5938 家非营利组织及 548 家政府组织。政府组织的数量自 1996 年 6 月起维持不变，而营利组织及非营利组织的数量分别上升了 32％及 10％。

费用支出

澳大利亚健康与福利机构估计非政府社区服务组织的支出为 112 亿美元，政府提供的资金占到 49％，服务对象支出占 25％，非政府组织自己的资金占到 26％。

工作人员

2004年，澳大利亚从事社区服务业的工作人员约为24.3万(20.3万名全职或同等员工)，占到所有行业全部职工的2.5%。即在澳大利亚，每10万人中有1362名（全职或同等）社会服务工作者。从事社区服务的员工在1999年—2004年上升了22.6%，而全部行业的员工增长比率为10.5%。在社区服务业中，从事儿童关爱服务的人员增长了42%，从事社区关爱服务的增长了10.2%。

社区服务中的员工绝大部分为女性（81.0%），近一半(45.8%）为兼职工作人员。

澳大利亚的贫困问题

澳大利亚社会服务委员会旨在为建立强大的澳大利亚社区机构提供支持，不过它的最终任务是保证政府、商业组织及非政府组织在做出决策时能够认真考虑到那些经历社会排斥、贫困及弱势群体的人们的利益。

尽管2008年的经济状况良好，预算充足，但许多澳大利亚人并未真正过上体面的生活。

“澳大利亚公正活动”是澳大利亚社会服务委员会开展的一项公众参与活动。2006年，在各州/地区举办了多次咨询顾问活动，以确定澳大利亚公众对能够保证所有澳大利亚人受到公正待遇的10个要素的看法。

这十个要素是：公正的社区、教育、环境、医疗、住房、和解、权利、服务、福利与工作制度。

“澳大利亚公正活动”发布的2005年和2006年最新数据表明每10个澳大利亚人中至少有1个人的生活处于或低于贫困线。2006年，估计有221万名澳大利亚人或11.1%的澳大利亚人口生活在国际研究中广泛应用的最低贫困线下。这一被经合组织采用的贫困线确定为澳大利亚全部家庭中等可支配收入的50%，包括单人家庭。2006年，这一贫困线为每周281美元。

贫困线可以让我们看到低收入与弱势的程度，其他经常被应用的困难指数包括：得到牙齿保健等必需服务的机会、在紧急情况下获取500美元的能力、每年一次休假的能力以及让孩子参加学校旅行的能力。

事实上，低收入生活最能体现在现实贫困人士的生活中。最新的“澳大利亚公正运动”报告中介绍的一些事实表明，贫困人士也各有特点。他们有不同的背景，致贫原因也多种多样。一些人有着弱势背景，一些人长期患病或身有残疾，而另一些人曾有过较好的生活，但家庭危机或疾病使他们的生活恶化。而他们的相同之处就是他们都渴望“正常”的生活，有稳定的收入，受到尊重，拥有社会地位。

“澳大利亚社会服务委员会”开展的其他研究表明现有的政策环境无法实现公正社会的理想。

在经合组织的30个国家中，有22个国家已经实施了国家社会包容或消除贫困战略，使各群体平等地分享国家社会经济福利，但澳大利亚在陆克文工党当选（2007年11月）之前一直没有针对弱势群体的问题展开协调合作。失业、健康问题及其它弱势现象一直困扰着部分澳大利亚居民，因此急需制定战略，旨在吸纳社会边缘群体的参与，提供一种机制来加强他们在社区中的能力。

不同部门，共同目标：群策群力还是各取所需

“澳大利亚社会服务委员会”成立于中国提出“百花齐放”的那一年，目标是发出澳大利亚低收入与弱势群体的共同声音。

诚然，我们要聆听代表各个组织不同人的不同声音，但同时我们也要看到只有在各组织及公众拥有一个共同目标时，才能够实现巨变或社会进步。

各非政府组织通过多年实践得到的宝贵经验：在实现政策改变或向服务对象建议更好的项目时，表明得到公众的支持即为更有效的方法。思想本身固然重要，不过政客们也经常需要鼓励与支持，而最好的实现方法便是公众的参与。

在调动公众参与，确保政府倾听其利益呼声并采取保护措施方面，非政府组织有许多成功的经验。

2006年，“澳大利亚社会服务委员”会举行了全国性磋商，保证非政府组织更好地支持那些被忽略的澳大利亚人的需求及愿望。当时，前联邦政府还很受欢迎，控制着参议院，而媒体对那些生活在贫困中的澳大利亚人使用了一些贬义词，如“懒骨头”和“懒虫”。

在这次磋商后，我之前谈到的“澳大利亚公正活动”应运而生。此项活动为人们提供了参与空间，尤其是那些低收入和弱势群体的澳大利亚人可以参与到解决问题的过程中，在改善澳大利亚低收入与弱势群体生活的变革中起到了积极作用。

服务提供

在提供社区与社会服务方面，非营利、非政府组织一直起着重要作用，几乎每个人在人生的不同阶段都会需要这种服务，而对于那些生活在低收入与弱势群体中的澳大利亚人来说，这些服务尤为重要。在澳大利亚许多地区，超过70%的社区服务由非政府组织提供。

马克·莱昂斯是位澳大利亚学者，他的职位与我在澳大利亚社会服务委员会相同。在研究非政府组织发展史方面，尤其是社区与福利事业方面，他做了大量工作。我会在本节借用马克的研究成果。

澳大利亚第一个非政府组织是成立于1813年的澳大利亚慈善协会。到1870年，慈善协会及其类似组织在许多大城市得到发展。这些大众慈善机构，由中产阶级支持，是贫困人士的主要资助来源，主要服务是为那些居住在临时性住所的人们提供现金或食物以及提供院内护理，尤其针对老年人、无家可归的人、母亲及婴儿。孤儿和被遗弃的儿童可以到政府及公众慈善机构开办的儿童之家，其资金来源是政府资助及私人捐款。至少在早期，获得支持的前提是，能够证明他们的确急需帮助。

19 世纪 70 年代以后，教会类型的福利机构层出不穷，服务所需的资金由其成员提供。20 世纪 20 年代至 50 年代，商业机构更多地加入到此项事业中来，社会工作者开始以家访形式在医院之外的地方服务。

1. 19 世纪 20 年代至 50 年代

- 罗特里在 20 年代中期首次对悉尼的流浪儿童开展了调查，并在 30 年代建立了跛足儿童协会。
- 另一商业团体建立了史密斯家庭。
- 建立儿童关爱服务与幼儿园，最初非营利机构采取慈善组织模式，二战时转变为小型家庭模式。
- 州政府、教会及营利性组织创办医院及护理院，为老人提供帮助。

2. 19 世纪 50 年代至 19 世纪 60 年代

- 非政府组织创设出新的老人照顾模式：自我照顾。这种模式得到了联邦政府的支持——政府提供来自于非营利机构与地方政府的配套资金。在院舍式照顾中也采取了相同的模式，政府鼓励非营利组织参与养老院建设。
- 残疾儿童的父母集中起来，建立具有特定设施及住宿条件的住所——土地一般由州政府提供，到 60 年代后期，还能获得联邦政府资金上的支持。
- 更重大的广泛的社会发展：以强调权利为基础的社会运动涌现、宗教的控制力下降，并进入了漫长的减弱期。

3. 19世纪70年代

• 服务的扩展——主要由非营利部门在政府帮助下完成——通常由政府发起（如促进对儿童的关爱）。最初由联邦政府开始，后扩散到各州（儿童福利部与社区）。新型服务（如儿童关爱、难民）采用社区管理模式，旨在赋予妇女及低收入人群相应的权力，此前他们被排斥在与其相关的决策过程之外。

• 随着权利议程的系统发展，权利倡导者与上一级的提供服务的管理者在如何最好地组织服务方面产生了分歧，政府角色开始发生重大转变。70年代中期，经济低迷状态下的政府不再是社会经济问题的解决者，而成为麻烦制造者。

4. 19世纪80年代至90年代

• 新自由主义或经济理性主义与管理主义成为主导思想。

• 政府角色转换，几乎不直接提供任何服务，同时也不鼓励非营利以及以社区为基础的服务，而是鼓励市场提供服务。

• 人口统计及劳动人口的变化（服务经济的增长，专业人士及妇女有更多的就业机会）意味着对社区服务的需求与供应的增长。

• 政府不再与社区机构合作或是鼓励社区管理，而是逐渐开始管理准担保人或采购提供者合同费用的大幅增长，并鼓励公司与非营利机构竞争提供服务。

• 一些非营利机构在政府资金的支持下成长壮大，一些已获成功的非营利机构同时开始从公众那里吸收捐赠筹集资金。

• 对社区服务的需求继续增加。

政府角色

政府的角色是多变的，难以定位的，尽管它在历史发展过程中起着重要作用：政府从开始的完全不参与，到后来的仅提供特定的服务（其他服务有非营利组织提供），再发展到到鼓励非营利组织的发展并着重通过它们赋予人民更多的权利，到继而成为主要的资金提供者，同时鼓励市场机制的建立。

也许有人会问以后会怎样呢？可以确定的是，历史将不会倒流。

非政府组织与政府的关系作用

非政府组织与政府能够进行有效合作的一个重要前提，是要明确非政府组织预期达成的目标及其在合作中的地位。

需要区分非政府组织基于这种合作关系拟达到的直接目标（它仅仅是达到最终目标的一种手段）与潜在目标（如与我们希望达到的社会福利程度、想要实现的理想社会有关的终极目标）。

从最广泛的层次上看，非政府组织与政府合作的原因是：

- 使个人与社区的福利得到切实改善，包括促使人们更平等地获取资源，人生价值得以实现，个人潜力得以发挥；
- 对于与其生活相关的决策，保证人民与组织参与广度及深度得到切实改进；
- 基于对组织工作有效性的坚定信念，使非政府组织获得可持续发展的能力、持久的影响力和重要地位。

另一方面，了解政府要与非政府组织合作的动机同样重要。广义上，政府希望与非政府组织合作，是为了：

- 落实政府决策。通过建立互信和达成共识支持政府决策，化解施政中存在的冲突；
- 建立出资的问责机制、保证资金使用得当。

对于双方来说，还可能存在一系列重要的关系目标，包括尊重、开放、信任及有效的沟通。

非营利组织同时也寻求政府承认其独立性、承认其在政府决策过程中的影响力、所发表观点的重要性。使政府认识到非营利组织内部的限制性因素和所承受的压力。

政府也可能寻求非营利组织认识到政府内部的限制性因素及所承受的压力，并在处理与非营利组织的关系时考虑到这点。

通过与政府的战略合作发展非政府组织的途径

众所周知，非政府组织与政府部门合作的途径多种多样，因此不可能制定出一种简单而全面的框架来涵盖合作的方方面面。

与政府合作的原则

2006年与社区组织举办的磋商会议得出一个建议，即制定原则声明，加强与政府合作领域相关条款的制定。非政府组织可以选择采用，以指导本组织与政府的合作。

以下是需要考虑的若干方面，即非政府组织应当确保：

- 公布本组织的及政府的决定，重点围绕该决定拟对人民及社区产生的实际影响；
- 透明、负责地使用公众资金；
- 理解并尊重政府的角色，并努力确保政府理解并尊重它的角色；
- 与政府的合作提高了其整体的多样性及实力；
- 在与政府合作提供公众服务时能够提供足够的资金、支付所有的费用；
- 努力确保政府对非政府组织的工作成果和产出提供的支持具有可问责性；
- 在就政策变化和项目变化问题提供咨询和情况反馈时，努力确保政府提供恰当的时间安排表；
- 避免政府在合作权利与义务之外，对组织的其他活动进行控制。

政府资助

如果非政府组织的大部分收入或在某些情况下全部收入来自政府，其作用，尤其是在低收入与弱势群体方面进行倡导的作用将更为复杂。

除了上面讨论的非政府组织与政府在合作方面的一般问题之外，还有一些特殊问题需要讨论。总体来说，政府机构提供资助有两种广泛应用的模式。建议非政府组织尽量采取第一种模式，放弃第二种模式。

第一种方法支持并承认非政府组织具备成功开展项目的组织能力。使用这种方法的资助单位从总体上围绕项目成果负责行政支出，开展资金管理。进行资助的单位关注项目质量及项目结果，而不是财务支出细节。这并不是说这些资助单位不重视财务问责机制，只是他们允许组织为了实现项目目标而自行决定在预算内的支出。

第二种方法关注财务支出的详细管理及监控，不负责组织的行政支出，并采取对项目结果不利的资金管理程序。这种方法耗时长、限制多，通常会让非政府组织承担大量责任。

一些合同赋予了政府太多的灵活性去终止合同，而不能为与之合作的组织提供足够的安全感，使机构无法承担起合理规划、管理现金流、支付/保证员工利益等责任，这令人担忧。比如：一些合同允许政府部门随意终止合同，无须提出任何理由，不用寻找其他解决分歧的方法，不用对合作组织进行补偿。

一些合同制订了特殊条款，对与倡导相关的的活动进行限制或禁止。本届政府上台后，副总理就立即决定取消曾大行其道的所有压制条款。

许多合同都赋予政府部门过大的权力。只要受资助的组织开展的活动与政府对组织的资助方式有任何联系，政府就可以任意免除任何人员（包括组织的董事），换为政府部门接受的人。许多合同还赋予政府部门拥有广泛权利，去复制组织的任何文件与档案。

政府部门中止或延迟对社区组织的资金支付

许多合同对社区组织的工作结果制定了严格的规定，如果组织未履行这些合同义务，政府将终止合同。但政府部门在支付社区组织合同费用时经常一拖再拖。即使政府部门迟迟不支付合同费用，合同中通常也没有规定要求其赔偿或支付利息。

一些组织是在旧协议到期前一天才得到新协议的，与此同时却发现资助者取消了某个职位或是修改了协议。由于没有被提前通知，一些组织不得不自己支付因职位取消而造成的通知费用及解雇费。如果机构拒绝签约，整个项目都得不到资助，组织会为此付出更大的代价。

对遵守协议规定的监控过多及缺乏协商

政府与非政府组织间的实力对比通常十分悬殊。双方通过协商达成的协议通常对非政府部门具有约束力，但政府可以随意修改，条款及职位可以被单方面、任意删除。

这些过严或不严谨的服务标准及要求产生了不必要的费用，从而使服务提供者无法集中精力做好机构整体目标中最重要的方面。

对于非政府组织与其资助者间的分歧矛盾，通常没有既定的解决程序。

不一致的客户数据收集

组织被要求向不同的资助单位以不用的方式汇报相同的活动。研究表明在由不同单位资助的组织中，只有10％的组织的资助单位对于客户资料有着完全相同的要求。因此，我们建议澳大利亚健康与福利机构对澳大利亚政府收集的客户数据进行审核，完成报告，统一社区服务部门收集到的客户数据。

应对外部环境的变化

对于在签订合同时未能预料的额外支出，或是政府不认可的额外支出，应该在合同中说明政府的解决方式。在这种情况下，应该实行责任分担。比如：新南威尔士州社会与社区服务奖增加的时候，联邦政府未能分担额外费用，而是由新南威尔士州联邦政府资助的组织的员工为此支付费用。

现在如何应对

1. 订立协议

新联邦工党政府已经表现出与非政府组织订立协议的兴趣。同时政府还承诺要制订积极的社会共融议程，通过 COAG（澳大利亚政府理事会）及国家改革议程组织（National Reform Agenda）来改革联邦及州的责任。

得到广泛支持的协议有可能会进一步促进澳大利亚的社区服务与福利部门的发展，使之成为推动思想创新和计划革新的引擎，在消除日益增长的贫困及社会排斥现象方面大显身手。国家层面上的协议还将规范非营利部门与各层级政府间的关系，有利于制订并实施澳大利亚政府理事会及国家改革议程作出的联邦改革计划，尤其是根据联邦、州协议进行的改革，将会使众多非政府组织最终得到资助。

2. 协议

协议是指一种框架协定，内容包括明确共同愿景、价值标准、基本原则，承诺共建良好关系，追寻共同目标。通过采取以下方式，加强政府与志愿/社区部门的良性关系：鼓励更好的合作实践；培育政府对社区组织一致对待；提高每个部门对于另一部门的内在限制、运行、实践的谅解。协议通常被视为确定双方理想关系状态的“意向书”。协议规定了双方实现特定责任的义务。承认志愿/社区部门的独立性及多样性，并对责任承担、监督管理及表现方式等典型主题具体化，将为制定更为详尽的、完善的行动准则提供基础。

3. 协议的意义

广义上讲，促使政府、社区部门签订协议的原因有两个：在一些领域，如果双方的关系已经牢固，协议及其他任何的相关实践准则都被视为是为了巩固这种关系。在某些领域，如果双方关系不甚融洽，协议被视为是提供了可能的改变契机。

4. 协议的主要内容

通常包括六个基本要素：

（1）相互职能与责任的规定。

（2）行为模式等（如双方开展业务的方式，描述所开展的行为，可以包括有争议的内容，如竞争性投标或合同）。

（3）工作计划（如可行性、资助方式、保险、竞争力及市场准入、工作人员、质量标准、公众/私人合作、三重底线汇报等）。

（4）对话框架、政策发展、需求规划、评估等（如顾问/参谋委员会、反贫穷战略）。

（5）常规框架（包括慈善立法改革）。

具体来说，从社区部门组织角度来看，协议通常需要解决的两个重要领域是：

（1）公正稳定的资助程序。

（2）承认社区组织的独立性，包括社区组织参与政府的政策发展进程的合法性。

5. 协议的用途

也许是最重要的一点，政府与志愿/社区部门间的协定或协议，即使不是全部、也在很大程度上是以原有的英国协议为基础的，而英国协议突出的一点就是政府持续承诺的范围，包括对遵守协议进行常规监管与公众监督、公然承认协议未能实现的目标、当地政府制订协议、制订行动准则。

加拿大以英国协议为基础制定了“协议”，但在实施上却大相径庭。加拿大协议产生于代表性广泛但不成体系的志愿部门，并脱胎于自由党政府的一个短命的政治议程。特别是政府希望避免争议话题（如倡导、筹资），并希望在 2001 年国际志愿者年结束前达成一个具体的“可交付的产品”，即“协议”。

澳大利亚的大多数州与地区已经制定了社区部门与政府间的协议、工作计划或合作协议：如新南威尔士共同努力协议、首都地区社会协议、西澳大利亚非政府人类服务部门工作计划、南澳大利亚共同基本协议、维多利亚合作协议、昆士兰协议（目前正在协商）。

6. 主要经验

在英国的经验中值得注意的重要一点，即志愿部门的角色被视为是开启政府政策议程的“第三条路”。因为，志愿部门的主流行为是推进公共服务自由化及民间革新的重要途径。这对于达成协议及推动建立政府与部门间的良好关系十分重要[①]。

同样地，英国模式也存在一些问题，需要我们去反思。例如：现在大家普遍认为这个领域应当更关注绩效，应当制订一目了然的框架，使各个主体能够清晰辨认他们是否在遵守协议。尽管原有协议已经发布多年，但在付费时间、咨询期间、决策信息、尊重非营利组织独立及其参与政策规划制订过程的必要性等方面仍不断地出现新问题。

（作者为澳大利亚社会服务委员会执行主任）

① 埃尔逊，P. R.：“志愿部门与政府的政策协议的实施跟踪：志愿与社区部门是否处于框架之中?”，《非营利法国际期刊》第八卷第四期，2006 年 8 月，第 7 页。

澳大利亚政府和非营利部门的合作

罗宾·弗莱明

我在演讲中主要介绍我工作领域中的一些情况，即：澳大利亚政府如何和非营利部门或者社区部门密切合作，共同向家庭提供支持。当然，政府和非营利部门的合作不仅限于向家庭提供支持。同样地，政府对家庭提供的支持也不仅限于其和非营利部门的合作。政府和非营利部门合作向家庭提供支持是政府开展广泛合作的一个范例。我希望这个范例能够有助于大家对这些问题进行仔细的思考。具体是：

介绍向家庭提供支持的背景；介绍我们如何和社区部门进行合作；简要介绍合作和支持的性质；说明努力的方向和面临的挑战。在讨论政府和非营利部门合作的性质时，我将主要介绍：支持的框架；非营利部门所发挥的作用；政府为什么选择通过非营利部门提供服务？

支持的框架

澳大利亚政府在支持澳大利亚家庭方面投入了大量的资金。

首先，政府通过福利联络中心（Centrelink）直接向家庭提供资金补助。福利联络中心是澳大利亚政府的法定机构，主要代表政策部门向澳大利亚社区提供各种服务。

补助包括：护理补贴和婴儿津贴。

护理补贴是向因照顾孩子而无法参加全职工作的人员提供收入支持补助。

婴儿津贴通常是一次性发放而且无需纳税（在2008年7月1日之前，津贴的总额为5000澳元），以帮助为新生儿增添用品。

政府还通过税务局向有孩子而且伴侣不工作的人们提供减税政策。

其次，政府向州政府支付提供必要的家庭服务的费用。这些服务主要包括：向残疾人提供的服务、临时替代照料服务（主要是向人们提供临时的服务，帮助从事护理工作）和房屋服务。

例如：澳大利亚在1985年启动了提供住宿援助项目（SAAP），将各州政府、领地政府和联邦政府所资助的无家可归者援助项目协调统一在这个全国性的项目中。SAAP是由澳大利亚联邦政府、州政府和领地政府共同资助的。联邦政府在政策方面发挥牵头作用，而州政府和领地政府负责项目的日常管理。SAAP为无家可归者或有无家可归之虞人士提供过渡性住宿及相关的支援服务，帮助他们尽可能实现最大程度的独立和自力更生。能够接受SAAP援助的人包括：青年、家庭、躲避家庭暴力的妇女和儿童、无家可归的老人、单身人士和土著人以及托雷斯海峡居民后裔。

最后，政府最近向非营利部门支付服务费用。很多服务项目的费用是由我所在的部门支付的，但也有一些项目是由卫生部、教育部以及其他社会政策部门所支付的。这些服务项目的目的是通过向遭遇临时困境的家庭或者无法应对某一困难局面的脆弱家庭提供社会和情感支持，改善家庭的福利状况。这些类型的服务包括：提供信息和进行推荐、提供建议、教育和技能培训、提供房屋、身体护理和临时替代服务等。

非营利部门的作用

非营利部门主要发挥以下三种作用：

1. 非营利部门根据其自身的权利并且代表政府提供服务。在过去的 10 年中，这种作用得到了加强。前一届澳大利亚政府认为这是非营利部门的主要作用。

2. 倡导。这是一种具有代表性的作用，就某一重要问题向政府提出建议，特别是为社会中比较弱势的群体代言，这些群体通常不能作为一个团结的整体表达自身的诉求。

3. 第三是能力建设。这主要是指加强社区的参与能力以及非营利部门自身对家庭和社区提供支持的能力。

为什么需要政府的关注

非营利组织为改善国民经济中的经济和社会福利做出了重要贡献。

根据 ABS 公布的数据，在 1999 至 2000 年度，非营利部门创造的价值为 208 亿澳元，占 GDP 总值的 3.3%。如果将志愿者服务计算在内，贡献的价值将上升至 297 亿澳元，占 GDP 总值的 4.7%。

志愿工作还增加了我们社会的社会价值，使我们对自己和我们的社会有了更美好的感受。

该部门还为弱势家庭提供了灵活及时的安全网络。

前一届政府认为：非营利部门比政府部门更能高效率地提供有效服务，因此将很多服务项目外包给了非营利部门。因此，非营利部门的专业服务能力在过去的 10 年里得到了提高。

由于非营利部门有着良好的工作能力并具备独立性，该部门还向政府部门提出了很多独立的建议，帮助政府了解什么样的工作是有效的，而什么样的工作是无效的。该部门向政府提供的反馈意见能够帮助政府为了全体澳大利亚民众的利益而改进其管理工作。

如何对家庭提供帮助

如何对家庭提供帮助，并如何有助于我负责管理的项目呢？在演讲中，我将：介绍家庭关系项目，展示项目所提供的一系列服务，讨论我们的合同和业绩框架，讨论宣传作用，以及强调我们和该部门进行密切合作，共同加强能力建设。

家庭关系项目

自从60年代以来，家庭关系项目一直是政府资助的重要项目。该项目的目的是通过早期干预和分居后服务，支持建立积极的家庭关系，以改善家庭和儿童的福利状况。

在2006年，当时的政府对《家庭法案》进行了多处修改，以回应众议院在2005年对于父母分居后儿童监护安排的质询。修改法案的目的是让儿童有机会和父母建立有意义的关系。

在这些改革过程中，家庭关系项目的范围得到了明显扩大，到今年7月份，任何一个社区中的当地家庭都能够：

和家庭关系中心建立联系，该中心主要负责提供建议和推荐家庭服务系统，获得早期干预服务；

获得分居后服务；

每个州都还会提供一些专家服务，遭遇干旱等严重自然灾害的地区还能享受补充服务。

但是，项目中所提供的所有服务类型都会包含一些基本服务要素，例如：提供信息和进行推荐、支持、教育和技能培训、进行辅导和解决争议。

早期干预服务

早期干预服务的目的是改善家庭在遭遇临时变故以及处于过渡变动时期的应对能力。目标主要是培养家庭积极乐观的态度，以便能够更好地应对生活变故，并在适当的条件下帮助保持家庭团结。

项目所提供的服务包括：

婚姻和关系辅导咨询；

家庭咨询；

家庭暴力和情绪管理服务。

我们提供的一些专家服务包括：

向曾经遭遇严重痛苦并可能在适应澳大利亚社会的过程中需要额外支持的人道主义难民提供支持服务；

向受干旱影响地区的家庭提供家庭支持服务；

向有吸毒、酗酒、赌博人员或者残疾儿童的家庭提供援助。

分居后服务和咨询服务

分居后服务的主要目的是改善儿童在父母分居后的生活状况。根据 2006 年新《家庭法案》修订案，澳大利亚政府决定将解决家庭纠纷的责任从法律系统转交给社区部门。

这一决定显著扩大了为已分居夫妇以及准备分居夫妇所提供的社区支持服务的范围。这一做法的目的是改善儿童的处境，而且社区服务系统的对抗性不强，更有助于父母们将儿童的利益放在首位。

这是一种新的尝试，我们刚刚开始这一新的做法，我们准备在 2009 年底对这一新系统进行首次评估。

我们还通过网络、电话咨询和推荐服务提供更广泛的支持服务。

合同安排

我们如何签订关于这些服务的合同呢？

在过去，政府以分类拨款的方式资助服务提供者，以补充服务提供者已经在志愿基础上开展的活动。换句话说，我们通过资助鼓励组织在社区中做更多的“善事”。按照这一模式，我们的工作方式通常具有针对性。

在过去的10年里，外包模式下的服务环境改变了我们的工作方式。现在，政府购买非营利组织代表政府所提供的服务，而且非营利组织通常要保持更高的可信度。

得到政府资助的组织通常还可以通过捐赠、企业赞助以及/或者服务的相关收费等方式获得收入，无论收费的数额多少，这在非营利部门看来是非常重要的，因为这说明人们愿意为了自身的利益而参加服务。这同时也确保高收入群体通过适当的出资对低收入人群提供支持。

在家庭关系项目中：

我们按照地区评估服务需求，并根据预想的客户需要进行资助。

我们将前一年对FRSP的拨款总数除以全国的客户总数，以此为根据确定每位客户的成本。

客户目标的数量需要和非营利组织进行协商，在协商过程中要考虑到客户的复杂性以及具体服务模式等因素。

我们对批准要求做出了规定，以确保维持项目人员的专业性、项目的安全性、财务的可行性和管理的标准化。

我们对每种服务类型进行公开招标。非营利组织根据该服务类型所分配的资金和地点公开进行竞标。我们会考虑该组织是否有能力在既定的预算范围内提供优质服务，并根据考虑结果对申请进行评估。

我们也鼓励相关组织进行联合申请。

我们将不断根据目标进行业绩评估。我们越来越希望在今后的工作中能够以效果作为评价成果的目标，而不是仅仅根据数字。如果组织不履行其职责或者内部决定不再履行这些职责，那么我们将重新进行招标。

倡导（反映诉求）

在前面已经谈到了非营利组织的倡导或反映诉求的作用，即：

代表社会中通常无法作为一个团结的整体而表达自身诉求的弱势群体，就广泛关注的问题向政府提供独立的建议。

了解观点、协调行动和提出建议都需要资金。符合全国秘书处项目条件的会另行获得资助。

能力

我们还和非营利组织进行合作，提高其工作能力，以更好地服务社会。对于这个不创造利润的部门来说，这是非常重要的。这个部门需要不断更新和补充其资本基础，无论是在物质上的还是智力方面的，以便更好地服务社会。

我们所资助的事情包括：

建立从业人员工作能力和资质的框架标准，帮助他们更好地服务于遭受暴力、存在心理卫生问题的家庭以及有青少年的家庭。确定能力标准的目的是在全国范围内建立统一的培训和评估标准，以便提供优质服务。

改进服务的对象包括澳大利亚土著人、来自不同文化和语言背景的家庭。新的创新模式在改善家庭成员技能或者将利用这些技能改变行为方面取得了良好的效果。

服务标准包括专业人员标准、卫生和安全标准以及投诉管理。

工作方法的最新改变

你们可能已经意识到我们的政府最近发生的一些变化。每一届新政府或者新领导人在管理问题上都会采取一些稍有不同的方式，这一届政府也不例外。由于在过去的13年里一直都处于反对党的位置，现在本届政府非常关注解决社会政策方面的问题。

这次演讲的内容将重点介绍本届政府准备在执政初期解决的一些政策和管理方面的问题。克服这些挑战对于我们这些政府官员来说是非常具有挑战性的工作，而在限定的时间里解决这些问题就更加具有挑战性。

挑战

那么，我们面临着哪些挑战呢?

很多机构向一些互不相关的小项目提供资助，而这些项目可能不会取得实质性的成效;

由于拨款项目太多，非营利部门提供服务或者统一满足整个家庭需要的成本太高;

缺少足够的证据证明这些服务在改善人们生活方面取得了成效;

是否享有免税待遇影响着慈善机构的税收地位和支出模式;

在家庭法庭方面是否处于信息的优势地位;

和其他州政府服务以及会计系统的联系。

政策响应

在政策方面，我们还确立了一些新的方向，特别是关于新政府的社会共融日程，如:

我们是否正确关注了弱势家庭?我们的项目是否有效防止了弱势父母将自身的弱势地位不断传给子孙后代?

我们如何更好地满足家庭需要并且加入服务系统?

我们是否正在将联邦社会服务体系引入社区部门?我们还需要开展哪些工作?

我们是否应该加入联邦政府、州政府和地方政府的社会服务工作?

我们是否应该采取北领地土著社区的办法，将这些内容和收入支持系统结合起来，并将收入支持系统和解决虐待儿童问题联系起来?

即便我们的工作方法是正确的，那么我们的工作内容是否是正确的呢?有什么理由证明呢?这些证据是否充分呢?

行政管理方面的回应

我们是否能够减轻每个人的成本负担而无需将负担转嫁给服务体系中的其他成员或者家庭?

我们的新方法是否适合各种不同的服务提供组织和不同的服务模式?

有挑战性的环境

非营利组织和政府部门所面临的挑战是：如何为了家庭的利益而开展合作，而不是仅仅为了做不同的事情，我们应该开展不同的工作，从不同的角度将事情做得更好；我们如何采取对包括非营利组织、政府和家庭等所有相关各方都更为适合的做法和体系，同时改善我们在效率方面的可信度。

（作者为澳大利亚住房、家庭、社区服务与土著事务部家庭关系服务处处长）

澳大利亚非营利组织税务制度概述

彭耀林

我在这次演讲中将介绍澳大利亚的税务制度，因为这一制度和非营利组织有关。

首先，我将介绍澳大利亚联邦税务局在税务系统中所发挥的作用，以及我们对待非营利组织的方式。

然后，我将介绍和澳大利亚税务制度相关的非营利组织的种类。非营利组织主要包括三种类型：慈善机构、减税免税捐赠的接收机构和其他非营利组织。

为了方便你们的理解，我还将提供一些数据，具体说明目前在澳大利亚联邦税务局登记注册的非营利组织的数量。

最后，我将介绍税务局通常如何认定非营利组织，并将逐一介绍三种主要的非营利组织以及与其相关的税收优惠政策。

澳大利亚联邦税务局设立了一个名为非营利组织中心的专门机构，这个机构在澳大利亚各地共有 60 名工作人员。该中心负责管理非营利组织（包括慈善机构）及其所能享受的税收优惠待遇。税务局还有另外 30 名工作人员参与对非营利性部门的税务管理。目前，在税务局登记注册的非营利组织大约有 20 万家。

税务政策的制定是由澳大利亚联邦政府负责的，政府在制定政策的过程中通常会向公众征求意见。税务局也会参与政策的制定过程，例如：我们向政策的征求意见稿提出建议，然后将反馈提交给财政部。财政部主要负责就税务政策提出建议并进行税法的规划，而税务局则负责解释和执行税法。

在开发产品过程中，税务局和澳大利亚社区以及非营利组织进行合作。合作的方式主要包括征求意见、开展协作和联合设计。例如：我们为非营利组织提供一系列出版物和服务。在开发这些产品的过程中，我们会向来自非营利性部门的代表征求意见。具体方式包括进行用户调查、组织针对目标客户的团体和对产品反馈进行监控等。

多年来，税务局发布了多项公共规则，解释我们对关于非营利组织的法律的看法。我们还在适当的时候邀请关心这方面问题的公众对规则草案提出意见，并在最终确定规则的时候体现他们的反馈。

在澳大利亚的税务系统中，非营利组织明确自身的类型是非常重要的。只有明确了这一点，一个组织才能够明白其所能享受的税收优惠政策以及其所应当承担的责任。税务局负责将相关要求告知非营利组织。

非营利组织主要分为三种：

慈善机构享受的税收优惠的幅度最大，可免税的捐赠接受组织（或者 DGR）指那些有资格接受捐赠者可享受减税或者免税的捐赠的机构。

这些组织需要在税务局登记备案，以便能够享受应得的税收优惠待遇。我们注意到了一个有趣的现象：在可免税的捐赠接收组织中，大多数是慈善机构；但并非所有的慈善机构都是 DGR。实际上，我们有两种不同的登记备案程序：一种是针对慈善机构的，而另外一种是针对 DGR 的。

其他非营利组织通常可以自我评定其是否有资格享受税收优惠

待遇。一些组织可无需交纳所得税（例如体育俱乐部和社区服务组织等），而另外一些组织则应当纳税，而且可能还需要提交纳税申报表并缴纳税款（例如社交俱乐部）。

现在，我介绍一些关于登记情况的重要统计数字：

截止到 2007 年 12 月底，共有 19.1239 家非营利组织登记注册了有效的澳大利亚商业代码以及/或者税务档案号码。在这些组织中，有的是公司，有的则是信托基金机构。

按照有关自我评估的规定，一些非营利组织无需到税务局登记注册。学术研究结果表明：澳大利亚目前大约有 70 万家非营利组织。

现在，让我们来看一下作为享受税收优惠的慈善机构以及/或者减税免税捐赠接收组织在税务局进行登记备案的组织数量：

2008 年 1 月，仅作为享受税收优惠的慈善机构登记备案的组织有 32480 家。仅作为减税免税捐赠接收组织进行登记备案的组织有 3829 家。同时作为 TCC 和 DGR 进行登记备案的非营利组织有 18121 家。共有 54430 家组织进行了登记备案（大约占在我们这里进行登记注册的非营利组织总数的 28%）。

澳大利亚联邦税务局主要根据一个组织的管理文件或者规定判断其是否为非营利组织。这些管理文件应包含可接受的条款内容。

一个非营利组织的管理文件应该：

• 禁止该组织向个人成员分配利润或者资产（无论是在经营过程中还是在结束经营的时候）；

• 文件应要求该组织在结束经营活动或者移交给另外一家非营利组织时将其资产进行分配。

该组织的活动必需与其管理文件的内容相符。组织必须将其获得的所有利润用于符合组织成立目的的运作活动上。

我们提供的指导性文件——非营利组织之税务基础知识帮助非营利组织了解并达到这些要求。

我在前面已经说过，慈善机构必须在税务局登记备案，才能够享受税收优惠待遇。

我们提供的非营利组织所得税指南帮助组织了解其是否属于慈善机构之列。我们所提供的关于慈善组织的定义来自英国普通法。

慈善组织是指为了公众利益或者部分公众的利益而设立的以慈善为目的的非营利组织。慈善目的包括：

救助穷人、病人或者有需要的老人（例如：一些向穷人、医院和养老院提供住房的组织）。

另外一个目的是发展教育（例如：开办学校、学院、大学、科研机构等）。

还有一个目的是推进宗教事业的发展（例如：创办教堂、犹太教堂、天主教堂和宗教秩序等）。

慈善目的还包括其他对公众有益的事业（例如：修建图书馆、体育馆、成立艺术和文化组织以及救灾组织等）。

不同的慈善组织将享受不同的税收优惠待遇。为此，我们将慈善组织分为四种：

第一种是慈善机构，这些机构的唯一目的是推动促进慈善事业的发展。判断一个组织的目的是什么，主要根据其管理文件、所开展的活动及其历史和管理者情况等。

第二种是公共慈善机构，即 PBI。这些非营利组织的目的是直接救助穷人、病人、处于困境中的人、抑郁的人、不幸的人、残疾人或者无助的人。PBI 组织的活动包括：

- 向无家可归者提供住所；
- 为病人提供治疗；
- 向年老体弱者提供家庭帮助；
- 救助无家可归者。

第三种是健康促进慈善机构，即 HPC。这些机构主要从事人类疾病的预防和控制工作。疾病预防和控制工作的主要内容包括：

• 向病人、卫生专业人员、护理人员和公众提供相关信息；

• 研究如何发现、预防和治疗疾病，以及为病人开发或者提供相关的援助和设备。

我们可以看到，一些慈善机构同时也是公共慈善机构或者健康促进慈善机构。

最后一种是慈善基金。这些基金有的是以信托基金为依托成立的，有的是以慈善为目的成立的。慈善基金主要管理信托资产以及/或者将慈善资产发放给其他实体或者人群。

如果一个组织认定自己属于这几种慈善组织之列，那么就可以向税务局申请备案。我将在下一次的演讲中介绍慈善机构的备案手续。备案之后，该组织就可以根据其所属的类型享受到相应的税收优惠待遇。

现在，我简要介绍一下慈善机构的种类及其可享受的税收优惠。

公共慈善机构和健康促进慈善机构可以享受的待遇包括：

• 免缴所得税——这意味着该类慈善机构不需要缴纳所得税，也不需要提交所得税申报表。

• 第二项税收优惠待遇是减免产品服务税（GST），即：在供应在澳大利亚消费的大多数产品和服务时享受10%的减税待遇。根据这项待遇，还可以在销售时享受免缴GST的待遇。

• 另外一项优惠待遇是免缴附加福利税（FBT），该税种是在向员工发放非工资性福利时所征收的。享受免缴附加福利税待遇是有最高额度限制的。

慈善机构能够享受以下税收优惠待遇：

• 免缴所得税；

• 减免GST；

• 退还FBT。这一退税待遇能够帮助减轻组织的税务责任。退税数量相当于FBT总额的48%，但有最高额度限制。

我在前面已经说过，一些慈善机构同时也是公共慈善机构或者健康促进机构，这些机构可以享受更多的税收优惠待遇。

慈善基金可以享受的优惠待遇有：

- 免缴所得税；
- 减免 GST。

但这些慈善组织并不享受 FBT 的退税待遇。

我在前面已经说过，可免税的捐赠接受机构，即：DGR 是只有资格接受捐赠者享受减税待遇的捐赠的机构，DGR 必须在税务局登记备案之后才能享受税收优惠待遇。

我们提供了一本捐赠指南，帮助组织了解其是否能够作为 DGR 进行备案。

在该指南中，一共列举了 47 种 DGR。这 47 种机构又被划分成 11 个大组：

- 健康（例如：医院和健康促进机构）；
- 教育（例如：公立大学、学校建设基金和奖学金）；
- 研究（例如：得到批准的研究机构）；
- 福利和权利（例如：公共慈善机构和澳大利亚减灾基金）；
- 防御（例如：战争纪念物维修基金）；
- 环境（例如：用于环境组织注册的公共基金）；
- 家庭（例如：用于得到批准的婚姻辅导组织的公共基金）；
- 国际事务（例如：海外援助基金）；
- 运动娱乐（例如：童子军和指导分部）；
- 文化组织（例如：公共图书馆和体育馆）；
- 附属基金：指接受捐赠和向其他 DGR 提供捐赠的基金。

目前，澳大利亚大约有 21950 家作为减税免税捐赠接收组织进行了备案。

公共慈善机构一在全部备案的 DGR 中，45%的组织是公共慈善机构。

学校或者学院建设基金在所有备案的 DGR 中所占的比例

为 18%。

文化组织中还包括宣传文学、音乐、社区艺术、表演艺术、电影和音像等方面的组织。文化组织在所有备案的 DGR 中所占的比例为 14%。

附属基金在所有备案的 DGR 中所占的比例为 6%。

你们可能还记得，我将健康促进机构列入了慈善一类的组织。健康促进机构在所有备案的 DGR 中所占的比例为 3%。

符合标准的组织可以申请作为减税免税捐赠组织进行备案。我将在下一次演讲中介绍 DGR 备案手续。一旦获得备案，DGR 即有权利接受减税免税捐赠。

在税务局备案的组织应将其详细情况向澳大利亚商业登记处公布。

公众可以通过互联网了解登记的具体情况。这能帮助公众了解哪些组织已作为慈善组织进行了备案，以及这些组织所应享受的税收优惠待遇。登记处还显示一个组织是否能够作为减税免税捐赠接收组织进行备案。这能够为那些准备进行减税免税捐赠的捐赠者提供帮助。

除了登陆澳大利亚商业登记处的网站之外，公众还可以给税务局打电话，了解某个组织的备案情况。已经进行了备案的组织（包括慈善组织和可免税的捐赠接收组织）应及时更新其备案信息，如果不再符合备案标准，应及时告知税务局。

在本次演讲的开头，我说过非营利组织主要分为三种。到目前为止，已经讨论了慈善组织和可免税的捐赠接收组织。现在，我将介绍其他的非营利组织。这些组织可以自我评定其应如何缴纳所得税。

澳大利亚从 1986 年开始开通了所得税自我评估系统。该系统使得非营利组织（不包括慈善组织）了解其是否可以免交所得税。

免税组织包括体育俱乐部和社区服务组织。这些组织不需要缴纳所得税，也不需要提交所得税申报表。他们也无需从税务局获得免税的确认书。

税务局要求免税组织定期对自身的情况进行自我评估，如果情况发生变化，应及时采取适当措施。税务局可能在日后进行检查，核实组织进行自我评估的准确性。

不能享受免税待遇的非营利组织应缴纳税款，并可能需要提交所得税申报表。这些组织可以享受特殊的所得税率和关于提交所得税申报表的特殊安排。

我们的非营利组织所得税指南能够帮助组织进行自我评估工作。

（作者为澳大利亚联邦税务局非营利组织服务中心高级主任）

澳大利亚非营利组织税务制度
——管理与服从

彭耀林

在本次演讲中，我将介绍澳大利亚联邦税务局和非营利组织通过管理和服从管理而进行互动的情况。

首先，我介绍一下我们的登记手续，这是澳大利亚税务系统对很多非营利组织的要求。

然后，我会介绍慈善机构和可免税的捐赠接收组织的登记手续。

接下来，我将介绍捐赠者如何为其捐赠申请减税免税以及非营利组织为开展活动而筹集资金的其他途径。

随后，我将介绍志愿者在非营利组织以及在澳大利亚税务系统中所发挥的重要作用。

最后，我将介绍税务局如何监督非营利组织，确保这些组织履行他们的纳税义务。我还将介绍我们所提供的一些产品和服务，提供这些产品和服务的目的是帮助非营利组织服从管理。

非营利组织需要在税务局进行登记，获得澳大利亚商业代码以及/或者税务档案编号，这样才能享受各种税收优惠待遇并履行其纳税义务。登记对于任何需要纳税的组织来说都是必要的。

澳大利亚商业编码（ABN）是一个独立的公共识别号码，凭借该编码，非营利组织可以向税务局申请作为减税免税捐赠接收组织或者作为享受税收优惠待遇的慈善机构而进行备案，并且进行各种税务登记，例如产品服务税。

一个组织的 ABN 登记情况将在澳大利亚商业登记处存档，以供公众查阅。税务档案编号（TFN）是税务局用来进行识别和记录工作的唯一编码。如果某个人或者某个组织准备在澳大利亚赚钱，他们通常需要获得一个 TFN 并提交所得税申报表。

对于非营利组织来说，及时更新其登记信息是非常重要的。

如果某个组织的情况发生了变化，那么这个组织可能需要注销其一个或者多个税项。该组织还需要更新其联络方式。其中包括：该组织的联系地址发生改变，或者该组织授权和税务局办理税务事宜的工作人员发生变动。这样能够帮助我们保护一个组织的隐私。

在我继续下面的内容之前，我要说明的是：非营利组织的登记和作为享受税收优惠待遇的慈善组织以及减税免税捐赠接收组织进行备案是两种独立的工作程序。

我在第一次演讲中已经指出：慈善组织必须在税务局进行备案之后，才能享受以下待遇：

- 免缴所得税

已经进行免缴所得税备案的慈善组织无需缴纳所得税，也无需提交所得税申报表。

- 产品服务税减免

例如：一个慈善组织已经进行了产品服务税登记，并且已经进行了产品服务税减免的备案，那么该组织就可以出售别人所捐赠的二手产品，无需缴纳产品服务税。

- 附加福利税减免

例如：一个健康促进机构已经进行了免缴附加福利税的备案，那么该组织将无需缴纳附加福利税（每名员工的最高限额为 3 万澳元）。已经完成享受一项或者多项慈善税收优惠待遇的慈善组织被称为税收优惠慈善机构。

作为一个税收优惠慈善机构而进行了备案并不意味着某个组织能够接收减税免税捐赠。这不同于作为减税免税捐赠接收组织而进行的备案。

现在，我来介绍我们的备案手续。

首先，我介绍一下税收优惠慈善组织的备案程序。申请进行备案的慈善机构要填写一个专门的申请表。申请组织可以给税务局打电话领取表格，或者从我们的网站上下载该表格。

申请组织在申请备案之前必须已经获得了澳大利亚商业编码(ABN)。

如果某个组织申请进行免缴所得税的备案，那么该组织必须通过一些测试。慈善组织和慈善基金会将接受不同的测试。

我在前面已经讲过，如果某个组织准备获得附加福利税和产品服务税的减免优惠待遇，那么该组织必须在税务局进行备案。该组织可以利用同一表格申请进行关于获得这些税收优惠待遇的备案。

收到申请表之后，税务局将对申请进行评估。如果通过了评估，那么该组织就会得到一张备案通知书。如果申请没有通过，那么税务局将以书面方式明确说明备案申请已经遭到拒绝。申请遭到拒绝的组织有权要求进行复核。

已经进行备案的慈善组织应履行其责任。其中包括：定期进行自我评估，如果不再有资格进行备案，应及时告知税务局。我们提供了工作表，以帮助组织进行自我评估。我们还在网站上提供在线自我评估工具，以帮助组织了解其是否有资格进行备案。

现在，我来介绍一下可免税的捐赠接收组织（DGR）的备案情况。你们可能还记得我在前一次演讲中所提到的，减税免税捐赠接收组织是指那些有资格接收减税或者免税捐赠的组织。

DGR 也必须使用专门的申请表申请进行备案。申请组织可以给税务局打电话索要这个表格，也可以从我们的网站上进行下载。

某个组织在备案成为 DGR 之前必须满足一些条件，例如：该组织必须拥有澳大利亚商业编码，并属于DGR组织之列。满足这些条件的组织应填写申请表，并将其提交给税务局。税务局接到申请表之后就会进行评估。如果通过了评估，那么该组织就会得到备案通知书。从备案之日起，捐赠者就可以为其向该组织所捐赠的物品申请减免所得税。

如果申请没有成功，那么税务局将会以书面形式确认备案申请遭到拒绝。

备案的DGR应履行其职责。其中包括：遵守对接收捐赠物品的规定，如果该组织不再有资格进行DGR备案，应及时告知税务局；定期进行自我评估等。我们提供了工作表，以帮助组织进行自我评估。

我在前面已经讲过，捐赠者可以在其所得税申报表中为其向减税免税捐赠接收组织所捐赠的物品而提出减少所得税的申请。

对于可享受减税待遇的捐赠类型，我们做出了如下规定：

若要享受减税待遇，捐赠必须符合以下条件：

• 捐赠必须是赠与。澳大利亚法律将捐赠视为赠与。赠与的物品是捐赠者已经自愿进行了支付了的。而且，捐赠者在赠与之后，不得接受任何物质好处作为对赠与支付的交换。

• 捐赠的对象必须是一个可免税的捐赠接收组织。

• 捐赠的物品必须是金钱或者某种类型的实物。例如：股份、家具和土地等。

我们提供的捐赠指南就向可免税的捐赠接收组织进行捐赠以及捐赠者的情况做出了明确的解释。

登记方面，一些非营利组织在不具备条件的情况下申请备案，或者改变其行动以影响登记备案。

按时提交表格方面，一些非营利组织不完全履行其提交义务，或者未能按时提交。

保留相关记录方面，很多小型非营利组织不保留充分的记录。

另外，报告准确信息和申请有效资格方面，一些非营利组织不准确报告其应纳税收入，或者不妥善履行其缴纳雇主税和产品服务税的义务。还有很少一部分组织试图利用税收减免的优惠待遇获取本不应属于他们的好处。

最后，按时纳税方面，一些非营利组织在纳税方面遇到麻烦，通常是因为他们的现金流管理不够完善以及/或者筹集资金的能力有限。

现在，我介绍一下我们采取了哪些具体措施规范备案组织，即税收优惠慈善组织和可免税的捐赠接收组织。

我们对全部备案申请进行审查，确保只有符合条件的组织才能进行备案。如果申请文件中的信息和我们认为的组织情况不符，我们就会进行审核。这可能需要和组织取得联系。

我们没有批准一些慈善组织的申请，这是因为这些组织不是慈善性质的机构，或者该组织不是一个机构或者基金会，或者该组织没有管理文件。

我们还拒绝了一些可免税的捐赠接收组织的申请，因为这些组织不符合成为这类组织的条件。

对于申请遭到拒绝的申请人，我们会向其解释申请遭到拒绝的原因。

我们每年还会对很多备案组织进行检查，了解这些组织的活动是否发生了变化，而这些变化是否影响他们享受税收优惠待遇的资格。

我们进行抽查的方法是：

• 分析我们从很多项目中获取的信息，这些项目包括我们过去的违规行为以及我们从非营利组织提交的纳税申报表中获取的数据。

• 将非营利组织提交的信息和澳大利亚交易报告和分析中心(AUSTRAC）等第三方提交的信息进行对比。

• 跟踪了解社区提供的信息。

在了解这些信息的基础上，在对可能有风险的备案组织进行检查时，我们会考虑以下问题：活动的性质是否影响组织的备案。如果某个组织的活动不符合备案的要求，我们就会取消其备案。

我们可能还会检查这些组织是否符合一些行政管理要求，例如非营利组织条款等。

通常情况下，如果我们发现一些轻微的违规行为，我们会要求该组织根据非营利组织的条款纠正这些错误，而不是取消其备案。

正如我在前面所说的，我们在敦促非营利组织遵守相关规定的工作中主要是向这些组织提供信息和支持。

现在，我简要介绍一下我们的产品。

这是我们提供的一些核心指导性文件。这些文件已经印刷成册，也可以从我们的网站上下载。

我们还提供一些说明表格，介绍可免税的捐赠接收组织以及税收优惠慈善团体的备案手续。我们还将这些说明翻译成其他语言。我已经向你们提供了一个中文的说明表格。

澳大利亚联邦税务局还在网站上开辟了向非营利组织提供服务的专门区域。这个专区提供的内容包括：

- 和非营利组织相关的税收；
- 可以申请的免税和减税待遇；
- 关于筹集资金、保留记录、志愿者和减税免税捐赠的一些信息。

在资源和服务部分里，你们可以获取我们的指导性文件、说明表格、表格以及文章，这些内容是由我们的非营利组织新闻服务部提供的。

我们还提供电子邮件更新服务，以便：

- 提醒订阅者注意影响非营利组织的重要税收问题；
- 提供我们发布的关于非营利组织出版物的信息；
- 及时介绍税收法律的最新变化。

通过我们网站上的订阅链接，公众可以订阅非营利组织新闻服务。

除了书面和网络产品之外，我们还开通了电话专线，公众可以直接向接受过专门训练的人员咨询有关非营利组织的相关事宜。

（作者为澳大利亚联邦税务局非营利组织服务中心高级主任）

第二编

社区社会组织的发展与治理

中国社区社会组织在发展社会经济方面的作用

马仲良

中国社区社会组织的作用是多方面的。主要有：反映群众诉求、发展基层民主的作用、促进邻里互助的作用、协助政府完成公共服务的作用、提供社区服务的作用、促进社区就业的作用、推动社会经济发展的作用、繁荣社区文化的作用和推动社会管理体制改革的作用等等。本文主要想对其中发展社会经济的作用做一些分析论述。

一、什么是社会经济

近二三十年，“社会经济”的概念在国外受到人们越来越广泛的关注。在我国，“社会经济”也引起了学术界和有关党政领导的高度重视。2006 年 11 月中共北京市委发布《关于构建和谐社会首善之区的意见》，明确提出“发展社会经济”的要求。

那么，什么是“社会经济”呢？它又有哪些特点呢？

最早提出“社会经济”概念的是法国经济学家蒂埃里·让泰。他认为：“社会经济”不同于市场经济，社会经济的产出是把社会效益和间接的经济效益结合在一起计量的。例如：在家里而不是在医院里照看的残疾人的数量；在一个街坊内不同年龄的人之间的和谐相处的程度。社会经济从社会效果的角度才能加以理解。

此后，美国学者杰里米·里夫金将“社会经济”界定为非政府非营利组织中的经济形式。“社会经济”的关键作用是在市场经济容纳的人数日益减少时，通过志愿组织、社区服务组织或者公益项目接纳那些技术性失业者，向他们提供以社区为基础的工作机会，为他们营造一个新的生存与发展的空间。安排弱势群体就业和追求社会效益最大化是“社会经济”区别于市场经济的突出特征。

英国著名社会学家安东尼·吉登斯认为：面对自动化和全球化浪潮中的充分就业难题，选择福利国家的老路，将会使人们陷入福利之中不能自拔，从而被更大的社会所排除；而通过减少福利来迫使个人寻求工作，则会导致更多人涌入本来就已经十分拥挤的低收入劳动力市场。因此，政府应该积极介入“社会经济”，将国家的福利投入变为对“社会经济”的投资，引导失业者在“社会经济”中就业，构建积极的福利社会。吉登斯的上述思想已经影响了英国政府的社会福利制度改革，并且取得了很大成功。

自 2000 年以来，发展社会经济的建议在中国受到越来越多的反响和关注。社会经济是一种不同于市场经济的经济形态，它以追求社会效益和社会和谐为主要目标，以非政府非营利组织为主要载体，以承接政府的公益性公共服务项目和为社区提供价格低廉的服务为主要内容。在国外，社会经济普遍运行于各种慈善机构、非政府非营利组织和公共服务部门中。可以说，社会经济是公民社会领域最核心的运行机制。

政府、企业和社会组织，是构成现代社会的三大组织。由于三大组织的特征不同，要实现的社会职能不同，因此必须依据各自的运行机制运行，也只有这样才能实现整个社会的和谐发展。政府组织的运行机制是行政机制，其特点是上级命令下级、下级服从上级。企业组织的运行机制是市场机制，其特点是追求自身利益最大化、在优胜劣汰的市场竞争中发展、为社会提供丰富的物质产品和精神产品。社会组织领域的主要运行机制就是社会经济机制。

社会经济与市场经济相比具有以下特点：

第一，从发展目标看，社会经济以追求社会效益最大化为主要目标，而市场经济以追求经济利益为主要目的。对社会经济的投资是一种公益性投资，不以营利为目的，即不要求资本的保值增值。社会经济组织不得把盈余作为利润回报给投资者，也不可以在组织内部分红。其盈余要用于社会服务项目的滚动发展，培训工作者、提高服务质量、扩大服务项目等。

第二，从与政府的关系看，社会经济是需要政府扶植的福利性经济形式。市场经济的主体即企业要向政府交税。社会经济的主体即社会服务组织不但享受政府减、免税政策，而且可以获得政府公共服务经费支持，优先获得政府“花钱买服务”的公共服务项目。在低收入居民较多的社区，对诸如社区保安队、社区环卫保洁队等从事公益性服务的社区服务组织，政府应给予全额或差额财政补贴。社会经济具有突出的地域性、福利性，有较大地方保护色彩。

第三，从用人原则看，社会经济能吸纳弱势群体就业。企业用人强调优胜劣汰，尽量降低人力成本，以便提高经济效益；而社会经济以追求社会效益为主要目标，所以强调保护弱者，尽量扩大就业。政府花钱买岗位，聘请下岗失业人员，“40、50 人员”担任各种协管员。有些社区服务组织也提供门槛较低的就业岗位，对失业人员扶持力度较大。对弱势失业群体而言，社会经济以他们在社区服务组织工作或社会公益性工作的社会工资来代替给他们的福利支出和补助。社区服务组织在收入上实行按劳分配，工资、奖金、社会保障可参照市场上的劳务价格。

第四，从价格形成机制看，社会经济中的服务项目按服务对象的承受能力收取一定费用。社会经济中的社会服务组织可以向服务对象收取一定的服务费，这一点不同于不向服务对象收取任何费用的志愿者组织，也不同于市场竞争中形成的企业产品价格。市场经济的价格是由供需矛盾和市场竞争形成的，而社区服务组织的服务价格必须考虑社区广大居民的负担能力，尤其是中低收入者的承受能力。社会经济中的服务价格通常低于市场价格，是非竞争价格。

第五，从竞争程度看，社会经济中也存在一定程度的竞争和市场运作。企业等市场经济主体之间竞争激烈，社会经济组织之间也存在竞争，但不激烈。在非营利性组织内部，也要采取企业成本管理的方法，以降低成本、提高效益。为了公益慈善组织获得持久的生存活力，在善款的筹募和资金的保值增值上，也都需要借用市场经济的方式和力量。政府部门对社会经济组织的管理一般采取契约式管理，通过带有一定竞争性的招标方式同社会经济组织签订协议或合同。

第六，从交换形式看，社会经济的交换形式多种多样。市场经济的交换是货币化的，社会经济的交换一方面是货币化的，另一方面更多是非货币化的，如直接的劳动交换、时间的储蓄等，都可以作为社会经济领域中完成交换的形式。

主张发展社会经济，不是要否定市场经济的作用，而是要通过发展社会经济，对市场经济进行必要的补充。因为市场经济虽然是资源调配的基础性机制，但是，市场经济并不是万能的，市场经济有其局限性。特别是在公共服务领域和弱势群体就业领域，市场经济的局限性很大。在这些市场经济很难发挥作用的领域，社会经济就能充分发挥其独特作用。也就是说，我国应该发展两种经济形态：一种是以追求经济效益为主要目标的经济形态，即市场经济；另一种是以追求社会效益为主要目标的经济形态，即社会经济。两种经济形态同时发展，互为补充，共同推进社会全面发展。

二、充分发挥社区社会组织在发展社会经济中的作用

中国当前处于经济体制改革和社会转型的特殊发展阶段，产生了大量的下岗失业人员和提前退休的“40、50”人员。加之经济全球化和生产自动化的压力，使越来越多年龄大、技能差、身体弱的劳动者被排挤出市场经济，成为就业困难人员。尤其在当前全球经济危机日益加剧的情形下，就业困难人员的再就业问题进一步凸显。能否帮助他们实现再就业，不仅关系到这一社会群体的切身利益，也关系到国家的和谐稳定，必须高度重视。国外借助发展社会经济拓宽就业渠道，解决就业困难人员就业的经验值得我们学习和借鉴。

社会经济一个很重要的作用就是解决在市场经济里难于就业的人员的就业问题。市场经济的基本规律决定了企业要以实现经济利益最大化为目标，因此企业用人机制强调优胜劣汰。那些年龄偏大、技能较低、身体偏差或残障但仍有一定劳动能力的人，就成为了就业困难人员。他们难以适应市场经济的激烈竞争，并日益被排斥到市场经济以外。发展社会经济能够扭转这一局面，吸纳就业困难人员在社区服务、公益组织中实现再就业。这是因为社会经济以促进社会和谐为主要目标，可以设立一些就业岗位安排就业困难人员就业，这些岗位就业门坎较低，工作形式灵活，对就业困难人员的扶持力度较大。

近些年，英国等国家通过发展社会经济，解决就业困难人员的就业问题取得了突破性进展，形成了很好的经验。对于弱势失业群体扩大和失业引起的消极情绪的不断增长，英国和其他一些发达国家纷纷采取“工作导向型”的福利政策，鼓励失业者接受公益服务岗位，以劳动换取福利待遇。因为这种新型福利的不断发展，形成了一种新的经济形式——社会经济。它既不同于市场经济等价交换，

也不同于完全不计报酬的志愿者服务，而是一种带有福利性的劳动交换关系。它以正式的或非正式的公益性组织为依托，组织失业者和福利救济对象为居民提供低偿的社区服务。它以朋友间的友爱和兄弟般的照顾代替市场优胜劣汰的残酷，是以社区和社会的公共利益为最高宗旨的一种经济形式。社会经济是在市场经济以外适合就业困难人员就业的一片新的广阔领域。

社会经济中越来越多的非政府非营利部门演化成社会企业。社会企业是介于纯粹的慈善性组织与纯粹的商业性组织之间，以“准市场”经济方式运行，以解决某项社会问题、为失业者提供就业机会、扶持贫困社区发展等为目标的新型组织。英国一家由两名失业者创办的“社会企业”经过几年的发展，已经成长为年收入 300 万英镑的“社会企业”集团，并且雇佣了上百名就业困难人员为其工作。一家专门从事智障人员康复及就业支持的社会企业，通过开发适合智障人员从事的劳动岗位入手，辅之以技能培训，使那些被市场经济拒之门外的智障人员得以就业。社会经济吸纳就业困难人员就业的作用越来越明显，它融合社会与经济目标的运行模式，不但有效地解决了社会问题，更激发了人们的创业热情，产生了巨大的社会和经济效益。

由于中国处于特殊的转型时期，失业人员中存在大量就业困难人员，解决他们的就业问题可以借鉴国外发展社会经济的经验。仅以北京为例，预计“十一五”期间，城镇登记失业人员总量将达到 147.69 万人。以农转非人员、享受低保待遇人员、残疾失业人员、刑释解教人员、长期失业者和“40、50”大龄人员为主体的就业困难群体将占到失业人员总量的 47.7%，达到 70.43 万人。在全球经济危机的重压下，失业人员中的就业困难群体比重将进一步上升。促进就业困难人员就业已成为推进就业工作的主要难点之一，关系到民生利益和社会稳定。

2006 年，北京市委发布《关于构建社会主义和谐社会首善之区的意见》，在“推进就业服务体系建设”的内容中，明确提出要“通过政府购买服务的方式，引导并规范社会职业介绍机构参与就业服务，鼓励发展劳务派遣企业，稳步推进公益性就业组织的发展。逐步扩大再就业政策扶持范围，完善零就业家庭和就业困难人员的帮扶制度。围绕构建和谐社区的要求，加大投入，大力开发社区公益性就业岗位，大力发展社会经济。”这是“发展社会经济”首次以政府文件形式得以确认。此前，北京已开始开发社区就业岗位。2001年至2005年，全市累计开发社区就业岗位65.83万个，累计安置失业人员53.51万人。社区在吸收失业人员再就业方面的巨大潜力可见一斑。按《意见》要求，北京城乡更加主动自觉地发展社会经济，大力开发公益性社区服务岗位，为困难失业群体提供了更多就业机会。社会经济中大量的社区建设与服务工作，关注个人和家庭面临的多种问题，它不仅会为贫困者带来有保障、有尊严的生活，还将提高街区居民的生活质量，改善社区面貌，有助于社会融合。

在北京市的许多社区，建立了社区公共服务社，在社区里发展社会经济。社区公共服务社是在街道社区服务中心指导下，在社区党委、居委会领导下，采取准市场机制的非政府、非盈利社区服务组织。社区公共服务社一般由低保人员和失业人员中仍有劳动能力的人员组成。社区公共服务社采取项目管理方式。主要承接环境卫生、垃圾分类、废品收购、绿化美化、家政服务、信息中介等社区公共服务、福利服务、便民利民服务等项目。社区公共服务社的主要职能是：为低保人员和失业人员提供适合他们条件的工作岗位，使他们组织起来，增强归属感，消除社会不稳定因素。

北京市委鼓励社区社会组织发展社会经济，落实各项再就业优惠政策。包括实施行之有效的税费减免、小额贷款、社保补贴、就业援助、主辅分离、财政投入和非全日制就业等各项就业优惠政策，促进困难群体就业；建立再就业专项资金转移支付制度，引导困难地区失业人员跨地区就业，或到社会经济中参与社区服务工作，对参与和提供社会经济就业岗位的特困人员和公益组织，给予资金支持，缓解局部地区就业矛盾；加大落实优惠政策和就业服务力度，落实最低生活保障与促进就业相结合的工作机制，千方百计促进有劳动能力的农转居人员、残疾人员、城镇低保人员到社会经济中就业；采取政策倾斜、承诺服务、就业助理、托底安置等措施，加强日常援助和重点援助，实行“一对一”的全程服务，送岗位、送政策、送技能、送服务，促进“40、50”大龄失业人员在社会经济中就业。

总之，发展社会经济是解决就业困难人员就业的一条可行出路。尤其在全球金融危机，市场经济容纳就业人口骤减的情形下，更需要借助发展社会经济的理念和方法挖掘新的就业岗位，拓展新的就业领域。

三、中国社区社会组织发展中存在的问题和解决方案

目前中国社区服务领域存在比较严重的行政化和市场化倾向，需要通过大力培育社区社会组织克服这两种倾向。

社区服务的“行政化”是指把社区服务中心等社区服务机构完全纳入政府行政机关管理范畴，运作方式上具有很强的行政色彩，资金来源也几乎完全出自政府。这种方式在社区服务起步之初是必要的、积极的。随着社区服务硬件设施水平的提高，社区服务中心实行的“一刀切”的行政管理管理方式出现了不从居民特殊需求出发，片面对上负责，不讲效率、不讲成本效益分析的弊端，不但难以取得预想的社会服务效果，而且也让政府背上了沉重负担。

社区服务的“市场化”是指把社区服务中心等社区服务机构完全推向市场，实行自收自支，甚至要其盈利，以此来弥补政府资金运转的不足。市场的进入，为上级政府减轻了财政包袱，而且也符

合街道办事处的内在利益需求。但是，在市场经济的逐利本性与社区服务的公益本性之间的矛盾却难以调和。社区服务的“市场化”倾向使得以营利为目的的经营性服务不断扩大，并挤占社会公益性服务的公共资源，社区中的福利服务项目日渐萎缩。在社区服务中心经费自收自支的压力下，不少社区服务中心把房屋出租给小企业，变相取消了社区服务设施。

实践证明，试图以行政化的方式提供微观社区层面的多样化服务，或者以完全市场化的原则达到公益的目标，都难以实现社区服务的自我完善和发展。定位不清、机制不顺，已经成为制约社区服务发展的瓶颈。

以上所述社区服务事业存在的倾向，主要由于在社会转型时期没有找准社区服务的位置。社区服务的主体内容，既与政府机关的行政化公共服务不同，也不同于市场经济的等价交换性服务，同时也不同于志愿者义务奉献服务，完全不计报酬。社区服务应是三大板块社会结构中社会领域的重要组成部分，其主体内容应该走发展社会经济的道路。

近些年社区服务的社会化运营方式得到很大发展，社区服务的行政化倾向和市场化倾向得到一定克服，社区服务事业不再是由政府独揽，而是逐渐走向由政府和各类非政府、非营利组织及居民团体共同协作的社会化生产格局。比如：上海市罗山市民会馆，政府与第三部门合作，采取“社团托管，契约生产”的方式，为居民提供社区服务；大连市开展的社区公共服务社，对困难群体采取“以工代赈”的方式，组织有劳动力的低保人员参与社区公益活动或培训，从而换取他们的低保资格；北京市崇文区花市南里社区成立社区公共服务协会，以独立的公益法人资格吸纳政府、市场、社会的资源和力量，为社区居民提供无偿、低偿的社区服务；还产生了一些扎根社区、服务民众的民间社区服务组织。这些都是我国社区服务事业对社会经济发展模式的自发探索。

今后，提高社区服务水平，完善社区服务体制，就要大力发展社会经济型的社区服务业，即以社会经济方式开展的社区服务项目，它是社会经济在社区服务领域的具体体现。社会经济型的社区服务是一种主要的社区服务类型。

要更自觉地、有意识地发展社会经济型的社区服务业，可以从以下几方面入手：

第一，明确街道社区服务中心的性质。街道社区服务中心是以政府的公共服务为支撑，不以营利为目的的社区社会组织。要逐步确立社会经济的运行机制，即以满足地区居民社区服务需求为目标，主要提供便民利民服务、家政服务、文体娱乐服务、为老服务、针对特困群体的专项服务等。要引入企业经营理念与模式，可以根据广大社区居民的承受能力收取一定服务费用。社区服务中心可以有一定经营利润，但必须把这些利润再投入到社区服务和社区建设中。也可能出现一定亏损，要有政府的公共财政经费来弥补。

第二，明确社区服务站的运行机制。社区服务站是政府在社区层面设立的公共服务平台，在街道办事处的领导和政府职能部门的业务指导下开展工作，同时接受社区党组织的领导和社区居委会的监督，其发展方向是成为以承接政府的社区公共服务项目为主要职能的社区社会组织。主要职能包括：代理代办政府在社区的公共服务，组织开展社区公益服务、便民利民服务，培育和壮大社区公益性服务组织，及时了解反映社情民意，定期向街道办事处、社区党委汇报工作，向社区居委会通报工作，接受社区居委会和居民群众的监督和评议。社区服务站不是一级政府的行政机构，也不能视为街道办事处的“腿儿”。不能把社区服务站行政化。社区服务站的运行机制也应该是社会经济机制，今后它会越来越多地采取承接政府公共服务项目的方式运行。

第三，鼓励社区公共服务社的组建和发展。社区公共服务社主要由市场经济中淘汰下来的下岗失业人员、提前退休人员组成，由街道、居委会把他们组织起来，为他们提供新的就业机会，而不是让这些就业困难人员自谋生路。可以通过培训把他们转变为从事社区服务的重要力量，开展社区绿化劳动、家政服务、为老服务等社区服务项目。相关政府机构应考虑在政策上对这类社区服务组织给与一定的资金支持、公共资源输入和税收政策优惠等，使社区公共服务社能平稳运转，提供的服务项目能适应居民不断变化的需求。如北京市妇联组织发起并拨付启动资金，在许多社区组建"巧娘编织社"，组织社区妇女从事手工艺品制作，产品销售所得用来支付社员劳务和扩大再生产。该项目不但改善了社区妇女的物质和精神生活，而且为传承、弘扬特色民俗文化起到了积极作用。

第四，探索政府扶持社会经济型社区服务的有效方式。比如：北京市许多街道办事处用政府采购的方式购买社区公共服务社的产品作为政府会议的礼品，天桥街道联系一些商场设立"巧娘编织社"的专柜出售编织品和插花，酒仙桥街道为社区居民的"焦老剪纸屋"和残疾人的劳动产品组织竞拍活动等等。也可以探讨在更大的范围内举行社区经济组织生产的各类文化艺术产品的展销活动。通过这些活动，促进社会经济型社区服务的发展。

第五，探索对社会经济组织的税收优惠政策。目前中国还没有明确的对社会服务组织的税收优惠政策。基本上还是把社区服务事业纳入市场经济范畴，采取同市场经济同样的税收政策。社区服务是不以营利为目的的社会经济，虽然也有经营的内容，但是公益性服务是其主体，很多社区服务项目是不能收回成本的。如果政府像对待企业一样对社区服务组织收税，那么，许多社区服务组织就会无法生存，或者会逼他们走向营利的轨道，放弃社区服务的基本方向。因此，探索对社区服务组织的税收优惠政策，是发展社区服务事业的当务之急。

（作者为北京市管理科学院院长、研究员）

中国政府培育管理社区社会组织的政策浅析

刘 锋

培育发展社区社会组织是加强社会建设、构建和谐社会的重要内容，也是完善社会自治，进一步加强社会组织管理与建设工作的新的生长点。早在2006年4月，国务院出台的《关于加强和改进社区服务工作的意见》，就提出要大力培育社区生活服务类、慈善类、文体类社会组织。随着近年来我国社区建设的推进和经济社会的快速发展，在广大城乡社区涌现出大量的社区社会组织，如社区文体组织、志愿者组织、农村专业经济协会、群众维权组织、公益互助性的便民服务组织等。这些社区社会组织通过开展各种互助和公益性的活动，不断拓展了社区成员自我服务，活跃了基层业余文化生活，促进了城乡经济社会发展，对城乡社区的发展和人民群众的生活正在产生越来越重要的影响。针对这种情况，一些地方党委政府开展把培育发展基层社会组织纳入重要议事日程，比如江苏、重庆、贵州、湖北、云南、宁夏等地，相继出台措施，就社区社会组织的备案管理、培育发展等进行了部署，取得了较好的效果。一些地市（县）也结合当地实际，制定培育和管理社区社会组织的文件，极大地促进了社区社会组织的发展。本文主要通过对上述省份和部分地市（县）出台的有关社区社会组织的政策文件及其实施情况进行初步分析，以期梳理出培育发展社区社会组织的基本特点、主要经验，为今后的工作提供参考借鉴。

一、社区民间组织概念、特征及分类

（一）概念

目前，各地关于社区社会组织的概念，全国没有统一的标准。一般来说，社区民间组织是指由驻区单位或个人在社区范围内单独或联合举办的、在社区范围内开展活动的、满足社区居民不同需求的非营利性组织。

（二）特征

社区社会组织除了具备一般社会组织的民间性、非营利性、公益性、自愿性、自治性等特点以外，还具有成员的特定性和活动地域性特点，即由特定社区居民或驻在社区的单位组织自发组成，以社区居民或社区驻在单位为主体，以社区区域为主要活动范围。随着人们对社区认识不断深化，从城乡属性上看，社区已经从单一的城市社区扩展农村社区；从行政区划上来讲，社区的范围既指向狭义上的村居民委员会所在的地区，也指向乡镇或街道办事处所辖区域。

（三）分类

根据不同的维度，社区社会组织可以有不同的分类：从组织形式来讲，社区社会组织包括社区社会团体和社区民办非企业单位两种类别；按照功能和宗旨来分，可分为自治型（如业主委员会）、互益型、公益型等；按照活动领域，可分为社区服务类、社会事务类、文化体育类、慈善救助类、社区维权类组织。从目前各地文件的表述来看，以后一种分类居多。

二、各地培育管理社区社会组织的主要措施

综合考察目前已有的地方性法规和政策，由于社区组织在其功能和规模上具有一系列的特殊性，因此在其管理方式上比照一般的社会组织，采取了一系列管理和鼓励社区民间组织发展的特殊措施。主要采取以下几种措施：

（一）放宽登记条件，简化登记程序

从各地文件具体条款看，社区社会组织的成立条件相对于《社会团体登记管理条件》、《民办非企业登记管理暂行条例》规定的条件，在会员数目、活动资金、住所、组织机构和专职工作人员上都有所放宽。

简化登记程序的方式主要体现为社区民间组织申请成立登记，可以不经过申请筹备阶段。例如《贵州省民政厅关于加强社区民间组织培育发展与规范管理工作的意见》中规定："社区社会团体不执行筹备期，条件成熟可直接申请成立登记"。

（二）实施备案管理，创新管理模式

社区民间组织发展管理工作，区（市、县）、街道办事处（乡镇政府）和居委会是关键。对于尚未达到登记条件，但正常开展活动且符合经济社会发展需要的社区民间组织，为了扶持其发展，地方性规定采取了相对灵活的备案管理方式，经备案的社区社会组织与正式登记民间组织在其法律性质、责任能力、活动范围、证明文件上均存在差别。因此，各地对社区民间组织的备案条件一般都进行了明确规定，备案的时效上亦有一定限制，一般为1—3年。经过多

年实践，目前地方上基本上形成了以民间组织登记管理机关为中心、街道办事处为主体、居委会为基础的“一级登记（备案），三级管理”的登记管理模式。即：区（市、县）登记管理机关承担社区民间组织的登记和备案、年度检查、执法查处等职责；街道办事处可履行部分社区民间组织的业务主管单位职责，协助区（市、县）民政部门开展对本辖区内社区民间组织的登记、备案、年检的审查工作；居委会主要承担监督管理和指导本社区内民间组织开展活动的职责，并协助区（市、县）民政部门和街道办事处开展对本社区的民间组织备案、年检的初审工作。一些地方如南京市区（县）民政局可以授权社区居委会或其他具备条件的组织担任基层民间组织的业务主管单位，并且在街道备案并由街道负责日常管理工作。哈尔滨动力区直接把社区居委会单独作为社区民间组织的备案单位。这些措施都是对现行的社会组织登记管理体制的突破。

随着社区建设的深入开展，一些地方按照社区建设和民间组织登记管理的政策法规规定，积极探索适合本地实际的社区社会组织管理模式。典型代表有上海的“枢纽式”管理模式和南京的“一居一站”模式。

所谓“枢纽式”管理，就是在政府部门和社区民间组织之间设立一个管理载体——社区民间组织服务中心，其具体运行方式是在街道（镇）、社区两个层次成立民间组织服务中心，由中心从党的建设、业务工作和保障工作三个方面对社区内的社会组织开展服务和管理。“枢纽式”管理模式是上海市探索社区民间组织社会化管理体制的一种探索，为推进政府职能转变、改进社会管理方式，加强党的执政基础、增强民间组织自我发展能力提供了社会化管理的运作平台。

南京市鼓楼区“一居一站”模式的主要做法，主要是在所辖的7个街道各拿出1个社区居委会，以原社区助理和招聘人员的3～5人为基础，注册成立具有独立法人资格的民办非企业单位——社区社会事务服务站，承接了原由居委会承担的计划生育、劳动就业、残疾人康复、社会福利、社区卫生等行政性工作，从根本上解决了居委会负担过重、行政色彩太浓的问题，初步形成“社区党组织、社区居委会、社区社会事务服务站”三位一体的社区治理模式。而政府则以固定补助购买服务站所提供的服务，其他需要费随事转的经费，也相应拨付给服务站。这是改革现有的社区治理模式，推动政府职能转移，实施议行分离的有益尝试。

（三）坚持分类指导，完善资金保障机制

按照政事分离、政社分离的原则，将原由街道和居委会承担的部分社区事务性、服务性工作，通过完善扶持政策，以委托管理和购买服务的方式，转移给相应的社区民间组织承担，是优化社区民间组织发展环境的关键。从现有政策来看，各地都能够针对不同类型的社区社会组织，分类指导解决经费来源问题。对社区文体类的民间组织采取自筹、收取会费等方式，街道、社区要求其参与的活动，应给予适当补贴；对社区服务类的民间组织，要引入市场机制，实行有偿、低偿、无偿服务相结合，通过扩大服务面解决生存发展问题；对社区维权类的民间组织，要通过政策引导、法律服务和业务指导等，促进其不断发展；对社会事务类的社区民间组织，要通过权随责走、费随事转、事费配套、政府购买岗位、购买服务和项目资助等方式，支持其发展壮大。在资金扶持方面，上海、南京、青岛等地，都有一些成熟的做法：

1. 购买服务

上海浦东新区出台了《关于促进浦东新区社会事业发展的财政扶持意见》，全区 2005 年用于向民间组织购买服务的资金达到 4197.3 万元。部分街道还设立专项资金，为各类社区民间组织参与社区事务管理和社会公益活动提供支持，如：卢湾区淮海中路街道每年拨出 100 万元专项资金；闸北区大宁路街道做出了《关于建立

民间组织培育基金的决定》；普陀区长寿路街道每年投入 150 多万元用于购买社区民间组织的服务。

2．政府补贴

南京市在《关于动员社会加快发展老年人社会福利机构的意见》中规定，新建福利机构按城区、郊区、县每个床位一次性分别给予 4000 元、3000 元、2000 元的资助，民办社会福利机构每收住一名本市户籍老人，给予每月 60 元的补贴。在扶持公益性民间组织方面，上海市浦东区、静安区每成立一个公益性民间组织，政府给予 3～4 万元的资助。南京成立一个慈善类社区民间组织，街道给予 2～3 万元补贴，市财政资助 1～2 万元。

3．设施支持

上海市部分街道在房屋租赁、场地使用、设施配备等方面给社区民间组织以支持。浦东区在市民中心划出专门区域，无偿地提供给民间组织开展活动。有的社区居委会还将分散管理的活动室，交给社区民间组织使用管理。

4．税收优惠

南京市对社会力量兴办的老年服务机构，免征所得税、营业税、城市维护建设税、教育费附加税、房产税、城镇土地使用税等各类税种。

（四）完善激励机制，提高发展质量

各地普遍采用典型示范的方法，通过广泛开展各种形式的社区社会组织评选表彰活动，使一大批优秀社区社会组织经验得到推广，有力地带动了社区社会组织的培育发展，充分发挥了在和谐社区建设中的作用。如宁波市通过开展“十好百佳”社区民间组织创建活动，在全市培育 100 家左右组织健全、制度规范、功能完善、作用突出的社区民间组织，提高了全市社区民间组织的整体水平。

三、各地培育和管理社区社会组织的政策评析

从全国来看，各地培育发展和规范管理社区社会组织的政策一定程度上解决了社区社会组织发展过程中普遍面临的身份合法性的问题，从而把众多基层社会组织纳入到规范管理的轨道，促进了社区社会组织健康有序的发展，社区社会组织功能作用得到充分的发挥。概括来说，主要体现在以下几个方面：

促进社会和谐。各地政策把服务群众作为增强社区社会组织发展活力的前提条件，引导各类社区社会组织从群众最关心、最直接、最需要的问题入手，通过整合社区内的各种资源，面向广大居民开展各项便民、利民服务，面向老年人、残疾人和困难群体开展社会救助和社会福利服务，面向下岗失业人员开展再就业服务和社会保障服务，面向社区单位开展社会化服务，以及开展志愿者服务等。倡导公益精神，促进公益事业发展。缓解、化解了基层社会矛盾，促进了家庭和谐、邻里和谐、社区和谐。

增强了社会自治功能。社区社会组织的发展壮大和功能发挥，将社区群众性自治空间从社区内单一的地缘群体（居委会、居民小组、邻里、楼院等）拓展到了社区内的趣缘群体、志缘群体、利益群体等多类社会群体，将社区群众性自治内容拓展到了社区公共生活的诸多领域，将服务功能覆盖到楼门、邻里和居民家庭，在一定程度上满足了不同层次社区成员的需要，增强了社会自治功能。

初步理顺了管理体制。现行政策比较好地坚持了“培育发展和管理监督并重”的原则，对社区社会组织实施分类管理，明确了区县、街道和社区在培育发展和监督管理社区社会组织中的职责。一些地方的文件要求，有条件的社区社会组织要建立党组织，并

且鼓励党员通过法定程序竞选社区社会组织负责人，使党的领导和党员的先锋模范作用得以体现在社区社会组织之中，使社区社会组织得以在法律政策框架内积极发挥提供服务、反映诉求、规范行为的重要作用，促进了基层党组织、政府与社区社会组织良性互动。

当然，从总体上看，由于观念、体制、环境等多方面因素，现行有关社区民间组织的政策法规体系仍不健全。表现在两个方面：一方面，各地政策法规不够系统。现有的政策文件，主要集中在区县层面，越往上越少，以至在中央层面，缺少专门的培育发展社区社会组织的政策，政策供给远远小于实际需求，这与全国社区社会组织蓬勃发展的势头极不适应。另一方面，从政策文件的具体条款规定上看，重复照搬的多，突出当地特色的少，反映出当前社区社会组织政策总体质量水平不高。从实际工作看，社区民间组织的培育发展还存在两个方面的问题：一是社区民间组织自身方面的问题，即社区民间组织的规模小、经费少、活动不正常、运作不规范、结构不合理、机制不健全、发展不平衡等，整体上还处于初级发展阶段；二是政府部门登记管理方面的问题，社区民间组织的登记不规范、备案不及时、政策不到位、分类不科学、监管不得力，整体上还处于粗放型管理阶段。

四、促进社区民间组织健康发展的路径选择

（一）构建科学的法律框架和良好的政策体系

进一步加强社区社会组织法制建设，推动尽快修订出台《社会团体登记管理条例》和《民办非企业单位登记管理暂行条例》。进一步改革完善社区社会组织的登记管理体制，把社区社会组织纳入规

范管理的视野，为社区社会组织提供更大的发展空间，增进社区社会组织的政治资本。

（二）大力完善政府培育扶持社区社会组织的政策措施

针对社区社会组织资金短缺的问题，政府应尽其所能为社会组织在经费、场地和税收优惠方面提供支持，以增进社区社会组织的经济资本。可考虑从三个方面着手：一是实行税收优惠政策，社区民间组织的非营利性收入应给予税收减免；二是大力推行政府购买服务，根据居民需要、提供服务的质量等，通过政府购买社区民间组织提供的服务，引导社区民间组织朝公益性方向发展；三是出台评估指标体系，积极探索建立一套科学的社区民间组织绩效评估指标体系，根据社区民间组织提供服务的数量、质量等给予相应的财政资助或补贴，优胜劣汰，促进社区民间组织健康发展。

（三）加强对社区社会组织的人才培养

我国专门从事社区工作的专业社会组织和社工人员都很少，加强社会组织人才培养迫在眉睫。要将社区社会组织管理人才纳入国家人才发展战略规划，加快社区社会组织人事管理、社会保障、职称评定、职业建设等政策的配套，通过各种渠道培训社会组织的专门人才，建立起统一社区社会组织专业人才库。在当前社会就业压力加大的严峻形势下，尤其要鼓励引导大学毕业生面向社区和基层社会组织就业，以充实社区社会组织人才队伍，提升社会组织人才素质结构，以增进社区社会组织的人才资本。

（四）搭建社区社会组织沟通与交流的平台

社区社会组织受其规模、资金、活动范围等因素影响，横向之间的联系一般较少，不容易获得社会大众的广泛认可。政府部门要加大宣传力度，要指导社区民间组织建立健全组织内部管理规章制度，做到服务、活动有章可循，按章程办事，促使社区社会组织信息公开透明，不断提高其社会公信度和知名度。同时，要积极搭建平台，促进社区社会民间组织之间的交流与合作，增进其社会资本。

（作者为民政部民间组织管理局社团管理二处处长）

中国社区社会组织备案制的实践、意义与局限

陶传进

一、非法人社团存在的现实及意义

备案制度是在《社会团体登记管理条例》修订过程中为了解决非法人社团的合法性问题而作出的尝试和努力。非法人社团是指不具备法人资格的社团。我国1989年的《社会团体登记管理条例》对于非法人社团有相应的规定。该条例第14条规定："经核准登记的社会团体，发给社会团体登记证书；对具备法人资格条件的，发给社会团体法人登记证；对于不具备法人条件的，发给社会团体登记证"。1998年修订后的条例规定"社会团体应当具备法人资格"①。可见，在1998年之前，我国立法上并不排斥非法人社团的存在，也无须对其合法性地位进行论证。经社团登记主管部门批准登记的社团是否具备法人资格，得视其是否符合法人条件而定。② 根据1989

① 1998年《社会团体登记管理条例》第3条第2款。

② 我国关于法人成立的条件由《民法通则》第37条规定："法人应当具备下列条件：（一）依法成立；（二）有必要的财产或经费；（三）有自己的名称、组织机构和场所；（四）能够独立承担民事责任。"

年条例，无论是否具有法人资格，社会团体都需要每年年检合格，以维持其合法地位，同时政府部门对社会团体的行政管理也不因其是否有法人资格而有所不同。而且根据相关规定，非法人社会团体不能直接登记为法人型社会团体，必须先注销非法人登记，重新申请法人型社会团体登记。[①] 但是1998年新的《社会团体登记管理条例》颁布实施之后，非法人社团已经丧失了在登记主管部门获得登记的可能性。由此造成了两方面的问题：一是不利于登记主管部门的管理，大量以非法人形式存在的社团，因无法获得登记而被排斥在政府的视野之外。但是事实上存在大量的未经登记的社会团体，游离于监管之外，成为管理上的盲区。二是不利于这些组织的健康发展。法律地位的不稳定性一直是悬在这些非法人社团头上的“达摩克利斯之剑”，使这些非法人社团的发展活动产生短期行为。

由于法人资格的获得必须与民法的相关规定相衔接。按照我国法律的规定，取得法人资格，必须符合以下条件：第一，必须是依照法定程序设立。第二，有必要的财产和经费。法人必须有自己的独立财产，这是法人以自己的名义进行民事活动并对其行为后果承担责任的物质条件和财产基础。第三，法人有自己的名称、组织机构和场所。法人名称是代表公司或组织的符号，是使公司或组织特定化的标志。法人对自己的名称有专有权；法人必须有健全的组织机构；法人应以其主要办事机构所在地为住所，还必须具备固定的活动场所。第四，能够独立承担民事责任。这是与法人的独立的财产相联系的。法人作为独立的民事主体以自己的财产从事各项民事活动，以自己的财产承担民事责任。这是法人区别于非法人组织的一个重要特征。

并非所有的社会组织都可以具备法律所规定的法人条件，所以不具备法人条件的社团就成为一种社会现实。非法人社团的作用和功能也逐渐为民众所认知。本项目着重考察了老年人协会和艾滋病

---

① 参见《民政部关于非法人社会团体改为法人社会团体登记问题的复函》（民社函［1995］220号）。

防治领域的非法人社团。以老年人协会为例：截止2006年底，我国基层老年人协会已经达到79.21万个，其中村（居委会）级的老年人协会有45.01个，占老年人协会总数的56.8%。基层老年人协会在参与农村经济发展、推动社区公共事务、促进社会和谐、维护老年人合法权益、丰富老年人精神文化生活、协助村委会（居委会）工作等方面起着不可忽视的重要作用。但是，老年人协会的性质和法律地位的不明确也成为目前的突出问题之一。据统计，登记注册的老年人协会只占老年人协会总数的12%，绝大部分老年人协会都没有登记注册。再以艾滋病防治领域的非法人社团为例：根据有关调查显示，在接受调查研究的53个艾滋病防治领域的社会组织中，正式注册登记的占26.4%，其中民政登记的为18.9%，工商登记的占7.5%，没有注册登记的为73.4%，其中11.3%挂靠在其他的社会组织。由于法律地位不明确，不利于这些组织筹措资金和进行规范化管理，影响其正常开展活动。采取挂靠的方式开展活动，虽然在一定程度上纾解了组织的困境，但是问题依然存在：挂靠单位受制于被挂靠单位，丧失了独立性；被挂靠单位管理上力不从心；在对外责任承担上存在责任主体不明等问题。

二、备案制度的缘起及其意义

备案制正是在这样的背景下提出。[①] 2005年，民政部在《关于促进慈善类民间组织发展的通知》（民函〔2005〕679号）中规定，发挥慈善类民间组织在安老扶弱、助残养孤方面的作用，缓解当前社会福利事业资金不足、机构偏少的矛盾；发挥慈善类民间组织在扶危济

① 参见谢海定："备案制实践与双轨登记制的制度构想——过渡期的中国民间组织登记管理制度"，收录于北京大学社会组织法研究中心《"社会组织法律模式研讨会"会议论文集》，2005年3月，北京。

困、救助赈灾中的作用，引导慈善类民间组织开展医疗、教育、住房、法律援助等专项救助，体现社会关怀。在农村乡镇和城市社区中开展这些活动的慈善类民间组织，不具备法人条件的，登记管理机关可予以备案，免收登记费、公告费；法人条件成熟的，可予以登记。

山东、安徽、湖北、江苏、杭州等一些地方在实践中也对备案制进行了尝试。青岛市早在 2003 年就开始建立社会团体登记工作备案制度。其依据是《青岛市民间组织管理局关于建立社会团体登记工作备案制度的通知》。青岛市尝试备案制的意义在于：有利于上级登记管理机关及时了解下一级社会团体的发展情况，对社会团体的结构和总量进行宏观调控，有针对性地实施工作指导；有利于掌握基层社会团体的动态，加强有效监管；有利于开展社会团体规范化建设活动，进一步做好培育发展社会团体的工作。其具体做法是：对于尚未达到登记条件，但正常开展活动且符合经济社会发展需要的社区民间组织予以备案。在管理上，统一将街道办事处作为社区民间组织的业务主管单位，在街道培育登记一个社团或者民非类组织，将社区备案制民间组织作为其会员进行指导管理。

南京市针对基层民间组织的数量增长很快，但是存在运作不规范、结构不合理、发展不平衡、管理不到位等问题的现实情况，于 2006 年出台了《南京市基层民间组织备案管理暂行办法》。该《办法》被视为全国第一部对基层民间组织备案管理的规范性文件，是对基层民间组织管理体制的创新。为配合制度落实，还制定了示范章程，印制了备案证书，从而使基层民间组织备案管理工作有章可循。随后，武汉市、济南市先后于 2007 年出台了《武汉市基层民间组织管理暂行办法》、《济南市社区民间组织备案管理暂行办法》，杭州市于 2008 年出台了《社区民间组织备案管理暂行办法》，沈阳市民政局于 2008 年发布了《关于对备案制管理的社区公益性民间组织进行规范化管理的通知》。这些制度创新一方面反映了现实需要，另一方面也表明制度创新存在法律空间。

部分地方社区社会组织备案管理情况

	南京市	武汉市	济南市	杭州市
规范名称	《南京市基层民间组织备案管理暂行办法》	《武汉市基层民间组织管理暂行办法》	《济南市社区民间组织备案管理暂行办法》	《杭州市社区民间组织备案管理暂行办法》
规范出台日期	2006	2007	2007	2008
备案登记管理机构	基层民间组织所在地的区（县）民政部门	所在地的区民政局	各县（市）区民政局	社区民间组织所在地的区、县（市）民政部门
业务主管单位	无	所在地的街道办事处或乡镇政府。基层民间组织的日常活动由所在地社区居（村）委会指导和监督；会员跨社区居（村）的，其日常活动由所在地街道办事处或乡镇政府指导和监督。	各街道办事处、乡镇政府和社区居民委员会、村民委员会	区、县（市）各街道（乡、镇）

续表

	南京市	武汉市	济南市	杭州市
基层组织的界定	基层民间组织，是指在城市街道、社区或者农村镇、村内设立的，从事经济、科技、教育、卫生、文化、环保、慈善等活动且不具备登记条件的民间组织。包括基层社会团体和基层民办非企业单位。	基层民间组织，是指在城市街道、社区或者农村乡镇、村内设立的，从事经济、科技、教育、卫生、文化、环保、慈善等活动且不具备登记条件的社会团体。	社区民间组织的备案范围为：以街道或乡镇辖区为活动区域，为社区建设服务，不以营利为目的，且不具备法定登记注册条件的具有社会团体和民办非企业单位性质的组织。	社区民间组织，是指在街道（乡镇）、社区内设立的，从事经济、科技、教育、卫生、文化、体育、环保、慈善等活动且不具备法人登记条件的社会团体和民办非企业单位。
法律地位	未明确	未明确	社区民间组织为非法人单位。	未明确
备案条件	基层社会团体申请备案应具备下列条件：有10人以上的会员；有负责人；有章程和规范的名称；有相对固定的活动场所。 基层民办非企业单位申请备案应具备下列条件：有负责人；有章程和规范的名称；有与其活动相适应的从业人员；有办公场所。	基层民间组织申请备案应具备下列条件：有10人以上的会员；有负责人；有章程和规范的名称；有相对固定的活动场所。	社会团体性质的社区民间组织申请备案的基本条件：1.3个以上发起人或2个以上发起单位；2. 总数不少于15个会员；3. 规范的名称；4. 相对固定的活动场所；5. 明确的宗旨和业务范围；6. 固定的联系方式和联系人。 民办非企业单位性质的社区民间组织申请备案的基本条件：1. 有固定的场地；2. 有规范的名称；3. 有明确的业务范围；4. 特殊行业须有相关部门的许可意见。	在社区内，未达到注册登记法定条件，且已经开展活动的社会团体和民办非企业单位

续表

	南京市	武汉市	济南市	杭州市
备案内容	基层民间组织备案事项包括：名称、负责人、业务范围、活动地域、住所、活动资金等。	未规定	未规定	社区民间组织备案内容：社团名称；负责人；活动场所；章程；会员花名册（从业人员名册）；活动资金和活动地域。
财产保护	基层民间组织财产必须用于章程规定的业务活动，基层民间组织的财产和合法权益受法律保护，任何人不得侵占、私分、挪用。	基层民间组织财产必须用于章程规定的业务活动，基层民间组织的财产和合法权益受法律保护，任何人不得侵占、私分、挪用。	未规定	社区民间组织财产必须用于章程规定的业务活动，社区民间组织的财产和合法权益受法律保护，任何人不得侵占、私分、挪用。
治理结构	基层民间组织负责人应当具有完全民事行为能力，并对基层民间组织的行为承担相应的法律责任。	基层民间组织负责人应当具有完全民事行为能力，并对基层民间组织的行为承担相应的法律责任。 基层民间组织应建立民主议事制度，制定和修改章程、选举或罢免负责人等重要事项应按章程办理。	未规定	社区民间组织负责人应当具有完全民事行为能力，并对社区民间组织的行为承担相应的法律责任。 社区民间组织应建立民主议事制度，制定和修改章程，严格按章程选举或罢免负责人等重要事项。

续表

	南京市	武汉市	济南市	杭州市
分支机构	基层民间组织不得设立分支机构、代表机构。	基层民间组织不得设立分支机构、代表机构。	未规定	社区民间组织不得设立分支机构、代表机构。
配套制度	《南京市基层民间组织备案证书》、《南京市基层民间组织申请备案表》、《南京市基层民间组织负责人备案表》、《南京市基层民间组织申请变更备案表》、《南京市基层民间组织申请注销备案表》	《武汉市基层民间组织申请备案表》、《武汉市基层民间组织负责人备案表》、《武汉市基层民间组织申请变更备案表》、《武汉市基层民间组织申请注销备案表》	《济南市社区民间组织备案证明》、《济南市社区民间组织备案登记表》、《社区民间组织活动登记簿》	《杭州市社区社会组织备案证书》、《杭州市社区社会组织申请备案表》、《杭州市社区社会组织负责人备案表》、《杭州市社区社会组织申请变更备案表》、《杭州市社区社会组织申请注销备案表》

至此，我们基本上能够得出目前地方相关规范性文件中的特点：第一，备案制主要是解决不具备法人资格的基层民间组织（或者社区民间组织、社区公益性民间组织）的合法活动问题。第二，从管理体制而言，除了南京市之外，一般还是实行双重管理体制，由组织所在地的区、县（市）民政部门担任备案登记管理机关，由各街道办事处、乡镇政府和社区居民委员会、村民委员会担任业务主管单位。第三，从备案条件而言，各地规定存在较大差异。有分社会团体和民办非企业单位分别管理的，有统一予以规定的，也有不作明确规定的。第四，从备案内容而言，大体包括：社团名称；负责人；活动场所；章程；会员花名册（从业人员名册）；活动资金和活动地域。第五，对于财产问题，一般要求财产必须用于章程规定的业务活动，同时明确组织的财产和合法权益受法律保护，任何人不得侵占、私分、挪用。第六，对于治理结构，一般要求负责人必须具备完全民事行为能力。有些地方性规定要求应建立民主议事制度，制定和修改章程、选举或罢免负责人等重要事项应按章程办理。第七，为落实制度，还制定相关示范文本和表格。

但是对于经备案组织的法律地位问题，这些地方性规定都未予以明确，只是笼统地认为其是“非法人单位”。对于这些组织的缔结合同的能力、责任的承担等问题都未予以涉及。

三、备案制所带来的疑问及可能的进路

目前对于备案制度的研究正在逐步深入。本人认为首先要解决备案组织的权利能力问题，如：经过备案的组织的法律地位究竟如何？它们是否可以获得相应的权利能力，例如以自身的名义从事活动，拥有自己的账号，能够具有缔约能力，能够成为诉讼主体等等。目前我国尚无明确的法律规定。但是这一问题的回答将直接影响到备案制度的实效以及经备案后的组织能否顺利开展活动。

对于经备案组织的权利能力的解读可能有两种进路：一种进路是，备案制只是解决了未能获得法人资格的社会团体的合法性问题。其意义也仅仅局限于此。另一种进路则是，备案制不仅要解决未能获得法人资格的社会团体的合法性问题，还需要承认其一定的权利能力和主体资格。笔者无疑同意后一种观点。但是国内对于其权利能力和主体资格的研究却刚刚起步。有人认为，经备案组织不仅成为合法组织，只要法律没有禁止的行为都可以从事，甚至应当允许其开展与其业务相对应的经济活动。但是也有人持相反意见，认为备案组织大多规模小、经济实力差、活动不经常，不能独立承担责任，因此不能开展经济活动，不能申购票据和开设银行账户和贷款；如果确有开展经济活动需要的，应积极申请成为社团法人；不能允许经备案组织通过备案获得与登记的法人同等的权利。[①] 笔者认为，要厘清因备案制而带来的非法人社团的法律地位问题，必须从非法人社团的法律地位入手，借鉴外国经验，结合我国实际情况方能有比较清晰的思路。

（作者为北京师范大学副教授）

① 参见李晴、商木林、黄明兵："基层社会团体备案制度探讨"，载《学会》2007年第2期，第38页。

精心培育，社区社会组织呈现出良好发展势头

王景彪

北京市西城区面积 31.66 平方公里，辖区有七个街道办事处，全区总人口 87.8 万人，是我国党政军首脑机关所在地，是全国政治中心的重要载体，是首都核心功能区。2007 年全区人均 GDP 为 24363 美元。

近年来，北京市西城社区社会组织平均以 14.96％的速度增长，截止到 2008 年底，全区共有备案社区社会组织 1475 个，其中事务类 313 个、服务类 262 个、志愿者服务类 311 个、文体活动类 589 个。西城区社区社会组织的结构日趋合理，基本实现了门类齐全、布局合理、覆盖广泛、结构优化、运行规范、作用明显的社区社会组织新格局，为改善民生发挥了不可替代的作用。

北京市西城区通过培育和发展社区社会组织，积极探索对社区社会组织的培育和管理，发挥社区社会组织在政府市场之间的中介沟通与服务职能，促进了地区经济社会发展。2006 年被国家民政部授予“全国民间组织登记管理工作先进单位”称号。

一、区委、区政府重视社区社会组织的培育管理

（一）出台扶持政策，规范社区社会组织的培育发展

为贯彻落实市委市政府《落实〈中共北京市委北京市人民政府关于建设和谐社区和谐村镇的若干意见〉折子工程的通知》精神，西城区先后下发了《关于西城区各街道建立社区民间组织服务中心的实施意见》、《北京市西城区人民政府批转区民政局“关于积极培育民间组织参与和谐社区建设若干意见（试行）的通知》、《关于西城区社区民间组织备案管理工作意见》等文件，从而进一步明确了培育发展社区社会组织的宗旨、目标、范围和功能。创新基层社会管理体制，形成政府支持、社会协同、公众参与的共同推进和谐社区建设的整体合力。区委、区政府领导重视社区社会组织建设，深入基层调查研究，发现的问题，及时解决。

（二）创新管理模式，理顺管理和服务体制

西城区在建立健全培育民间组织长效机制上做了有益的探索，形成民政部门、街道、社区居委会三级管理。充实了社团办管理力量，由原来的3人编制扩大到8人编制，增加了监督执法和社区社会组织培育新职能。在区层面成立了西城区民间组织服务中心，在7个街道成立了街道民间组织服务中心为社区社会组织提供咨询、培训、评估等方面服务。

（三）结合工作实际，形成五种工作机制

一是规范运行机制，形成登记、管理、发育、壮大的良性循环；二是深化动力机制，努力形成适应社会组织发展与管理需要模式；

三是完善考评机制，依法保护社会组织的合法权益，保障非营利性社会组织的正当收费和正常经济来源；四是强化典型引路机制，通过典型带动更多社会组织发挥积极的社会作用，促进其与政府、企业以及其他社会组织建立起相互信赖与合作的良好关系；五是扩大参与机制，深入开展“社区社会组织参与社区建设、协助政府转变职能、服务公共领域、促进城市管理”主题活动。

（四）建立专项补助，支持社区社会组织发展

建立 1000 万区级“社会组织发展专项资金”，用以资助社区社会组织的培育发展、奖励表彰有突出贡献的集体和个人，加强社区社会组织能力建设，以及政府购买社会组织服务；设立“社区公益事业专项补助资金”（每个社区 8 万元，共计 1184 万元），用于购买社区社会组织服务项目，培育发展社区社会组织，以及开展社区文体、社区教育、社区治安、社区精神文明建设等社区公益事业活动所需的活动场地、活动器械、活动宣传、活动奖励、活动劳务等费用。

二、社区社会组织在和谐社区建设中发挥着重要作用

（一）新型社区社会组织不断涌现，服务形式多样，服务内容日渐丰富

西城区成立了区民间组织服务中心、月坛街道汽南社区无围墙敬老院等新型社区社会组织，为社区居民提供全方位多元化服务。德胜街道成立志愿者协会，建立了志愿者工作站，明确各志愿者队伍的工作职责，建立健全各项规章制度和表彰激励机制，为每支志愿者队伍每名志愿者建立档案统一管理，形成了“社区组织，政府

指导，地区居民、单位参与”的管理体系。

展览路街道成立“爱心巧娘指路队”，什刹海街道与区老教协联手成立西城区“银龄奥运志愿服务队”，德胜街道成立导盲志愿者服务队为奥运提供志愿服务。金融街街道李双军志愿服务队为社区居民提供自来水维修、日常用水疑难解答，在居民中开展节水常识宣传。志愿服务队的事迹被社区居民编写为社区歌曲。社区群众的志愿服务对宣传北京，展示古都风貌，具有积极的意义。

（二）社区社会组织承担政府部门的部分服务职能，为政府职能转变提供了载体

西城区月坛街道社会调查队，圆满完成了政府有关部门委托的“北京市城市居民危机意识调查”、“全市妇女两癌普查”、“全市民生需求和家庭健康普查”、“全国经济普查”等项目。其中民生需求和家庭健康普查调查了19678户，116533人；经济普查调查了3690户企业。社会调查队的工作不仅为政府制定政策提供了可靠的依据，还把党和政府改善民生的信息、政策送到了百姓家中，同时以良好的运作，为社区社会组织承接政府职能提供了经验。

新街口社区艺术团承接双拥演出活动、妇联庆“三八”文艺演出、区外事办组织的文化交流活动等大量的政府文化事务。

金融街环艺绿洁服务组织承接地区保洁绿化工作，承接街道宣传栏制作、清洁和维护工作，街道200余个宣传橱窗。原来因为没有专门的部门负责维护，经常有破损和脏污情况，自这个专门组织承接这项工作后，每天进行保洁维护。现在这些制作精良，维护良好的宣传橱窗已经成为金融街的一个亮点。

（三）社区社会组织搭建广大居民利益诉求平台

冠英园社区筹措资金建立了“冠英园社区网站”。社区以“社区网站”为平台，外联“互联网”，内联社区各家各户。在这个网络平台居民能够开展网上谈心、网上咨询等，目前已有85%的居民户有

事就给冠英园社区网站“发个帖子”。从而在网上实现了社区居民的相互联系、意见表达、平等交流。社区的居民高兴地说：“建立冠英园社区网站是社区几年来影响最大的一件事。”专家在评价冠英园社区网站时说：“参与是构建和谐社区的生命线，没有居民的广泛参与，社区和谐就不可能实现；参与标志着居民既可以分享社区的利益，又能够承担社区内的责任；参与是利益表达的重要形式。”

在西城区社区办报早已不是新鲜事。但四环社区的《四环社区报》人气儿最旺。这个社区报以其编辑力量雄厚、版面新颖活泼、内容丰富耐看，被称为西城区社区社会组织的亮点。《四环社区报》的特点是内容上真实真挚真切，在风格上保持社区原汁原味，居民参与度高、关切度高。

（四）公益慈善类社区社会组织传播慈善意识，关注贫困群体

展览路街道新华南社区编织组向失业人员传授编织技术，让她们在家就业。她们既可以照顾家又可以得到劳动报酬，从而为缓解就业压力做出了贡献。西城区北新华街社区扶贫助残志愿服务队的党员从2003年开始，坚持每人每月捐一块钱，建立了捐助基金。共筹集捐款5085元，资助了8名家庭贫困学生上学。同时用基金为社区20多户困难家庭送去温暖。

“以心为桥、传递爱心、奉献自我”是什刹海街道新华街社区心桥志愿者服务队的宗旨，志愿者来自北师大的学子。同学们与新华街社区数十位老人结成“一帮一”互助对子，利用业余时间到老人家中帮老人做家务、陪老人聊天，给老人以精神慰籍。月坛街道残疾人温馨家园整合街道资源，为贫困残疾人在就业、康复、扶贫、组织残疾人开展文体活动中发挥了积极的作用，服务项目逐年递增，已成为月坛街道残疾朋友们生活中必不可少的一部分。目前有20多名肢体、智力、听力、精神残疾人在温馨家园学习制作各种编织产品，开展职业康复活动。残疾人在这里不仅得到康复锻炼，收获了

融入社会的信息，还有了一定的收入，学到了自食其力的技能。

三、几点启示和体会

一是注意措施的协调性。研究和把握社区社会组织运行不同于经济体制运行的规律，在培育中既要注意增强组织活力、降低成本，又要注意处理好坚持公益性目标和提高实效的关系。

二是注意步骤的渐进性。社区社会组织培育应循序渐进，通过试点取得成功经验，然后由点到面不断深入，在实践中获得广泛共识，在渐进、有效、可控的节奏下积极稳妥地逐步加以推进。

三是注意动员全社会力量参与。在发挥政府主导作用的同时，也要重视发挥各种社会力量的作用，注意培育各类社区社会组织的服务能力、居民的自治能力、民间资本发展社会事业和提供社会服务的能力。

四是结合实际，分类指导。坚持一切从实际出发，针对社区社会组织不同类别、不同情况，因地制宜，分别提出具体要求，分层分类进行指导。确立了“规范活动类，完善事务类，壮大服务类，培育志愿类”的分类指导思路。

北京市西城区社区社会组织的培育发展工作虽然取得了一定成绩，积累了一些经验，但与先进地区的好经验相比，还有许多不足之处。我们将在西城区搭建“五联五会四中心”的社区社会组织工作架构体系，即形成“联合、联络、联系、联通”的工作方式，打造区企业联合会、社会组织联合会、社会工作者联合会、党建协调委员会、志愿者联合会五个联合性社会组织，建立市民服务中心、社会组织服务中心、党员服务中心、志愿者服务指导中心四个中心，使北京市西城区社区社会组织的培育发展再上新台阶。

（作者为北京市西城区民政局社团管理办公室主任）

着眼构建和谐社会，大力培育社区社会组织

赵　军

近年来，南京社区社会组织发展十分迅猛，已经渗入到社会的各个方面，成为构建和谐南京的一支重要的不容忽视的组织力量，在南京经济社会发展中发挥着非常重要的积极作用。在南京社区社会组织建设中，我们坚持培育发展和监督管理并重，以培育发展为目的，以监督管理为手段，在培育发展中提升质量，规范管理，优化结构，形成特色，取得了一定的成效。截止目前，全市共有社区社会组织 8543 个（其中备案组织 8201 个），约占全省社区社会组织总数的 40%，数量位居全省第一、同类城市前列，年均增速达到 30%以上，每个社区均有 10 个以上社区社会组织，初步形成了门类齐全、层次有别、覆盖广泛、作用明显的社区社会组织体系。“南京备案社区社会组织超过 8000 家”光荣入选 2008 年“中国社会组织发展十件大事”。南京社区社会组织培育与建设主要做法如下：

一、创新登记制度，全面推行登记备案

我们创新社区社会组织登记制度。在降低门槛的基础上，全面

实行登记备案制度，建立了登记、备案的双轨制，在全国首创“两级登记、两级备案”的管理体制，强化了培育的目的，加强了规范的力度。在社区社会组织登记方面，概括起来就是“三简、四免、五宽、六许”。“三简”就是简化程序、简化材料、简化公示。“四免”就是免收登记费、免收公告费、免独立场所使用权证明、免本社区户籍的发起人和拟任负责人身份证明。“五宽”就是资金放宽、会员数量放宽、办公场所放宽、业务主管单位放宽、验资放宽。“六许”就是允许设立地域性分支机构；允许民非办民非；允许基层群众自治组织举办民非，同时接受政府委托；允许非本社区居民在本社区举办社区社会组织；允许多个社区社会组织合署办公；允许同一街道办事处辖内跨社区申请设立社区社会组织。

在社区社会组织备案方面，出台了《南京市基层民间组织备案管理暂行办法》，全面推行社区社会组织备案制度。授权社区居委会或其他具备条件的组织作为社区社会组织的业务主管单位，在街道备案，并由街道负责日常管理工作。两级登记、两级备案的管理体制既降低了社区社会组织登记备案门槛，促进了社区社会组织的发展，同时也强化了街道和居委会的管理责任，加强了对社区社会组织的监督管理，能够有效地引导社区社会组织更好地服务于和谐社区建设。

二、政府主导推动，出台扶持资助政策

我们出台了10多个关于社区社会组织建设的文件，落实了多项扶持资助政策。广泛宣传社区社会组织的地位和作用，争取各个部门的理解和支持。对社区社会组织的资金、场地、税收等方面提供了一系列的扶持资助，建立相应的考核评估机制，实现了扶持资助的制度化、经常化。提高了扶持资助效益：一是资金支持，如市慈善总会对新成立的慈善超市给予3万元开办资金；建邺区、玄武区

这几年一直对新开办的、符合居民需求的社区社会组织采取了一次性现金资助的形式，每成立一个社区社会组织，民政部门从自己的工作经费中拿出2000～5000元的资金进行支持，而且每年用于这一项目的资金量不断增加。2007年、2008年我局通过社区共建共享的形式资助了76个各类社区社会组织115万元。二是设施支持。各个街道、社区在房屋租赁、场地使用、设施配备等方面给社区社会组织以支持。三是推行政府购买服务，新建社会福利机构按城区、郊区、县每个床位一次性分别给予4000元、3000元、2000元的资助，每收住一名本户籍老人给予每月60元的补贴，仅这项投入市财政每年就要投入1000万（不含区财政的投入）。四是税收优惠，对社会力量兴办老年服务机构，免征企业所得税、营业税、城市维护建设税等各类税种。五是制定和谐社区千分制评价细则，把社区社会组织登记备案率、居民参与率、服务有效率等作为构建和谐社区的重要评价内容，占了100多分。这些扶持资助政策，极大地推动了社区社会组织发展，仅2007年以来全市就登记敬老院、慈善超市、社区公共服务站等社区社会组织300多家，备案社区社会组织则达3000多家。

三、着力整合资源，完善培育监管机制

我们着力整合区县、街道、居委会等各个条口的资源，注重整合各方面的资源，发挥各方面的力量，协同推进这项工作，走出了一条“上下一心、齐抓共管、合力推进、自主发展”的新路子。在培育发展方面，积极完善政府购买服务、部门对口培育、社区牵头组织、居民广泛参与的培育发展机制，形成了各具特色的系列品牌，如白下区的爱心家园、爱心超市、爱心门铃、爱心银发网、爱心家庭报等爱心系列品牌；玄武区建立了以“邻里一家亲、社区总关情”为主题、居民之间互帮互助的“一家亲”、“万家帮”、“金拐杖”等

系列社区互助社品牌。鼓楼区建立“一居一站”，即在社区设立“社区社会事务服务站”，采取政府购买服务的形式，由社区社会事务服务站承接原由居委会承担的计划生育、劳动就业、残疾人康复等行政性工作，推动了政府职能转移，从根本上解决了居委会负担过重、行政色彩太浓的问题，创新了社区治理模式。

在监督管理方面，我们着重发挥上级主管部门、业务主管单位、区县民政局、社区居民等四条监管防线的积极作用：一是依靠妇联、残联、老龄、综治、计生等主管部门监管其条口上的社区社会组织；二是依靠担任业务主管单位的居委会对社区社会组织的成立审查、档案管理、活动安排等进行监管，对备案类社区社会组织实行两年一次的审核，并在“南京社区网”实施网上动态监管；三是每年年初给下达各区县社区社会组织工作的考核指标，实行一票否决制；四是在市、区、街、居分别设立举报信箱、举报电话，及时受理社区居民举报，依法查处违法违纪的社区社会组织。

四、对接社区服务，逐步健全功能结构

我们坚持以服务社区居民为宗旨，提出“十一五”末力争每个社区都要有10支以上服务类社会组织的目标。通过制定各种扶持政策，大力发展慈善公益类社区社会组织。通过公办民营、民办公助、混合资助等方式，使大量社区社会组织由“官办”向“民办”转化，民办社区社会组织成为主流。拓展公共服务领域，增强社区服务功能，逐步完善了“三大服务”（即面向特殊群体的公益和福利服务、面向社区全体居民的便民利民服务、面向困难群众的社会保障服务）。较好地缓解了社区服务存在的“三大矛盾”（即居民需求的多元化与供给机制单一化的矛盾、居民日益增长的服务需求与社区服务供给不足的矛盾、社区需求的多元化与政府供给同一化的矛盾）。

虽然，我们在社区社会组织建设与发展过程中取得了一点成绩，

但也遇到过许多困难和问题。我们深深体会到“和谐、文明社区建设”一定要有规范而又发达的社区社会组织。要做到这一点，必须切实加强对社区社会组织的培育力度和监管力度，这是健全社区社会组织管理体系形成的必要前提，是构建和谐社区的必然要求，是满足社区居民需求的有效途径，是促进政府职能转变的有效方法，是发展社会公益慈善事业的重要环节，是和谐社区建设的重要组织载体。

（作者为南京市民政局副局长）

坚持指导与服务并重，培育社区社会组织发展

邹新华

社区社会组织的发展是城市化加速和居民物质文化生活极大丰富后的必然产物，在新形势下的社会建设和管理中发挥了重要作用。党的十七大报告提出："要加快推进以改善民生为重点的社会建设，要发挥社会组织在扩大群众参与、反映群众诉求方面的积极作用，增强社会自治功能。"近几年来随着东城区（北京市）社会建设和社区建设的不断深入，我们进一步认识到加强社区社会组织建设的重大且特殊的现实意义，东城区政府把社区社会组织作为联系人民群众的桥梁和纽带，作为丰富群众文化体育活动的有效载体，因地制宜，加强引导和扶持，为社区社会组织的发展营造了良好的发展环境，特别是在社区社会组织的管理体制和培育发展机制创新上进行了有益探索。

一、东城区社区社会组织基本概况

东城区面积 23 平方公里，人口 65 万，是北京市的中心城区，人口密集，市民素质相对较高，社会结构科学合理，为社区社会组

织的发展提供了成长的土壤和良好的发展环境。截止到2008年底，东城区在街道或社区备案的社区社会组织共有1707家，参加人数达6.3万人，覆盖10个街道和115个社区，主要分为：自我管理型(4%)，如景东社区的交通安全自管会和社区爱犬会等；自我服务型(37%)，包括自助型（如黄化门社区的体育自管协会）和互助型（如钟鼓社区的“家和万事兴”群众调解之家）组织；自我教育型(8%)，如民安社区的学习型小组和苏州社区的少年阳光服务站；自我监督型（1%)，如六条社区的社区居民代表会等四类。

二、社区社会组织管理和培育的主要做法

社区是社会的基本单位，社区和谐是社会和谐的基础。社区社会组织发展健康直接关系到和谐社区的构建和社会的稳定。东城区各级政府部门认识到培育发展社区社会组织是适应政府职能转变和社会管理体制创新的需要，是满足居民参与社区事务管理、推进社区自治的需要。重视和加强社区社会组织建设，有利于扩大社会主义基层民主、提高社区自治水平，有利于建立健全“党委领导、政府负责、社会协同、公众参与”的社会管理格局，有利于和谐社会建设。在对社区社会组织管理与培育发展上坚持“三个结合”的原则。

（一）坚持管理与引导相结合

80年代末，是社区建设的初始阶段，东城区社区社会组织发展势头就开始呈现，东城区委、区政府及时将社区社会组织的发展纳入到社区建设的整体规划中，明确提出了对社区社会组织的管理重点在引导，有别于按照《社会团体登记管理条例》和《民办非企业单位管理暂行条例》登记的法人社会组织，并在东直门街道试点采取备案制管理，明确社区社会组织上下不沟通、左右不串联的基本

原则。相对宽松的管理政策给社区社会组织的发展提供了新的条件和发展机遇。截至2006年，东城区社区社会组织发展迅速，由当初的几百家发展到3770家。同时，针对社区社会组织自我生存、自我发展、自我消亡的特性，政府及时加强引导，出台了《关于培育和发展社区民间组织的意见》，进一步完善备案管理制度和培育发展机制，明确了三级管理的原则：一是组织范围不超出本社区的组织，直接到所在地社区备案即可；二是范围超出本社区而不超出本街道的到街道办事处备案；三是超出街道范围的到区民政登记机关登记成法人组织，对具备法人登记条件的社会组织，登记机关在政策、程序、登记条件上给予照顾，适当降低登记门坎，鼓励社区社会组织做大做强。截至目前，东城区顺利完成法人登记的社区社会组织已近20家，在街道社区备案的组织1707家。通过各级政府的一系列政策引导和扶持，东城区社区社会组织的发展，完成了从无序发展向有序发展的转变，从自助型组织向互益型组织转变，形成管理体制更健全、培育机制更完善、社区社会组织发展更健康的良好局面。

（二）坚持培育与服务相结合

社区社会组织在和谐社区建设和丰富社区居民的精神文化生活上发挥着其他组织不可替代的作用，东城区根据和谐社会发展的需要，将社区社会组织的培育和扶持作为重点，加大对社区社会组织的培育扶持力度，坚持培育与服务相结合。首先是政策扶持。近几年来，围绕社区社会组织的发展，东城区在以往出台相关文件的基础上又相继出台了《东城区关于进一步加强社区民间组织建设的意见》、《关于培育发展公益服务类社会组织的意见》等文件，各街道也将社区社会组织的发展与社区建设结合起来出台了一系列政策措施，进一步优化社区社会组织的发展环境。其次是加大资金的投入与扶持力度。从区层面设立了用于培育公益服务类社区社会组织发展的专项资金，每年财政投入100万元，同时各街道也加大了资金投入。以北新桥街道为例，从2004年至今已经投入资金3000多万元，用于社区社会组织的发展、改善活动场所、建立社区组织多元化服务体系等。第三是完善培育发展机制。2007年底成立了编制为九人的全额拨款事业单位“东城区社会组织指导服务中心”，健全了社会组织培育发展的主体结构，对社会组织的发展给予全面具体的指导和服务。第四是为社会组织免费提供近800平米的办公和活动场所，有效解决了目前部分公益服务类和社区社会组织的办公以及活动场所缺乏的问题，目前进驻的社会组织中有两家社区社会组织，即东城区社区志愿者协会和东城区巧娘工作室发展协会。同时，社会组织利用政府免费提供的活动场所举办了很多的公益服务活动，如：社区社会组织发展论坛、社会组织能力培训、业务指导培训等。东城区各相关政府职能单位充分整合资源，为社区社会组织的发展进行有力的指导，提供全方位的服务，促进了社区组织健康有序发展。

（三）坚持输血与造血相结合

东城区政府对社区社会组织给予必要的政策扶持、资金投入和物质保障，及时输送新鲜血液，帮助它们克服发展中遇到的困难和难题，但政府为社区社会组织的发展提供的只是外部支持，社区社会组织要得到真正意义上的发展，关键还是本身能力的提高。因此，我们注重抓社区社会组织建设基础，加强社区社会组织队伍建设：一是促规范，加强社区社会组织的制度建设和规范化建设；二是重参与，促进社区社会组织的自我发展，将社会组织指导服务中心作为社会组织的孵化器，在孵化期间，各级政府部门通过举办各种成果展示会、经验交流会、理论座谈会等，建立一系列的激励机制，为社区社会组织的发展搭建平台，拓宽社区社会组织对外交流的渠道，帮助它们不断完善自我管理、自我教育、自我服务和自我监督的功能，使其不断强化自身造血功能，能够在组织内部形成良性循环，减少对外界的依赖。如东城区巧娘工作室发展协会、万家安康老年人服务中心等社区社会组织，就是在初期得到政府各方面扶持后，逐步完善做大做强。

三、社区社会组织的作用及影响

社区社会组织在东城区社会建设和社区建设中发展的作用是显著的，主要体现在以下几个方面：一是扩大居民参与社区建设的积极性，促进和谐社区建设发展。如：和平里街道安德里社区的“社区诊断工作室”，东河沿社区的“居民自管会”和北新桥街道藏经馆社区的“社区议事会”以及其他街道、社区的“养犬协会”、“车管会”等社区社会组织都吸引居民参与到社区公共场所管理中来，逐步实现从参加社区活动到参与社区决策和治理中来。二是化解因为社会变革带来的居民之间的社会矛盾，促进社区和谐。如：和平里七区社区的“法苑民家法律工作站”，交道口钟鼓苑社区的“远亲不如近邻”调解服务队，景山街道景东社区的“家和万事兴”居民矛盾调解委员会等。三是丰富居民的精神文化生活，促进精神文明建设。目前活跃在社区的群众文艺体育组织非常多，分布在各个街道和社区，如：民乐队、平剧队、曲艺队、魔术队、象棋队等都成为发动居民群众营造社区和谐气氛的火种和酵母。四是公益服务组织蓬勃发展，促进社区公益事业的发展。过去社区组织还不成熟，都处在自助型阶段，纯公益的组织很少，近几年来由于政府各方面的引导和扶持，这类组织得到了迅速发展，覆盖了社区安全、养老、心理健康、青少年教育、邻里互助、下岗失业人员安置、外来人员关爱和残疾人服务等诸多方面，公益组织的壮大，也促进了区域内公益事业的发展。

社区社会组织在社会建设与和谐社区建设中的作用是显而易见

的。正如有些街道所说的“建设和谐社区的过程应该是实现政府行政管理与社区居民自我管理的科学对接过程，是政府依法行政和社区依法自治的良性互动过程，是党和政府的方针政策变为广大居民群众自觉行为的有效融合过程，而这些过程的良性对接和发展推动，都离不开社区社会组织的积极活动和作用的发挥”。

四、问题与思考

近几年来，东城区围绕社区社会组织的管理和发展做了一系列的有益探索和尝试，但相比发达国家和发达地区的社区社会组织发展还有很多不成熟的地方，管理不到位、不规范，发展体制机制有待健全，社区组织的结构不科学，还有待完善等。在今后的工作中，东城区各级政府部门将进一步解放思想，更新观念，积极发挥政府主导与导向作用，进一步完善社区社会组织的运行机制，为社区社会组织的发展搭建平台，创造条件，改善环境，真正发挥社区社会组织在社会建设和和谐社区建设中的作用，为区域内各方面建设与发展作出贡献。

（作者为北京市东城区民间组织管理办公室主任）

培育发展社区社会组织，为构建和谐社区作贡献

史瑞堂

近年来，北京市通州区从构建和谐社区的总体目标出发，把培育发展社区社会组织作为贯彻落实科学发展观、加强社区民主自治建设、增强社区综合服务功能的大事来抓，坚持以培育发展为主线，在培育发展中提升质量、在培育发展中规范管理、在培育发展中优化结构，使社区社会组织已经成为社区建设不可或缺的有生力量。

一、通州区社区社会组织发展现状

伴随着市场经济的不断发展和完善，城市化进程快速推进，社区社会组织也呈现出良好的发展势头。目前，我区4个街道53个居委会共有社区社会组织357个，其中：承接公共职能的社会事务类52家，如协助政府开展公共管理和公共服务的社区服务站；文化、教育、体育活动类93家，如社区合唱队、体育活动队；社区服务类41家，如利民服务队、残疾人服务队等；慈善救助类28家，如扶贫、助困爱心队等；志愿服务类143家，如社区志愿者或巡逻队等。已基本形成门类齐全、层次有别、覆盖广泛的组织体系。

这些社区社会组织聚集了社区民间人力、物力、智力、财力等资源，在拓展社区服务领域，扩大就业渠道，增强社区民主，提高社区自治能力，构建和谐社区等方面都发挥了积极的作用，已经受到了民众的认可，而且对参与者来说，对他们的工作、学习和生活带来了积极的作用，扩大了交友圈，丰富了业余生活，增强了团队协作意识，已成为社会管理和社区建设中的一支重要力量。

二、培育发展社区社会组织的具体做法

在新时期，社区建设与社会组织的发展密切相关，互为依托。作为社会管理体制的重要组成部分，社区社会组织在化解社会矛盾、释放社会压力、推进社会改革，弥补政府公共服务供给不足和承接政府职能转移，推动社会管理体制创新方面，发挥着越来越重要的作用。因此，我区本着重在培育发展、逐步规范完善的原则，进一步研究和采取有效措施，为社区社会组织的健康发展创造良好环境。

（一）制定政策，确保正确发展方向

2008 年，我区在深入调研及广泛论证的基础上，结合辖区实际，出台了《关于培育发展社区社会组织的指导意见》，着眼于社区居民反映强烈的“文化活动难、娱乐健身难、困难群众生活服务难”等问题，明确了社区社会组织的发展方向，支持和鼓励社区居民成立形式多样的慈善组织、群众性文体组织、科普组织和为老年人、残疾人、困难群众提供生活服务的组织。同时，提出了保障社区社会组织健康发展的相关措施。

（二）完善扶持机制，优化发展环境

社区社会组织健康有序发展、发挥作用，需要良好的空间和有利的条件。完善培育扶持政策已成为当前和今后社区社会组织培育

发展的重点工作。一是按照政事分离、政社分离的原则，将原由街道和居委会承担的部分社区事务性、服务性工作，通过完善扶持政策，以委托管理和购买服务的方式，转移给相应的社区社会组织承担。二是协调有关部门帮助解决困扰社区社会组织发展的突出问题，在落实社区社会组织开展公共服务的资金、场所和人员给予政策和资金支持，为培育发展社区社会组织提供基础保证。三是建立了社区社会组织激励机制，对社区社会组织开展评议和监督工作，根据社区社会组织提供服务的数量、质量等给予相应的财政资助或补贴，进一步促进社区社会组织健康发展。

（三）健全管理监督机制，规范发展行为

一是建立了以登记管理机关为中心、街道办事处和乡镇政府为主体、居委会为基础的三级管理模式，形成横向分类负责、纵向按级负责、条块结合的社区社会组织服务与监督管理体制。二是建立了街道办事处、乡镇政府和社区社会组织联席会议制度，及时沟通社区建设和社区服务的需求信息，重点研究解决影响或制约社区社会组织发展及发挥作用的一些体制机制障碍。三是指导社区社会组织建立健全以章程为核心的各项工作制度，使其纳入制度化、规范化轨道，做到服务、活动有章可循，按章程办事。同时，强化各类社区社会组织的自律建设，使其面向会员、面向街道、面向社会提供更多、更新的公共服务和公益支持。

（四）完善人才队伍机制，提升专业水平

充分利用会议、简报、宣传橱窗、信息网络等形式，大力宣传社区社会组织的性质、地位和作用，宣传培育扶持社区社会组织的原则和政策，引导在社区开展活动，使社区社会组织队伍不断得到壮大。充分发挥社区骨干的带头作用，利用他们的特长，以一带十，以一传百，成立多种满足社区居民生活需要的服务类、志愿类、公益类组织。同时，定期利用会议、座谈、培训班等形式，加强对社

区社会组织负责人及其工作人员的培训，提高他们的综合素质和专业技能。

三、社区社会组织培养发展存在的问题及工作计划

从近几年的发展来看，社区社会组织在促进政府职能转变、繁荣社区公益事业、强化社区自治能力、拓展就业和再就业渠道、推动民主法制建设、密切党群干群关系、缓解社会矛盾和促进人际和谐等方面做出了有益贡献。但在培养发展中还存在不少亟待解决的问题。主要表现在以下三个方面：

（一）发展不平衡

经调查，从我区社区社会组织的发展结构来看，存在某些类型组织数量相对不足和某些类型组织数量相对过盛的现象，与社区居民需求不相适应。我区现有社区社会组织中，文体活动类、志愿服务类占绝大多数，承接公共职能的社会事务型、公益慈善型的少。

（二）活动场所及资金匮乏

社区社会组织涉及范围广、规模小，有很强的临时性和松散性，如社区合唱队、舞蹈队等，虽然居委会积极培育发展，但有时缺乏必要的活动场地和资金。在登记管理机关、街道办事处、乡镇政府和社区社会组织联席会议上，多数社区社会组织也都谈到，活动场地和资金的缺乏使其的可持续发展受到很大影响。

（三）专业化程度不高

经调查，在社区社会组织中，人员结构不合理、人员老化情况较为普遍，年轻化、知识化、专业化年轻干部缺乏。另外，部分组

织的规章制度不够健全，活动随意性较强。

下一步工作计划：

一是进一步完善扶持政策。加强调查研究，找准社区社会组织发展中的重点、难点问题，加快制定相应扶持政策，采取有效措施，形成政府提供资金支持、推动新型社区社会组织快速健康发展的良好局面。同时，通过奖励性、委托性、补贴性或购买性的投入方式，继续积极探索并逐步扩大政府购买服务的实现模式。

二是分类指导、重点突出。从解决或满足社区居民最关心、最直接、最现实的问题或需求入手，结合各社区实际，重点培育公益慈善类、社会事务类、社区服务类等类型组织。同时，积极研究探索不同类型组织的特点、规律，加强对社区社会组织的分类指导和管理。

三是建立更加有效的激励机制。通过开展各类社区社会组织的评选表彰活动，激发其活力和动力，推广优秀社区社会组织经验，充分发挥典型引路、示范辐射带动作用，推动社区社会组织培育发展工作向纵深发展。

（作者为北京市通州区民政局党委书记）

非营利组织参与社区服务探讨
——以新南威尔士州为例

桑雅·斯图尔特

我的第一个报告将对非营利部门进行一个概述，包括它的规模、活动、组织结构、政府在非营利部门中的立法地位及其目前的发展趋势。在第二个报告中，我将对澳大利亚非营利部门和政府之间的关系进行讨论，重点讨论一下新南威尔士州的情况。第三个报告将阐述非营利部门对社区提供服务、开展相关活动的意义，新南威尔士州政府对非营利部门提供支持的几种方式，以及政府如何分配和管理对非营利部门的融资项目。

澳大利亚非营利部门是一个非常宽泛的领域，它包含了结构和角色各异的多种多样的组织。非营利组织的根本特点是它不把利润分配给自己的成员或会员。此外，这类组织还有一些其他特点，比如它们都有规范的治理结构，独立于政府部门，自主决策，成员自愿参与。

非营利部门中常见的活动形式有以下几种：

• 文化和娱乐——包括参观博物馆、动物园和水族馆，参加运动和社交俱乐部、艺术表演。

• 教育和研究——包括医学研究、政策研究和成人继续教育。

• 健康——包括养老院和心理健康干预，公共卫生教育。

• 社会服务——包括儿童福利和日托服务，青年和家庭服务，老年人服务，灾难救助，难民援助和收入补助。

• 环境——自然资源保护和野生动物保护。

• 发展与住房——包括社区街道组织，住房协会与援助支持，职业培训和指导。

• 市政和宣传机构——包括宣传机构，民权组织，防止犯罪，消费者保护协会。

• 慈善中介机构和志愿工作促进——包括发放补助款的基金，志愿工作的促进与支持、筹款机构。

• 宗教——包括组织各种宗教集会。

有些非营利组织仅为自己的会员提供服务，有些面向社会提供服务，也有许多组织两者兼顾。这些组织规模各异，有小到以志愿者为基础的社区团体，也有大到聘请大量劳动力在全国范围内提供服务的组织。由于志愿者提供的服务高效便捷，许多非营利组织都以志愿者作为主要劳动力。

从历史上看，澳大利亚有许多提供社会服务的非营利组织都是宗教慈善团体，而且绝大多数都是基督教团体。许多这样的组织都是建立于19世纪末或20世纪初的慈善组织，他们从那时起就向社区提供服务，一直逐步演化至今。目前这类组织携手其他非宗教性、非营利组织，向社区提供各式服务和活动。

非营利组织往往对公共的、集体性慈善活动表现出浓厚的兴趣。这些组织不存在利润动机，因此它们能够进行对社会有益却可能不被商业人士关注的活动。对许多非营利组织来说，正是这种为社会利益服务的意愿和为“行善”而存在的信仰驱使它们为社会做出了重大贡献。这种附加价值源于志愿者和雇佣工人的信仰和仁爱，也源自对尽可能满足客户、会员需要的更大组织效益的追求，而非对利润最大化的追求。

现在对澳大利亚非营利部门的规模大小有多种估计。由于对

“非营利”这一概念有不同的定义，估计得出的数字也有所不同。据澳大利亚税务局（ATO）估计，2008/2009年澳大利亚共有约70万个非营利组织。他们对“非营利”这一概念的定义极其宽泛，这其中包括运动俱乐部、商业和专业协会、工会、私立学校、一些医院、一些金融和保险公司以及社会服务组织。这个数字中包括了所有规模各异的登记和未登记社会组织。澳大利亚统计局（ABS）称，截止到2007年6月，澳大利亚共有约41000个非营利组织。澳大利亚统计局（ABS）在这里对“非营利”的定义比澳大利亚税务局（ATO）的范围稍窄，仅仅包括了登记了澳大利亚商业号码而且年营业额在15万美元以上的非营利组织。实际上大多数非营利组织的年营业额都会低于这个数字，而且据估计澳大利亚有大大小小将近14.7万个非营利组织采用登记结构，其中绝大多数在新南威尔士。

在2006～2007财政年度，非营利组织共雇用约88.4万人；2008～2009年度，据估计约有10%的澳大利亚人受雇于非营利部门。除了受薪人员，非营利部门还招募了将近240万名志愿者。2006～2007年度，非营利部门收入为745亿美元，其两大主要收入来源分别为政府资助的254亿美元和捐赠、赞助、募集的70亿美元。在此期间，该行业的支出为683亿美元。

非营利组织与其会员、捐资者、雇员和志愿者产生了重要的内部关系，也与其受益者、交易债权人、社会各界以及政府产生了重要的外部关系。非营利部门的诚信、效率和效力对于维护这些利益相关者的信任和信心至关重要。

在澳大利亚，由联邦、州和地区政府共同对非营利组织进行管理。联邦层面最重要的立法和行政机构，是负责向非营利组织提供各种税收优惠的管理机构。以公司形式成立的非营利组织，包括那些以担保有限公司的形式成立的组织，根据公司法应在澳大利亚证券和投资委员会（ASIC）登记。ASIC是澳大利亚企业、市场和金融服务的监管机构。联邦机构承担一系列其他监督、管理和治理非营利机构行为的法定职责，包括以下几个方面：

- 贸易规则。
- 保险。
- 隐私。
- 职场关系。
- 种族歧视。
- 残疾歧视。

州和地区政府也与非营利部门有一系列的关系，比如税收优惠、提供政府资助的服务和对募捐及其某些其他方面的非营利业务进行监督。由州政府独立承担的责任有以下几个方面：

- 监督非营利组织。
- 调控慈善筹款。
- 非营利组织的成立。

许多规模较大和建立时间较长的非营利组织在州具体的议会法案中进行规定。

澳大利亚法律没有规定非营利组织必须采取某种特定的结构。在澳大利亚，非营利组织的结构可以有以下几种：上市担保有限公司、法人组织、合作社、有独立章程的实体、信托基金、合作伙伴的实体以及非法人协会。根据合同和相应的法律章程，拥有不同结构的组织都将有自己的治理方法和报告义务。

非营利组织被认定提供了公共福利，联邦和州级政府将通过对其有利的法律和管理措施提供支持。为了得到这些优惠，非营利组织必须被相关政府机关认定为慈善机构，而要成为一个慈善性质的机构，该组织又必须具备一个慈善目的。澳大利亚税务局将慈善目的定义为：

- 救济贫困。
- 帮助老人。
- 帮助病人或限于困境的人。

- 促进宗教发展。
- 促进教育发展。
- 提供非营利儿童护理服务。
- 对社会有利的其他目的。

广义上讲，慈善机构是以造福社会为目的的组织和团体。对慈善机构以造福社会为目的的一个主要要求就是不以营利为目的。一些组织还可以被认定为捐款可扣税组织（DGR）或公共慈善机构（PBI）。DGR 地位让这些组织可以获得可扣税的捐款和赠与。被确认为慈善机构、捐款可扣税机构或公共慈善机构的组织可在州和联邦一级享有各种免税和退税，以及商品和服务税的优惠。

非营利组织可以对公共部门提供的服务进行补充、与其竞争或填补其工作的盲点。根据澳大利亚社会服务理事会（ACOSS）提供的数据，2006—2007 年度非营利部门共向 200 万澳大利亚人提供了诸如残疾人福利、儿童福利、老年人护理和住房保障等服务。由于政府将服务领域外包，非营利部门已经打入一些更加传统的公共部门，例如就业安置和培训服务部门。此外，该部门正越来越多地向政府寻求财政支持来完成自己的项目。

澳大利亚的非营利组织以众多联邦、州和地方的峰会为代表。澳大利亚社会服务理事会（ACOSS）是澳大利亚社会服务和福利部门的顶级国家机构。ACOSS 有大约 120 个国内和附属组织机构，以及 8 个州和地方社会服务理事会成员。每个州和地区都有自己的社会服务理事会，代表了每个州成千上万的一线机构，同时也是 ACOSS 的成员。除了这些较大的机构，还有大量其他峰会组织也是澳大利亚非营利部门的代表。这些峰会组织通常根据自己的人口群体和地理位置或者服务类型成为非营利组织的代表，有时也会同时考虑其中的两个标准。总体来说，峰会组织在支持鼓励其成员组织和联合其成员一起分享经验和知识方面发挥了重要的作用。

尽管非营利部门多种多样，并且包含了丰富的组织类型、结构、动机和会员团体，然而政府的资金通常只提供给那些向社会提供了被政府视为有价值的服务或资源的组织。这类组织一般包括以社区为基础的组织、慈善机构、卫生和福利服务组织、娱乐和文化团体以及环保团体。许多非营利组织都是独立地开展活动，完全独立于政府及其可能提供的任何资金。

目前有些发展趋势对非营利部门造成影响。这些趋势也影响着非营利组织运行的政策环境，以及社会和政府对部门的期望。如以下几种趋势：

• 政府对非营利组织服务资金供给方式的发展，包括更广泛的报告和问责制度要求，更多地采用竞争性资金分配方式，以及更加强调非营利组织在提供服务方面的协作。

• 信息和通信技术（ICT）能力的改进使非营利部门的创新能力得到提高，沟通得到加强，服务提供的方式得到改进。

• 目前的经济衰退将导致非营利部门承受压力，原因是一方面民众对各种服务的需求会增加，另一方面资金获取却更加困难。

• 慈善事业正转向采用更具战略性和前瞻性的路径，比如合作规划路径，以确保更佳效绩。

• 更多地与商业组织建立伙伴关系，以此寻求更加安全的资金来源和专业技能。

• 社会变化对非营利部门产生的影响，如：与日俱增的家庭破裂现象导致了面向单亲家庭提供支持和帮助的服务需求产生，人口老龄化导致了护理需求的增加。

总之，澳大利亚的非营利部门在规划和提供社会服务方面发挥了关键作用，并对政府政策的制定和社会发展做出了卓越贡献。

在这个报告中，我将探讨一下澳大利亚非营利部门是如何与政府合作，共同促进政策制定和服务工作的有效发展的。我将重点讨论新南威尔士州政府，以及新南威尔士州政府与非营利组织如何达成协议，为向社会提供最优服务而携手合作。

正如我在前文提到的，这里的非营利组织主要是指是位于新南威尔士提供社会服务的组织，因为这些组织才是新南威尔士州政府主要资助和支持的对象。

大体上来看，为了使非营利部门更好地提供社会服务、制定政策和加强能力建设，澳大利亚政府正越来越多地探索和实际参与非营利部门的工作。

作为其社会共融议程的一部分，澳大利亚政府正在积极探索如何在合作伙伴关系和互相尊重关系的基础之上，进一步完善与非营利组织间的关系。国家协定是实现途径之一。国家协定，即政府和非营利组织——就现在和未来——如何合作共建更进一步的密切关系而签署的协议。

社会共融议程体现了非营利组织在提供服务、制定社会政策和代表边缘群体呼声等方面所发挥的关键作用。政府和非营利部门之间强有力的关系是社会共融议程及其相关改革获得成功的关键。

包括新南威尔士州、维多利亚州、昆士兰州和首府领地在内的许多州级政府都已经和州内的非营利组织签订了契约或协议。这些协议旨在加强和界定政府和人类服务机构之间的关系，从而更好地提供社会服务。这些协定通常是州政府和州内非营利部门峰会组织谈判协商后建立。尽管这些协议的格式和措辞有所不同，但它们都旨在为促进政府和非政府机构的合作关系提供平台。

新南威尔士州政府很重视非营利部门在建立更加公平、持续发展和融合的社会方面所作的重要贡献。新南威尔士州的非营利部门在人类服务的规划、执行和管理等领域发挥着不可或缺的作用，在政策制定和社会发展以及促进社区参与等方面也发挥了重要作用。

在新南威尔士州，每年有大约 20 亿美元投入到由近 3000 个非政府机构组成的核心组织，用于提供持续的以社区为基础的人类服务。此外还有更多的非政府组织为国家的艺术、体育、环境、动物福利和其他领域作出了重大贡献。

人类服务组织在社会的发展和能力建设方面发挥着关键作用，它能够帮助确定社会需求并发展应对需求的新途径。政府及其各机构在制定和实施新的社会政策和人力服务项目的时候，经常征询非营利组织的意见和建议。

政府的资助和管理、强大的社区支持以及企业提供的专业知识和资金都为新南威尔士州人类服务组织的发展提供了帮助。

为加强政府与非营利组织间相得益彰的促进作用，新南威尔士政府和非政府机构论坛（FONGA）与人类服务组织协商并达成了一项协议。此项协议的想法来自于社区服务部门，新南威尔士州政府也致力于此项协议的形成，以加强其对社区部门的支持。这项名为《携手致力于新南威尔士的发展》的协议于 2006 年 6 月正式出台。

该协议概括了政府和非政府组织何以携手、如何携手建立合作关系。此协议旨在加强新南威尔士政府和人类服务组织的能力，从而更好地为个人、家庭和社会服务。该协议认可了非营利组织和政府机构在发展和完善工作关系方面发挥的作用，体现了政府和人类服务机构为实现共同目标发挥的不同作用。

该协议不是一个法律文件，而是由一系列共同目标、价值观和原则组成的用来指导政府和社会服务机构合作关系的文件。它的权威来自于新南威尔士州政府和人类服务部门通过广泛协商得出的最终认可。该协议为加强双方的关系提供了一个总体框架和实现机制。它没有覆盖合作关系的所有细节，但它旨在巩固和支持现有的和未来的合作协议，以及各个政府机构与非政府机构之间的协议。

《携手致力于新南威尔士的发展》协议体现了新南威尔士州政府和非政府组织之间复杂的、相互依存的关系。新南威尔士州政府对社会服务部门提供的资金支持和能力建设促进了非营利组织的发展，并使其在提供社会服务方面发挥了新的重要作用。与此同时，非政府组织无论是在独立提供关键性社会服务还是代表政府提供服务方面都发挥着越来越重要的作用。这些组织还对政策制定作出了重大贡献并在人类服务领域发挥了重要的倡导作用。

该协议也承认，尽管双方的关系具有重要的战略意义，但非营利组织毕竟是可以追求自己目标的独立机构，它们可能会倡导改变政府的政策和优先权。从这个意义上讲，在政府和非政府部门之间存在着一种良性张力。该协议承认一个独立的、具有多样性的非营利部门体系是公平、共融社会的重要组成部分。

该协议概述了双方的共同目标和价值取向，并指出政府和非政府组织的地位。该协议规定了双方关系的指导原则，包括：

• 采取循证方法。

• 以社会效果优先。

• 建立双方问责机制。

• 互相尊重和体谅。

• 坦率沟通与协商。

• 保持非政府组织的独立性，以保证实现它对利益相关者和供资机构负责。

• 确保活动和政策的共融性。

该协定还为政府和非政府组织之间的资助关系拟定了基本原则，以确保服务过程和结果的质量。

重要的是，该协议还列出了两个部门为加强双方关系所作出的相互承诺。新南威尔士政府作出了以下承诺：

• 确保在改变政策和计划的时候充分征求和考虑非政府组织的意见。

• 为非政府组织参与规划和评价程序创造机会。

• 承认非政府组织追求组织目标的独立性。

• 认识到不同类型的非政府组织在弱势群体工作方面面临的挑战，并努力提高这些组织的能力，使其能够更好地为这些群体服务。

非政府部门所作的承诺有：

• 为社区参与服务规划和管理创造机会，协助制定政策，与政府协商。

• 以透明、负责和专业的方式提供由政府资助的服务。

• 通过与政府机构协商和合作等各种形式参与政策制定、项目设计和宣传。

• 致力于提供长期一贯的服务和社会发展计划。

通过该共同合作协议，新南威尔士州政府确定了四个对非政府机构进行支持的具体行动领域，这四个行动领域是：

• 建立和维持与非政府组织之间的关系。

• 提高非政府组织的服务质量及其社会效果。

• 提高资助和调控的效率。

• 支持非政府机构组织能力建设和员工能力的发展。

为了支持和发展新南威尔士非政府部门的关键性社会服务，政府已经在各领域实施了一系列具体的方案和项目。

政府认识到，提高非政府机构的组织能力和加强非政府组织的队伍建设对保证人类服务部门持久成功至关重要。提高非政府机构的能力是一个提高和加强其技能和资源的过程，是非政府组织自身发展和适应社会所必需的过程。提高非政府组织的能力可从以下两方面着手：

• 发展组织能力，包括管理能力和对活动的评估能力。

• 提高为组织工作的员工的能力，提供适当的技术工人、对其进行持续培训、为完成组织的义务与发展战略提供支持。

新南威尔士州政府为发展和支持非政府组织投入了大量资金。为发展诸如卫生、残疾人、老人、儿童和社区服务等关键领域的非政府组织的员工素质，机构参与了一系列国家活动。为满足非政府组织特殊群体的具体需要，机构在培训和活动发展等方面也投入了大量经费，此外还为解决对特殊技能的需求提供信息和其他相关资源。

一些中小型非政府组织为了寻求新的筹资机会，可能会对合作关系正规化产生兴趣，在与社会服务理事会（NCOSS）合作的过程中，DoCS专门为这些组织制定了培训和资源计划。这个计划体现了社会服务部门的一个优势，那就是他们愿意为了更好地为人们和社会服务而进行合作。合作是根据共同兴趣、为满足社会需求提供优质服务的行之有效的方式。

DoCS认识到为确保社区服务部门能够创造性地、对社会需求作出相应反应，提高社区的领导水平至关重要。“土著妇女领导计划”旨在提高新南威尔士社区土著妇女的领导能力，并建立持续的土著领导网络。这个项目是由NCOSS和一个土著非政府组织合作实施的。

DoCS还开展了一些爱心传递社区领导项目（Pay It Forward Community Leadership Programs），以提高在职社区领导的领导、指导和协作能力。该项目为参与者提供了对自己的领导方式进行评估，以及学习新的领导策略和技巧的机会。

非政府组织培训计划是由DoCS建立开展的，旨在为提高中小型非政府组织的治理能力提供一系列在线和面对面的培训课程和资源。课程涉及职业健康与安全、对财务报表和审计报告的理解、员工监督和管理委员会的培训等诸多方面。

在接下来的报告中，我将对人类服务部门、新南威尔士州政府对该部门的其他支持，以及资助和问责程序做进一步探讨。

在下面的演讲中，我将对非营利部门对社会提供的服务的重要性、新南威尔士州政府支持非营利部门工作的途径以及新南威尔士州政府如何分配和管理资助项目进行更详细的讨论。

为了给我这部分的陈述提供一些背景知识，我想先对新南威尔士州社区服务部（DoCS）的工作和范围做一下简单的介绍。DoCS是澳大利亚最大的儿童保护机构。我们在保证儿童免受伤害、保证不能居家照料的孩子得到照顾方面发挥了重要作用。DoCS为儿童和青少年以及他们的家庭和社区提供帮助和照顾。我们向家庭提供预防和干预策略，确保高品质的儿童服务。这些政策有助于建立强大的家庭和社区，让孩子有机会拥有一个良好的人生起步。为此，DoCS与其他政府机构、非政府组织、社区团体和公众建立了合作伙伴关系。

DoCS 2008/2009 年预算总额约为 13 亿美元。约有 60%的预算被用于为服务对象购买合同服务，这些服务主要来自于非政府组织。在 2008/2009 年 DoCS 向非政府机构和地方议会的 900 多个社区发展项目提供了 7950 万美元的资金，这些项目包括社区中心、家庭支援服务、青少年服务和峰会组织。DoCS 还负责为新南威尔士的将近 3500 家儿童托管服务组织颁发执照、登记或进行审批，其中包括学前教育机构、全日制日托、家庭式托管和暂托服务。

由我直接负责的部门是社区处，社区处负责对一些项目和活动的规划、实施和监督，这些项目重点集中在强化家庭关系、指导青少年和减少对妇女施暴。社区处与非政府组织密切合作，其中许多组织在这些领域提供服务都获得了资助。

非政府部门在支持社区，提供可持续、有意义的、高质量的服务方面所做的贡献得到了新南威尔士政府的高度认可。非政府部门通过多种渠道，为促进经济、社会发展、增进公民福利等贡献了力量。

这其中最显著的贡献要数在提供服务方面的贡献了。如果没有非政府组织，新南威尔士州将会出现服务死角，特别是在农村和偏远的地区。这些死角在很大程度上是由非政府组织的志愿者来填补的。非政府部门通过其数百万的营业额、大量的就业机会和志愿机会对新南威尔士州的经济活动作出了巨大贡献。一个强有力的、服务能力强、效率高的、有着健全管理机制、和政府有着成熟的商业关系的社会服务部门，对确保最优服务质量和安全稳定的服务供应至关重要。

非政府组织承担的另外一项重要活动就是倡导。非政府组织可能会为一系列的经济、社会和市政问题进行倡导，无论是为个人还是为社会的利益。有些非营利组织专门为个人进行倡导。对于主要从事福利事业的团体，他们可能会为自己的服务对象进行倡导，而其他组织代表某一特定的人群进行倡导。非政府组织的倡导可能会针对政府或政府机构、峰会非营利组织、商业机构和其他社会团体。

非政府组织通过代表社会利益为确保政府、政府机构、经济团体和其他社会团体了解当前需求和社会热点问题发挥了重要作用。非政府组织所提供的信息是确保政府及时响应社会需求并作出相关反应的重要因素。

非政府组织在联结社区和为个人扩大社会网络方面发挥了重要作用。通过俱乐部和其他组织之间的联系促进社区参与就是明显的例子，此外，在提供服务的组织中做志愿工作也可以和外界产生联系。获得社会支持服务也可以使受到社会排斥的个人重新参与社会。

非政府组织的活动通过为当代和后代人提供技能、知识、物质、社会、文化和环境资产等多种方式加强社区能力。

非营利部门的贡献直接产生于他们对这些角色的追求和他们实现自己目标的过程。该部门的贡献直接体现在对其服务对象、成员和公众提供的服务上，又间接体现在促进政府和商业活动的改进上。非政府组织对社会价值，以及支配市场、政治和社会行为的、正式或非正式的“社会资本”产生了深远影响。

为了建立和维持新南威尔士政府和非政府人类服务组织之间的关系，政府机构已经和自己的合作伙伴——非政府组织建立并保持了广泛的网络咨询机构。这些机构旨在向重大项目领域通报项目的实施和进展情况，同时向关键目标群体通报政策的发展情况。新南威尔士州政府还为建立一线工人和非政府组织之间的非正式关系设立了一些机构和网络，并为使非政府组织有效地参与当地的决策规划、服务情况评估和服务政策评估建立了其他一些机制。

这些部门拥有能够使政府机构和诸多不同的利益相关者建立和

维持关系、在各种问题上提出和获得建议、对各种倡导和计划实施进行监督的协商、咨询机制。部门还设置了联合规划机构，以确保主要合作伙伴能够参与整个政府计划和倡导中优先事项的规划。

为了进一步支持非政府机构的活动，社区服务部启动了“社区建设者”（Community Builders）网站。这是一个互动的信息交流平台，在这里用户可以上传与社区发展有关的内容、发表案例研究和分享资源。用户包括各种各样的社区组织和非政府组织、社区工作者、各级政府、商业人士、学生和个人。

提供优质、可持续的服务是任何一个组织的基本原则。至关重要的是，为非政府组织提供服务和购买商品所分配的公共基金能被最有效地使用。非政府部门为新南威尔士州的居民提供了广泛的服务，提供资金的政府机构负责确保服务的有效性和相关性。

设计和实施能够反映特定服务的有效性和价值性的质量保证和监控系统是供资机构应优先考虑的事项。建立一个证据库，用来表明某种工作不仅是单独孤立的服务，同时也是在更广泛的区域服务系统和行业环境中的服务。质量保证和监控活动对非政府组织向其利益相关者负责和不断改善其对社会提供的服务也很重要。

在过去的十年中一直有一种趋势，那就是政府将以前由政府提供的人类服务外包，并且与非政府组织在此领域进行合作。这种趋势一直伴随着政府资助模式的改变——逐渐由补助金的模式发展为向能达到某种特定效果的特定服务提供资助的模式。非政府组织现在需要根据服务协议来提供服务，这些协议阐明了具体的项目程序和该项目预计获得的效果，而且重点被越来越多的放在问责事宜上。在后面的陈述中，我会对 DoCS 的资助模式和问责制度进行进一步的讨论。

供资机构正在研究如何减轻非政府组织的管理负担，同时保持对公共基金适当的问责。这反映了供资机构认识到资金应该用于提供一线服务，而不应该用于支付管理成本。主要措施包括简化供资协议、简化招标安排、以及在政府供资机构之间采取一致的资金管理方法。

DoCS目前正在和澳大利亚顶级慈善捐助机构—澳大利亚慈善组织（Philanthropy Australia）合作制定一本寻求资助的手册（Grantseeker Manual）。该手册将为中小型非政府组织就关于如何申请各种资金援助提供了通俗易懂的指导。该手册将覆盖申请资助的方方面面，包括调查研究、与可能提供资助的人沟通、发现优秀的项目规划和如何写好资助申请。

如前所述，DoCS为非政府组织提供各种服务投入了大量资金。DoCS的资助计划包括了广泛的资金来源、活动和过程、各种不同的目标群体，覆盖了各种各样的社会服务项目。通过DoCS的资助计划确保的服务项目包括：

- 信息与咨询。
- 社区能力建设。
- 护理与支持。
- 个案管理与协调。
- 团体工作和教育项目（比如亲子教育）。
- 紧急状况/灾后恢复与救济。

与此同时，DoCS资助计划形成了一个复杂的资助服务系统，并使DoCS成为了澳大利亚社区服务最大的供资机构。

DoCS资助计划的总体构想是利用现有资金达到最好的服务产出，实现方式则是通过奖励进步表现和与服务提供者更好地分担服务管理和服务风险。为了实现这个构想，DoCS在2005年下半年制定了一项新的资助政策，为社区服务的资助改革确定了大致方向。新的资助计划显示了一个根本性的转变—从重视投入和过程、由DoCS控制服务系统设计转变为重视结果、灵活性和服务提供者在服务系统设计过程中发挥的作用。

该资助政策有以下三个主题：

• 基于服务表现的合同形式（Performance based Contracting），的签约形式使服务机构具有更大的灵活性，并使其对管理自己项目的方式进行控制。根据新的资助协议和报告安排，服务机构将有机会强调自己的项目如何改善服务对象客户的状况，而不是拟定了多少文件和项目的过程。

• 加强服务系统建设，从而建立可以满足服务对象需求的高效、多样的社会服务部门。

• 资助对象的可选择性，确保DoCS选择最优最佳的服务供应者来提供所需的服务。这将涉及到包括使用一系列资助程序，从最有争议的意向书（EOI）程序到直接拨款程序的一系列资助程序。

实施资助方式改革，对获得资助的服务机构以及他们的服务对象都有诸多好处。服务机构和DoCS之间经过谈判对所提供服务的预期加以确定，那么汇报要求就相应地被简化了。由于重点从“如何”向对象提供服务转移到了为对象提供“何种”服务上，机构在应对客户需求方面便有了更大的灵活性，服务表现好的机构还将获得奖励，比如延长服务协议。此外，政府也加强了对非政府组织能力建设的支持。

政府和服务机构越来越需要表明他们达到了目标，并且可对他们管理的资金负责。DoCS资助方式改革，旨在确保围绕服务对象效果提供了相应措施，以及政府部门和非政府组织能够表明他们取得了广泛的社会效应。DoCS正在其主要的资助项目中实施基于服务表现的合同形式。基于服务表现的合同形式关注服务提供者的服务结果符合要求，而非告诉服务提供者如何提供服务。为了确保DoCS的资助程序选择了最合适的服务供应者来提供所需的服务，部门采用了一系列的资助选择方式，包括：

• 根据服务表现提供后续服务资金。

• 选择性意向书/投标。

- 公开意向书。
- 直接谈判。

在决定选择哪种资助方式最为合适的时候需要考虑一些因素，这些因素包括：

- 有几家机构有意提供该服务。
- 有几家机构有提供该服务的能力。
- 部门对某特定服务领域市场状况的了解程度。
- 资助的期限。
- 最有价值的资金投入。
- 公平和透明。

政府和非政府机构能够确保从服务机构那里获得高质量和一致的信息和数据是非常重要的。DoCS 和新南威尔士州的其他人类服务机构都采用基于结果的问责办法（RBA）作为规划和评估政府资助项目的框架。基于结果的问责办法（RBA）是一个考虑服务供应的系统方法，它从确定我们希望得到的结果（成果和指标）入手，然后再回过头考虑达到该目的的手段。它是一个可以适用于上到政府部门下到小的社区组织各级服务系统的方法，DoCS 希望通过采用 RBA 框架使服务供应商能够做出与时俱进、不断创新的服务反应。该方法对于社会服务部门的价值在于，它使所有大型服务供应机构和小型基层服务供应机构都能参与到为达到预期效果应采用何种方法的决策中来。

为确保获得 DoCS 资助的非政府服务供应商能够有效和更好地使用 RBA 框架，DoCS 已经向两个非政府组织提供资金，以此来协助在非政府部门中对该框架的试验和推广。这两个组织已经开发了大量的工具和资源来帮助服务机构制定出一套自己的 RBA 实施措施，并在该领域中推广了对 RBA 框架的使用。还有许多 DoCS 资助的服务领域都已经对 RBA 框架进行了试行。

DoCS 还制定了一套《优质服务指南》，以此对服务部门获得高质量的客户成果进行指导和支持，并协助服务部门提高服务质量、评估能力和问责能力。加强非政府组织建设是资助改革的重要组成部分，也是确保安全和稳定的服务供应不可缺少的环节。《优质服务指南》是通过与各行业团体进行周密的协商后制定的，并且得到了顶级非政府机构的支持。30个不同服务领域已对该指南进行了试行。该指南共提供了9项优质服务指导，旨在：

- 促进高质量的客户端效果。
- 指导员工改进服务质量。
- 确保改进、评估和问责的质量。
- 在各服务领域中发展一致、高水平的服务。

为了帮助服务机构有效地使用该指南，DoCS还研发出了一项实施该指南和进行自我评估的工具。开发这个工具是为了帮助服务供应者根据该指南评估自己的服务，并且设计出高质量的工作计划，从而为客户实现最佳的服务效果。

由DoCS社区处开展的一个最大的项目就是新南威尔士家庭计划。这是新南威尔士整个政府为了让孩子们拥有最好的人生开端而制定的预防和早期干预政策。这一政策通过对怀孕家庭或8岁以下儿童家庭提供支持来实现。新南威尔士家庭计划由新南威尔士政府的五个合作机构负责，非政府组织和当地政府在其中发挥了关键性作用。每个合作机构都有各自的角色和责任，而DoCS社区处则在新南威尔士州和地区范围内对该计划提供战略协调并进行领导。在2007/2008年，新南威尔士家庭计划的总预算为4040万美元，其中由DoCS管理的资金为2960万美元。DoCS共资助了381个新南威尔士家庭计划项目，其中包括游戏小组、家庭工作者、志愿者家访、早期读写项目、学前计划、玩具图书馆、育儿资源和家庭活动。

新南威尔士州有16个规划区实施了新南威尔士家庭计划。该计划的两个主要管理结构是：

• 州内管理结构：确定政策方向，指导该家庭计划州内规划的发展和实施，支持地方规划的行动和开支。

• 地区管理结构：监督和采取与某特定领域相关的行动，以此促进整个计划的实施。

每个实施新南威尔士家庭计划的地区都根据本区域内的优先事项分配自己的预算。该计划中所有项目的经费都有一个固定的期限，只有当某个项目被认为是该区域内的工作重点时，对该项目的资助才能延期。根据对儿童早期发展的研究和实践，新南威尔士家庭计划采用了一套服务模式来实现该计划的预期结果。对于DoCS开展的每项活动都有一个标准的服务活动说明（SAD）来明确该活动的预期结果、目标人群、模式特点和相关措施。这样以来，服务组织就可以对活动进行管理，而DoCS可以有效地衡量该项目是否成功，并为未来的项目提供参考。

与基于结果的问责（RBA）模式相一致，新南威尔士家庭计划旨在通过长期作用于获得高水平成效的关键因素来改善其目标群体的状况。一个《成果框架》为新南威尔士政府的预防和早期干预政策指明了长期效果，新南威尔士家庭计划的每项提议或项目都要有助于实现这些目标。

新南威尔士家庭计划采用RBA模式作为其评价框架，这个框架被用来衡量计划或项目活动和客户端的成效。对于一个计划来说，绩效问责会衡量该家庭计划作为一个整体的策略是否成功，包括衡量该计划内所有项目的资金成本、项目的质量和这些项目为实现该计划的预期成果做了多大贡献。对于一个项目来说，绩效问责会衡量每个独立的项目是否成功，以及每个项目是否实现了预期的成效，包括衡量每个项目中参与者的数量、该项目为多少家庭或儿童提供了机会、项目活动的数量和类型、项目实施的情况以及项目的参与者是否获得了很好的效果。

新南威尔士政府将会继续加深与非政府部门之间可贵的、错综复杂以及至关重要的关系。政府认识到，非政府部门必将在新南威尔士社会服务提供方面，制订有效的、重要的公共政策方面，继续发挥重要的、不可或缺的作用。

（作者为澳大利亚新南威尔士州小区服务部下属小区处的执行主任）

澳大利亚社区非营利组织的发展管理

戴维·汤姆森

下面，我将对上述组织的作用和运作，以及他们与当下的社会问题和议题的相关性进行介绍，它们将构成报告人的报告背景，以及分析与评述的基础。

澳大利亚职业协会是全国非营利组织的保护伞，或者说是全国非营利组织的最高组织，由其 280 多个成员非营利组织提供资金，这些非营利组织提供主要由全国政府出资的各种服务，决意帮助失业人员得到并保持职业。这 280 多个成员组织互相之间竞争，也和私营的营利组织竞争，争取和澳大利亚政府签订合同，向失业人员提供服务，帮助他们得到并保持职业。这些服务，过去曾经是只由政府机关提供，现在由我们提供，并在活动着营利和非营利组织的竞争性市场上运作，至今已在澳大利亚运作了 11 年。这种制度在国际上被认为是提供公益服务事业中具有根本意义的实验，在澳大利亚现在被认为是一种提供公益服务的新制度——这种制度正在全世界被很多国家仿效，并且在进一步地继续发展。

澳大利亚职业协会完全由其成员非营利组织提供资金，着重于倡导和影响、加强其成员组织的能力。我们支持对有关的维护公共利益政策的问题进行研究，并为其提供资金，为这些政策和计划的内容及结构提出倡导，寻求影响，使我们的成员非营利组织能够为我们所服务的失业人员提供最有效的服务。

澳大利亚全国非营利组织圆桌会议代表并促进澳大利亚广大非营利部门的兴趣、志向和所关心的事务，有四个主要目标：

• 促进非营利部门对澳大利亚经济、社会和各个阶层——政府、工商界、更广大的阶层和非营利部门自己作出贡献——包括支持对非营利部门为“公益”事业所作贡献的研究，并为其提供资源；

• 寻求必要的管理改革，提高澳大利亚非营利部门的效率——包括公司管理条例，对慈善团体和其他机构的税法改革，募捐管理条例，政府委托非营利组织提供公益服务的合同管理条例——这种服务的费用是澳大利亚非营利组织的主要成本，正在不断增长，也是非营利组织有效运作及有效地提供服务的主要障碍；

• 从事与本部门接近金融资本界，与政府、工商界及慈善部门交易条款等有关的各种问题的研究——重点是投资和非营利部门需要证明为它提供服务、进行革新，以及通过提倡、影响和游说为维护公共利益的政策作出贡献，而更多投资是有功效的；

• 促进思考和反映澳大利亚及全球范围内非营利部门的地位、身份和未来。

澳大利亚社会服务理事会（ACOSS）

澳大利亚社会服务理事会，已运作了50多年，经济上（除了自己的成员组织支持之外）基本上由澳大利亚政府支持，对影响低收入和遭受损害的人群的各种问题进行研究，通过倡导和进行活动说服政府和更广泛的阶层，促进维护公共利益政策的改革，促进实现减少不平等和减少损害的计划。澳大利亚社会服务理事会也为其成员非营利组织提供一系列旨在增强能力的倡导，并与其他全国性组织，如工会和环境组织联合，解决应付气候变化的政策对低收入人群的影响。

报告的重点——澳大利亚的非营利组织

澳大利亚更广泛的非营利组织类别——澳大利亚有大约70万个非营利组织——包括大量的非营利志愿组织，他们不雇用任何员工，却负责广泛的活动，以不同的方式加强和促进公益目标。他们包括体育、文化、环境和很多其他特殊兴趣小组，这些小组由当地公民组成，追求与促进实现公共利益。这些组织中的绝大多数都只有有限的资源，在组织的管理和开展业务活动两个方面都依靠志愿工作者。

大约有41000个非营利组织雇有领取薪水的员工，其情况也是多种多样的，有不同的组织规模和类型，包括大学、非营利医院、独立的学校、行业协会、俱乐部和其他形式的互助组织与工会。其中有些有几千名员工，年收入好几百万澳元。估计这41000个组织的年营业额达750亿澳元。本文附有一份摘要，列出了非营利部门的一些关键统计数字，供参考。

本文的重点是社区福利和社会服务提供者，残疾和住房服务提供者，以及消费者与维护组织。

组织的建立

这些组织通常由一群在提供服务和/或提倡一些具体的事业或目的方面有共同兴趣的公民组成。在某些情况下，这些组织是专门为了实现具体的目的或事业，申请得到政府或慈善机构的资金而建立的。比较小的组织是成员服务，而不是公共服务组织，不需要签订合同，可选择不正式地成立为公司，可非正式地经营，无需任何重要的登记形式和政府监督。那些为了接受政府或其他机构提供的资金，并雇有员工，签订合同而成立的组织，需要组成公司，为纳税和其他目的，如筹集资金，以及合适时寻求政府批准为免税或减税组织地位，还需要登记。比较小的组织通常组成社团，由州或区一级管理，其他通过担保组成有限公司的组织，管理得比较严格，由澳大利亚证券与投资委员会进行全国一级的管理。

章程

那些组成公司的组织，必须正式建立章程，为其经营、行政管理、财务管理及报表、管理人员的权利和义务，以及向管理机构及成员与公众报告等很多方面规定细则和附则。有关的法律规定了这种章程的法定最低要求，通常还为法定的最低要求提供几种变化的格式。有关法律也给这些组织及其管理人员硬性规定一些其他的义务和责任。

成员来源

大多数非营利组织有某种形式的成员资格体系，使对具体问题或事业有兴趣的公民能够成为其成员，并通过成为董事会或管理委员会的成员而参与组织的管理。成员可按地区吸收，也可从有兴趣（如对具体问题有兴趣）的其他群体中吸收，成员通常有权在定期的会议，一般是一年的年会上选举董事会或管理委员会成员。公司通过规定成员在组织发生大量债务时所承担责任的限额为成员提供一些保护——但也在信用义务和责任方面对成员及管理人员规定不同程度的义务。考虑到成员参加组织和参与组织管理的志愿型性质，所以这是管理体系中的一个重要因素。

组织的权利和义务

政府的各种不同的管理要求，在组织的管理、会计核算、纳税、筹资、得到减免税和（向管理机构、他们的成员和/或公众）报告等方面，给组织规定了义务。澳大利亚的很多专家和评论家争辩说，现在的管理体系应该改革，使管理和风险、违规后果成合理比例，并与管理的成本成合理比例。他们还争辩说，对非营利组织，显然需要一个由专业人员组成的全国唯一的管理机构，与英国和新西兰的慈善委员会相似——而不是现在正在操作的由不同管理机构和要求形成的复杂层次。这方面的另一个重要问题是现行的非营利组织税收体系，这一体系下非营利组织被批准为减免税慈善机构。澳大利亚的慈善机构税法是以1601年英国的成文法为基础的，特别复杂，可能已不能很好地适合当代的情况和需要。这些问题是很多进行全国性调查和审议的主题，现在在澳大利亚正在进行中。

接受政府资金的组织，由于和政府签订的合同条款而又同时成为其他级别和层次管理的对象。这些合同在数据收集和报告、资产和知识产权的所有权、标识和身份、对提供服务规定的要求、关于倡导和公众讨论的限制，以及对政府政策批评的限制等方面，强加了更多的要求。合同经常被认为规定的义务过重，是不公正的、过分的，可能限制组织的自由和自主权，也限制他们的创新能力和满足社会需要的能力。

澳大利亚政府最近已采取了行动，从他们与非营利组织的合同中删除了这些关于公众讨论和批评的限制。在这样做的时候，也合理地期望组织的行动将是负责的、建设性的，批评和倡导是客观的、以适当的证据为依据的。这将有助于加强和支持非营利组织在倡导和革新方面的重要作用，在改革和改善维护公共利益的政策和计划方面的作用。很多政治家和政策制定者欣赏非营利组织能够准确、深刻地了解他们所服务的公民的境况和需要，在改革和制定政策中需要得到鼓励和支持时，他们有重要的作用。反过来，非营利组织的责任就是负责、客观和建设性地履行这一职责。

管理结构和分工

不雇用员工，完全靠志愿工作者经营的非营利组织，通常有一小群人组成管理委员会，致力于组织的良好管理，由其他人进行组织活动。他们以复杂程度不同的技术经营组织，对社区生活和安康作出各种重要的贡献。

雇有员工的非营利组织范围很广。很小的组织仅雇用一个雇员；很大、很复杂的组织，可雇有几千名员工，在几个地方经营，参与提供多种多样复杂的服务，还有筹资、倡导和研究活动。管理结构的性质和分工变化也很大，通常反映了组织结构和方法的多样性，这和我们在私营部门所看到的多样性类型是相同的。在这里，组织管理成功的关键是保证组织结构和解决问题的办法能促进和保持组织的价值观，着重在实现组织的使命和宗旨，而不是利润或财务上的盈余。这经常导致需要改变私营（或公共）部门的良好习惯做法，以满足非营利组织的不同需要。

大型非营利组织的共同特点是，他们的董事会或管理委员会指定经理或首席执行官负责日常管理和经营活动，并被授予权力，这些授权必须遵守，并定期报告。提高董事会里志愿成员的管理技术和能力，保证他们充分了解情况，能够适当地履行基本的重要职责，确保组织有示范性的良好管理，需要作出极大的努力。

在这方面，董事会可以被认为是他们组织的价值观的保持者。组织能够成功地生存，并且将来能够发达，取决于他们是否能继续赢得公众对他们的正直廉正有高度的信赖，也取决于他们工作的质量和对社区及社会的贡献。他们决定组织的总体方向和使命及政策，决定他们将做什么，不做什么，然后通过经理或首席执行官完成日常的管理和经营工作，依靠他们的领取薪水的员工。

经理和首席执行官的权利和义务

如上面所说，董事会或管理委员会指定经理和首席执行官，在清楚地描述并委托的权限框架内，按照董事会或管理委员会确定的管理方式和其他政策，处理组织的日常事务。董事会还确定他们希望为组织规定的使命、价值观和战略方向及目标。然后，他们定期审核是否符合这些要求，审核组织的工作情况和战略方向，对照主要的业绩指标审核首席执行官的业绩。衡量业绩和组织的作用，监督技能和专业水平在不断提高的经理或首席执行官，都给很多组织及其董事会成员提出了相当大的挑战，也证实需要有效的管理方式的支持和有效的发展战略和计划。对很多董事会及其成员的另一个挑战是抵抗日常经营和管理对他们的诱惑力，做到对组织的日常管理不干预，能够放手。这可能是组织内产生冲突和争论的原因。

经理或首席执行官的权利通常在他们与组织签订的合同中规定，合同一般反映了作为他们对方的私营部门提出的合同文本中的全部内容，或许只有酬金除外。争议和冲突的解决，以及合同可以被终止的情况，受合同条款及关于雇用的法律及适用的其他法律管辖。避免董事会和首席执行官之间出现重大冲突和问题的必不可少的要素是清楚地描述职责和责任，保证董事会和首席执行官之间观点一致。

内部监督和纪律

如上面所说，董事会负责对首席执行官或经理的有效监督，负责一切执行纪律的行动，这对于首席执行官的工作情况和他们符合董事会的管理政策及其他政策可能是必要的。接下来，首席执行官或经理有责任有效地监督他的下级和志愿工作者，对不遵从组织的政策和规则，或业绩不能令人满意的员工或志愿工作者执行纪律。处理争议、考察工作表现或执行纪律等过程的性质决定于各个组织所采用的政策和程序，以及执行州和国家有关雇用、劳资关系、差别对待和其他问题的法律。要求组织在运作中做到程序上公正，合乎天理，应该（但不是始终）以组织所信奉的价值观同样地处理这些事情。认为自己受到了不公正待遇或自己在其他方面的合法权利受到了侵害的个人，通常可到由政府建立的外部仲裁庭请求审查他们的案件，强制执行仲裁庭认为合适的纠正措施。

战略和业务规划

澳大利亚的很多非营利组织——与他们在私营部门的对手一起，已经建立并执行了十分高超的战略和业务规划方法。有效的战略规划使组织能够集中精力实现他们的使命——他们至关重要的目的——分配他们的资源，把资源和精力集中在数量有限的、关键而且已经清楚地认定并宣布了的战略目标上——避免试图以有限、而且有时数额还不确定的经济和其他资源去做超出他们可能做的事情的倾向。和其他有效的管理方法一样，非营利组织需要保证他们的计划和其他的业务管理实践及方法与他们的价值观和最终目的相一致。这意味着他们需要在管理实践中避免盲从各种时髦的东西，需要考虑在必要时改变私营部门的习惯做法，采取能够保存和保护他们与私营部门根本不同的方法。

他们生存的理由不是健康发展所需要的财务底线（但这可能是能够继续存在的先决条件），而是实现他们的使命。这对管理机构强制要求的和从私营部门直接引进的会计准则和财务报表的要求提出了相当大的挑战。考虑到衡量各种指标和测定他们所实现的无形的社会目标及其他目标经常是复杂而困难的，所以对组织精确而可靠地衡量自己作用的能力也提出了相当大的挑战。这些问题，不仅在澳大利亚，而且在很多其他国家，都是当前并且在过去就经常在争论的主题——也是一部分搞学术的非营利人士花很多精力研究评估非营利组织作用的新方法和新技术的主题。政府和向非营利部门投资的投资人也有强烈的兴趣建立非营利组织作用的评估方法，以帮助他们确定正在做的事情有什么进展，将来他们向非营利组织投资时，从哪里能够得到最好的价值。在这方面的另一个重要的问题是数据收集和作用评估技术和方法的成本。为这些重要用途投资的资金是从提供服务和其他活动中转移过来的，也必须集中体现金钱的良好价值。

至于业务计划，澳大利亚的非营利组织有不同的方法，这些方法的复杂程度也不同，决定于它们的历史和情况及需要。在竞争性市场（如职业服务或老年人照顾领域）内运作的那些组织，经常互相竞争，也和政府及私营部门的组织竞争，所以有了高度复杂和尖端的方法，这些方法涉及环境和竞争对手的分析，复杂的财务计划和预测，市场调查和分析，也建立了很好的营销和促销策略。还有一点是，他们的很多方法能够与他们在私营部门的对手的技术和能力相匹敌。

比较小的非营利组织，一般来说，但也不是始终如此，运作的环境和情况不那么复杂，他们采用的战略和业务计划方法不那么复杂和尖端，但足以满足他们的需要，使他们能够以合理的集中程度来经营，达到合理的效率。很多顶级的非营利组织，政府和其他投资者，以及私人顾问，为比较小和中等的非营利组织提供各种规划和评估工具，为专业人员发展和其他能力建设的机会。有些大组织也依靠提供类似服务的重要私营部门的咨询公司。

非营利组织的项目管理和经营

要再次说明的是，澳大利亚在这方面的经验是多样化的经验之一。小组织的经营情况和环境不那么复杂，它们的项目管理和经营不需要，也没有复杂的方法。

其他的，例如主要的慈善机构和别的职业服务提供者，由于需要，有了发展得很好的项目管理和经营能力。最近十年内，在部门内和部门之间的竞争不断增强的环境下，这些组织已经在数据收集、客户和服务管理、客户关系管理、向投资人报告等方面，使用了最优良的信息和通信技术。当前的全球金融危机已经给有些重要组织的投资及他们的很多捐赠人的能力，产生了很不利的影响。这给这些组织增加了新的推动力，刺激他们必须在减少资源和对他们服务的需求经常不断增长的事实面前，继续提高效率。

很多组织管理了一系列复杂而不同的服务和活动，以不同的方式监视并向组织内外不同的利益相关人报告他们的活动和成就。很多已采用了有效的方法，将不同类型的服务整合在一起，向个人客户和社区提供浑然一体的完整的服务。

政府不断增加把竞争性招标作为采购服务的手段，加上收益源流是否能继续保持下去的不确定性，促使组织加强管理他们经营业务的能力，不断追求并实现提高服务性能和服务质量，改善评价和作用评估方法。这些组织中的大多数，已建立了很好的质量体系和业务创优体系，努力适应复杂的情况，面对政府机关和其他投资人规定的合同及其他管理要求所造成的经常是沉重的负担。

与政府合作

澳大利亚参与提供各种形式社会服务的非营利组织，绝大多数与整个政府及提供资金或其他交往的政府机构，都有着十分积极、热忱和富有成果的良好关系。最常见的是，因为有对社区安康，减少不平等，增加社会包容性等的共同兴趣，有对这些共同兴趣的认识，以及在非营利组织与政府之间产生的互相依赖关系，所以使非营利组织和政府牢固地结合在一起。

和其他国家一样，澳大利亚的非营利组织在提供公益服务方面的作用正在不断增加，这些公益服务曾经是由政府提供的（而在政府参与之前，通常又是由非营利组织提供的），而且政府已经要依靠非营利组织，因为非营利组织提供服务的成本比公共部门的低，非营利组织能够革新他们的服务，使他们的服务适合于个别公民、家庭和社区的需要，还能够以政府通常感到困难的方式与个人、家庭及社区联系，看到政策和计划的差距以及需要改进的地方，而这些问题，不在前线提供服务是不能立即明显地看到的。结果，就有了一个广泛的共识，就是非营利组织不能，也不应该被简单地看作服务的提供人。他们在向政府提供关于改进和完善政策与计划的方法的建议及反馈方面，在收集并传递客户和消费者对计划与政策的作用和效果的信息方面，在确定正在提供的服务与出现的新需要和未能满足的需要之间的差距方面，以及在执行政策和提供服务中发展与促进改革方面，都有非常有价值的作用。

澳大利亚大多数政府机构已经建立了很好的程序，经常征求非营利组织关于政策和计划安排的意见，使非营利组织的观点能够得到汇总、提交和考虑，给政策制定人和计划安排人提供不同而有用的视角，使他们能够在了解情况的基础上制定出决策。很多非营利组织的人员有长期的经验，详细地了解他们的专业知识所服务的领域，他们在很多政府咨询和顾问机构服务，以他们的专业知识在很多方面向政府提供有益的服务。在这样做的过程中，他们对实现共同的目标表现出了共同的决心，重要的是，他们表现出了通过政策和计划实现这些目标的共同的责任心，因为他们为制定政策和计划作出过贡献。

澳大利亚政府已经体会到，通过与非营利组织有效的合作能够制定出更好的政策和计划，在征求非营利组织的意见和与非营利组织的合作中所作的投入，明显地引出了良好的回报。这方面有很多事例，其中之一是，过去几年内，对澳大利亚将来福利的种类和方向，一直在向提供服务和提出倡导的非营利组织进行全面、长期的咨询，从而制定出政策，把公共职业服务委托出去，并有多次发展。总理办公室和内阁前秘书彼得·舍戈尔德博士乐意承认，从事提供澳大利亚公众职业服务的非营利组织，在服务革新、政策制定和计划安排中起的作用很大，很有用，确认政府在与非营利组织合作中取得了很多成就，重要的是不能把非营利组织仅仅看作是服务的提供者。

在澳大利亚职业网络的整个建立过程中，参与其中和政府高级官员、部长合作的非营利组织也已认识到并接受政府应该、必须和将有最后决定权。他们已体会到，如果他们能够起到有用的、建设性的作用，他们就能够在改善他们为之服务的人们的出路方面产生积极的影响，并给他们所服务的失业和弱势人群提供最好结果。

政府和非营利组织合作关系的发展

自从澳大利亚全国新政府被选出以来，政府就一直在和众多的非营利组织部门商量关于政府和该部门之间制订一个全国性协定的问题。这种协定采取的形式和操作程序，将与英国和一些其他国家已运行多年的文本和过程相似。为澳大利亚政府建议的协定将明确宣布政府和非营利组织部门之间关系的性质，阐明对政府和非营利组织部门各自的作用及责任的共同理解和一致意见，为下一步的经常性操作和该部门与政府之间合作关系的发展提供基础。该部门已对这一初步的协商意见很积极地作了响应，承认协定将为该部门的作用和贡献所作的规定。如前面说明的那样，政府已采取行动，删除了与非营利组织的合同中关于限制或防止对政府政策的争论与批评的条款，现在正在注意提供资金的合同中给非营利组织造成过多报告和管理方面的负担。

政府现在的建议是，与该部门的协定将强调和承认该部门在政策和计划的制定与革新中，以及在这方面提出倡导与产生影响中必须起的作用。协定也将把政府在向非营利组织部门咨询方面的承诺和现行做法正式确定下来，解决政府和该部门的组织作为服务提供人之间交易条款中某些方面的问题。协定还将阐明一些在非营利组织与政府机构之间的约言和交往方面已经一致同意的原则。

在非营利组织部门与政府之间就协定的条款和操作达成协议所需要遵循的程序方面，考虑到非营利组织部门是这样的广泛，有那么大的规模和范围，需要涉及几十万个组织和很多政府机构，是有些令人胆怯的。但在这个部门内有一种清楚的认识，即：协定能带来好处（不止是正式承认该部门作为一个整体对澳大利亚经济和澳大利亚社区的贡献），能把我们和政府的合作关系正式确定下来，能加强我们作为倡导者和革新者的作用，也将给我们带来责任，需要我们以互相尊重和负责的态度进行合作。或许最重要的是，协定还将围绕一个至关重要的原则来拟订，这就是我们为之工作的共同目标——使我们所有的公民平等、包容和共同受益。

关于新法律和政策的咨询、游说和影响

如前面所说，澳大利亚政府已经为向非营利组织咨询和非营利组织合作建立了很好的程序，把非营利组织作为服务提供人、消费者和其他倡导人，也作为服务提供和计划安排中的革新人。除了在长期建立起来的议会程序中正式提供关于重要的新法律和政策在调查中得到的证据之外，非营利组织还有大量不那么正式的机会：他们可以就他们认为有关与值得向往的法律和政策的改进与修改方法，向政治家及其顾问、政府高级官员提供咨询和建议。

很多非营利组织利用他们自己的研究能力和接近媒体的机会，公开表达和促进制定他们认为能够提高公益服务的质量和推进实现更加平等、包容和民权社会的法律、政策和计划。在进行这些游说和影响活动以及执行其策略的过程中，他们认识到：必须提供有用的、建设性的信息和建议，在提出它们的事例时需要真实、客观。这样做，他们往往能够得到比用别的方法更有影响和作用的效果。进行这些活动的目的是达到更加平等和包容，实现更好的政策和计划，如果非营利组织对重要的问题有有用的、建设性的建议，他们多半能得到倾听的机会，证明他们是有理由的，应该受到重视。

财务管理

要再次说明的是，澳大利亚的社区非营利组织在财务管理的实践和标准中采用了各种不同的方法。

比较小的组织一般使用简单易懂的制度和做法，也不受有关当局繁冗、复杂的管理。2000 年以来，即使是很小的组织也必须在澳

大利亚税务局登记，定期提交关于他们募捐情况的报告和货物与服务税的汇款凭据。比较小的组织一般要求拿出比较简单的年度财务账目和报表，报给公司管理机构，也供他们的成员和公众详核、监督。很多组织通过使用志愿工作的会计员来完成和满足对他们的要求，并越来越多地使用付薪簿记员和简单的财务管理软件。

比较大和比较复杂的组织，必须满足严格和复杂得多的要求，这和他们管理着大量公共资金（来自政府、捐赠人和其他投资人）的风险相符合。他们必须遵从和私营部门的大型组织相同的要求，包括遵从有关的国际财务报表准则，由登记的公司审计员进行独立的审计。必须编制并公布详细的财务报表和账目，提交给他们的成员和公众以及为他们提供资金的政府机构。属于减免税慈善机构的组织，还要受澳大利亚税务机关的监视和审查。经营海外业务或向海外汇款的组织，需接受新的国际反恐怖主义财务措施的约束。向公众筹款的组织，还需受有关州和区当局的管理和审核。

更大和更复杂的非营利组织，通常有专门的公司财务管理处或科，使用复杂的软件和其他系统，监视和管理他们财务事务的各个方面，并经常使用资金管理功能，使他们剩余资金的投资得到最大的收益。大多数参与提供重大服务的组织，有对用于具体项目和一系列活动及业务的资金进行跟踪、监视和报告的系统。这些组织还需要密切监视他们的现金流，保证他们能够保持足够的流动资金和偿付能力。

人力资源管理

比较小的非营利组织，员工人数不多，往往使用很简单的人力资源管理程序和制度，招聘和发展员工，进行业绩考评，处理问题和争议。其中很多组织使用如澳大利亚职业协会等组织的服务，澳大利亚职业协会在全国向大约 1000 个社区非营利组织提供专家级的人力资源管理服务和建议。其他的组织使用由私营部门雇主协会提供的类似服务。

澳大利亚的社区非营利组织所雇用的所有员工的薪水和雇用条款受全国和州或区解决劳资纠纷的工业裁定系统的管理。工业裁定系统规定最低工资率和雇用的最低条款（工作时间，节假日等等），所有雇主在法律上都有义务满足这些条款，否则将被处以罚金或其他处罚。有些雇主单独协商对雇员更有利的雇用合同，这种合同脱离了我们的工业裁定系统。现在，这类合同的数量正在增多。在全球金融危机之前，社区非营利组织的雇主，在日益紧缺的劳动力市场上，没有能力和私营部门的雇主竞争，他们不能吸引和留住员工，这个问题一直在增大。金融危机的影响是使这个问题至少在现在得到了一些缓解。但是，澳大利亚劳动力老化、劳动力供应有限，以及老年人照顾部门对个人照顾工作者需求的增长，对有关的非营利组织在将来将产生严重的问题。

正如将要得到重视的那样，比较大和比较复杂的社区非营利组织，有专门的人力资源管理科或部，他们内部有需要，也有能力满足自己的人力资源要求。很多组织实施自己的员工专业发展计划，这需要投入相当大的资源来满足经常变化着的对员工的需求以及相关的员工发展需要。与澳大利亚劳动力的其他部分相比，在这个部门工会的参与不是特别地高，而且在慢慢地下降。

澳大利亚社区非营利组织的资金筹集

在澳大利亚，因为社区非营利组织的规模和类型多种多样，所以不同组织资金筹集活动的水平和性质也多种多样。比较小的组织通常不使用复杂的方法，而可能在当地进行小规模的活动，如抽彩义卖或用面包夹着烤热的香肠招徕捐赠人，筹集一定数额的资金，补充其他的收入。

很多中等规模的组织，有力地参与了政府的公益服务，例如职业服务，一般不能吸引捐赠的公众和公司支持他们由政府提供资金的活动，因为他们被认为已经由政府提供了充足的资金。这些组织中，很多能够对捐赠人提供相应的减免税优惠，但因为同样的原因而不能利用这种优势。

比较大的社区非营利组织，特别是慈善机构，通常，大多数在政府提供资金的服务和利用捐赠及其他来源的资金提供服务两个方面都进行多种活动。这一类组织往往有经验丰富的营销和筹资部门，投入了大量资源吸引公众、慈善机构和公司的支持。大多数组织会声称，他们将筹集到的相当数量的资金用于提供没有政府支持或资助的服务，或用于横向补助政府提供资金不足的服务。

全球金融危机冲击的结果是，整个社区非营利组织部门内的很多组织报告说他们的投资出现了很大亏损，公众捐赠大量减少，来自慈善机构和私营部门有社会责任感的公司的支持水平大大降低。这意味着他们必须在对他们服务的需求明显增加的时刻，削减一些他们的服务和项目。最近，澳大利亚政府宣布，对面临这些问题的组织给以有限的财政支持。

社区非营利组织对志愿工作者的使用

比较小的社区非营利组织依靠志愿工作者建立他们的管理委员会，在很多情况下，依靠志愿工作者帮助他们提供服务。其中：很多组织依靠来自非营利组织志愿工作支持机构的服务和帮助，指导他们招募、管理和发展志愿工作者。

正如可从所附的统计数据摘要中看到的那样，参加非营利组织和由广泛的非营利组织部门使用的志愿工作者的数量非常多，这反映了社会上对这一部门的高度信赖和尊重，也反映了公民愿意把他们的时间和专业知识志愿奉献给公益事业的意愿和责任感。

比较大的社区非营利组织，在很多情况下，依靠志愿工作者大军在当地提供服务，并直接到被服务人的家里和社区向单个公民提供服务。为了有效地这样做，他们需要投入相当的资源来招募、筛选、培训、发展和留住志愿工作者。

志愿工作者在社区非营利组织里的作用和贡献是很重要，很明显的，其价值比应该给他们的劳动所赋予的经济价值大得多。在澳大利亚，这一部门自己在颂扬和促进我们的好公民志愿工作者对公益事业所作的贡献方面，还有大量的工作可做。全国非营利组织圆桌会议高度重视这一重要的任务。

（作者为澳大利亚职业协会首席执行官、全国非营利组织圆桌会议主席、澳大利亚社会服务理事会副会长）

附件：

澳大利亚的非营利部门

2009 年

规模

• 澳大利亚的非营利组织有 700000 之多，大多数是小组织，完全依靠其成员志愿承担义务；

• 大约 380000 个非营利组织以某种形式建立成公司（就是说，他们有法律身份，不同于其成员）；

• 约 38000 个非营利组织雇有员工，其中 3000 个还被 ABS（澳大利亚统计局）认为在经济上相当有实力；

• 有大约 20000 个组织具有“接受捐赠可扣税”地位。其中大多数是非营利组织（其余的是政府拥有的实体）。

来源：莱昂斯和霍金，2000 年；ABS，2008 年；ATO（澳大利亚税务局），2008 年

经济上的贡献

在 2006/2007 年度，澳大利亚的 41000 个经济上相当有实力的非营利组织：

• 雇用了995000人，占澳大利亚总雇用人数的8.6%；

• 有745亿澳元收入；

• 对国内生产总值的贡献是340亿澳元，或者说占国内生产总值的3.4%；

• 经济上作出的贡献，相当于政府行政管理和国防工业的贡献，也相当于农业的经济贡献数额的一倍半。

来源：ABS，2008年

收入来源

2006/2007年度，非营利部门收入的主要来源如下：

• 38%—出售货物和服务；

• 34%—政府拨款和合同付款；

• 14%—募捐和成员费。

来源：ABS，2008年

国际比较

在雇用员工方面的贡献，澳大利亚的非营利部门：

• 规模与美国和英国的相似；

• 超过了加拿大、新西兰和大多数欧洲国家；

• 小于荷兰和爱尔兰的非营利部门。

来源：萨拉蒙，1999年，及其他各种来源

部门的组成

下列领域的组织占非营利部门雇用员工的下列百分比：

• 社会服务——27%；

• 教育和研究——24%；

• 卫生——17%；

• 文化和研究（包括体育和注册的俱乐部）——10%；

• 宗教——5%；

• 工商业和专业人员协会及工会——3%；

• 其他——14%。

来源：ABS，2008 年

慈善性捐赠

• 2004 年，1340 万成年澳大利亚人向非营利组织捐赠了 52 亿澳元（向政府拥有的实体捐赠了 5 亿澳元）；

• 另有 20 亿澳元由 1050 万澳大利亚人通过买彩票或参加慈善性拍卖和类似活动提供；

• 并非所有的捐赠都可要求减免税；在 2004/2005 年度，要求减免税的是 15 亿澳元；

• 2003/2004 年度，超过 50 万个澳大利亚的工商企业以送钱、物、服务和资助等方式向非营利组织提供了 30 亿澳元。

来源：莱昂斯和帕西，2005 年；

FACSIA（家庭、社区服务和土著事务部），2005 年

志愿工作

• 在 2006 年，有 520 万澳大利亚人，占澳大利亚成年人的 34%，为所有各种规模的非营利组织共志愿工作了 6.2 亿个工时，另有 9300 万小时奉献给政府和营利实体；

• 在 6.2 亿个志愿工作小时中，52%奉献给完全依靠志愿工作者劳动的组织，48%给了雇有员工的非营利组织；

• 这一志愿工作的贡献相当于又向非营利部门捐赠了 130 亿澳元。

来源：ABS，2007 年

成员

• 2003 年，超过 1300 万澳大利亚人（占成年人总数的 86%）

至少属于一个非营利社团，其中48%至少属于3个组织；

- 在非营利组织中，只有不到100万个管理人员。

来源：帕西和莱昂斯，2005年

来源

ABS（澳大利亚统计局）（2007年）：志愿工作，澳大利亚2006年第4441.0号目录。澳大利亚统计局，堪培拉。

ABS（2008年）：非营利组织，2006—2007年度，第8106.0号目录，澳大利亚统计局，堪培拉。

ATO（澳大利亚税务局）2008年：2005—2006年度税务统计，澳大利亚税务局，堪培拉。

家庭、社区服务和土著事务部（2005年）：给予澳大利亚。澳大利亚慈善事业研究。工商业调查。该部，堪培拉。马克·莱昂斯和苏珊·霍金（2000年）：澳大利亚第三部门规模，CACOM，UTS大学，林德菲尔德。

马克·莱昂斯和安德鲁·帕西（2005年）：2004年澳大利亚人的付出和志愿工作。给予澳大利亚；澳大利亚慈善事业研究。家庭、社区服务和土著事务部，堪培拉。

安德鲁·帕西和马克·莱昂斯（2005年）："志愿社团和政治参与"，在肖恩·威尔逊等人编的《澳大利亚人的社会态度。第一份报告》书内，UNSW（新南威尔士大学）出版社。

莱斯特·萨拉蒙等（1999年）：全球公民社会。非营利部门的规模，公民社会中心，约翰·霍普金斯大学，巴尔的摩。

第 三 编

公益慈善组织的运作与管理

基金会管理条例透视

朱卫国

《基金会管理条例》是在国务院 1988 年《基金会管理办法》的基础上形成的。与《办法》比较，《条例》规定的制度更完善，原则更明确，价值理念更新颖，体现了以人为本、全面协调的新的发展观。在条例修改过程中，政府有关部门、基金会实务界以及民间组织研究领域的专家和学者一道，反复研究、论证，对条例草案有肯定、有批评、有争论、有建议。大家积极踊跃，充满激情，充满责任感，倾注了经验、智慧和心血。笔者参与了这部条例的起草，见证了草案的反复论证和各方的见仁见智。我将结合下面八个问题，阐述对条例的理解和评价。

一、基金会的非营利性和基金增值

基金会是典型的公益性财团法人。囿于我国民事基本法对法人制度分类的制约，条例没有明确基金会的财团法人性质，但明确基金会是“以从事公益事业为目的……成立的非营利性法人。”（第二条）

为公益目的而设立，是成立基金会的必要条件之一（第八条）。基金会如果丧失公益性，就会堕落、腐败，就会沦为避税的工具甚至犯罪的组织。因此，保障基金会的公益性，是条例的重要使命，条例的许多制度设计，目的均在于此。

对于哪些领域或者事业属于“公益”，草案没有明确。公益事业捐赠法有相关的规定，但并不圆满。在条例进行论证的过程中，也曾经有要求明确公益范围的意见和努力，但最后的结果还是放弃了。在世界范围内，保障公益性都是基金会立法规范的重要内容。但对于何为“公益”，都承认是个模糊的问题，立法很难作出准确、排他的界定。有人主张，立法界定公益范围不但在技术上流于武断，而且属于国家对公益解释的垄断。毕竟，公益的范围不但很广，而且也在不断变化，什么是公益，不同的立场可能有不同的理解。但有一个常识性的判断，那就是基金会的钱不能被用于私人目的。保障基金会的公益性要靠操作过程中的制度，其中的关键在于明确会计准则、强化审计和年度报告制度，建立舆论、捐赠人和其他社会力量的监督机制，使基金会对主管部门负责、对捐赠人负责、对发起人负责。基金会的运作必须公开、透明，便于社会监督。此外，鼓励竞争和倡导自律也是保障公益性的重要方法。

“公益”与“营利”相对应。人们往往认为，公益就不能与“利”字沾边。作为公益性的非营利组织法人，基金会应当如何处理在保障公益性和非营利特点的条件下，积极实现基金的保值增值？

这是一对看起来对立却又统一的矛盾。

作为公益组织和非营利性法人，基金会不是不能挣钱，而是不能分钱。无论从事什么事业，都需要充足的、可持续的财力支持，基金会从事公益事业也不例外。许多国家的基金会拥有自己的银行，而大家熟悉的嘉士伯啤酒集团则是嘉士伯基金会的企业。

条例澄清了在这方面存在的模糊认识。基本的思路是放松对基金会“挣钱”的管制，杜绝基金会“分钱”的可能，保障基金会“花钱”的公益性。这方面的基本制度体现如下：第一，鼓励基金会按照合法、安全、有效的原则积极实现基金的保值、增值（第二十八条），对于基金会实现保值、增值的方式不作任何具体限定，投资决策由基金会理事会把握（第二十一条）。第二，严格禁止私分、侵占、挪用基金会财产（第二十七条）；严格明确基金会理事、监事与基金会的利益冲突原则（第二十三条）；严格处理基金会注销后的剩余财产（第三十三条）；第三，严格要求财产的使用方法（第二十八条），严格规定基金会公益支出的比例、限制行政管理和人员成本（第二十九条）。

二、公募基金会和非公募基金会

这是两个新概念，尽管有些绕口，却确立了我国新的基金会分类方法。条例草案曾一度将基金会的分类拟订为公共基金会和私立基金会，在管理政策上也有更大的区别，比如：私立基金会可以不设业务主管单位。但这个方案因为种种原因没能得到坚持。条例确立公募基金会和非公募基金会的划分，主要区别在于基金会是否可以面向社会募捐。在社会分工专业化程度更高的西方社会，与此相对应的是公共筹款机构和独立基金型基金会。如果说公募基金会是传承了我国传统基金会的模式，那么非公募基金会的确立则另辟了一片天空。这片天空会吸引有能力、有积极性的社会资源从事公益事业，使得公共服务提供者的成分更加多元。

对基金会在法上进行分类，目的当然是为了区别政策。条例对不同基金会采取的政策区别，主要体现在：是否可以面向社会募集资金，公募基金会可以，非公募基金会不可以（第三条）；设立原始基金的标准不同，公募基金会标准高，非公募基金会相对较低，体现了鼓励支持后者发展的政策（第六条）；基金会理事会的成员构成要求不同，在利用私人财产设立的非公募基金会中，具有近亲属关系的可以同时在基金会理事会任职，但总数不得超过理事总数的三分之一，在公募基金会和利用非私人财产设立的基金会，具有近亲属关系的不得在基金会理事会任职（第二十条）；公募基金会的法定代表人只能由中国内地居民担任，非公募基金会原始基金源于中国内地的也只能由中国内地居民担任，但来自境外的，对其法定代表人无硬性限制（第二十三条）；公益支出的比例要求不同。公募基金会年公益支出，不得低于上一年总收入的70%；非公募基金会的公益支出，不得低于上一年基金余额的8%（第二十九条）。

应当说，这些政策的区别尚不够充分和细致，但中国的事情总得慢慢来才可以做好。在下一步制定基金会税收政策时，应当会有更多的空间作为。

三、章程规范和规范章程

章程是基金会的宪章。基金会的所有资源和一切努力都必须在章程规定的框架内流动。诺贝尔奖百年惊人的实践，无不围绕诺贝尔先生几十字的遗嘱进行。尊重基金会的章程，就是尊重意思自治的民法理念，是对人的高尚和尊严的捍卫；提升章程的重要性和章程对基金会组织、行为的规制作用，也是对基金会进行规范的重要手段。然而，正是由于章程的重要，章程本身也需要规范，需要法的明确调整，只有经过规范的章程，才有资格和有能力对基金会进行健康的规范。条例实现了章程规范和规范章程的结合和平衡。主要体现在以下两个方面：

第一，章程对基金会的规范：基金会必须依照章程开展公益活动（第五条）；理事会是基金会的决策机构，依法行使章程规定的职权（第二十一条）；监事依照章程履行监督、检查职责（第二十二条）；基金会组织募捐、接受捐赠，应当符合章程规定的宗旨和公益活动的业务范围（第二十五条）；基金会应当根据章程规定的宗旨和公益活动的业务范围使用其财产（第二十七条）；基金会注销后的剩余财产应当按照章程的规定用于公益目的（第三十三条）；基金会理事会章程规定决策不当，致使基金会遭受财产损失的，参与决策的理事应当承担相应的赔偿责任（第四十三条）。

第二，条例对章程的规范：基金会章程必须明确基金会的公益性质，不得规定使特定自然人、法人或者其他组织受益的内容。基金会的章程应当载明条例要求的九项内容（第十条）；基金会修改章程，应当征得其业务主管单位的同意，并报登记管理机关核准（第十五条）；基金会章程范本，由国务院民政部门制订（第四十七条）。

四、基金会的独立性和公信力

基金会作为独立的民事主体，其意思自治和独立当属自然。同时，基金会作为公益组织，担负神圣的公益使命，享受着优惠的税收政策，汇集着丰富的社会资源，赢得了崇高的社会名誉。因此，基金会作为社会公器，应当对国家、社会、对捐助人和受益人有所交代。历史的经验和教训得出了一致的结论：不重视基金会的独立性和自主能力培养，基金会逐渐式微，丧失活力和能力；而忽视基金会的公信力保障，基金会会走样，会有违健康的理想、追求病态的目标。条例实现了这两项价值的协调和平衡。主要体现在以下两个方面：

第一，保障基金会的独立性，尤其是决策机构的自主性：立法目的开宗明义，维护基金会的合法权益（第一条）。避免基金会论为权力的工具或者金钱的奴仆。理事会是基金会的决策机构，依法行使章程规定的职权，章程的修改、主要负责人的选举罢免、重大募捐及投资活动的决策以及基金会的分立合并等重要事项的决议，必须满足两个复杂多数方为有效（第二十一条）。集体的决策，可以抵制“上级”的意气指使，也可以避免个人的专断任性，使得基金会获得真正的法人意思自治和自由。基金会的财产及其他收入受法律保护，任何单位和个人不得私分、侵占、挪用，否则将课以严厉的法律责任（第二十七条、第四十三条），从而保障基金会不但意思自由，而且“血肉”无损。

第二，保障基金会的公信力：基金会应当遵循公开、透明的原则（第一条）。公开性和透明度是保障公信力的法宝。基金会的设立、变更、注销登记，登记管理机关将向社会公告（第十九条）。理事会会议应当制作会议记录，并由出席理事审阅、签名（第二十一条）。公募基金会组织募捐，应当向社会公布募得资金后拟开展的公益活动和资金的详细使用计划（第二十五条）。基金会处理剩余财产应当向社会公告（第三十三条）。基金会必须接受登记管理机关、业务主管单位、税务会计等专门机关、社会公众以及捐赠人的监督（第五章）。

保障基金会公信力的另一个主要方面是确立了基金会内部的利益冲突原则，主要表现在：限制在基金会领取报酬的理事数量，并规定监事和未在基金会担任专职工作的理事不得从基金会获取报酬，以避免基金会决策者通过高报酬为自己牟利（第二十条）；理事、理事的近亲属和基金会财会人员不得兼任监事（第二十条）；基金会理事长、副理事长和秘书长不得由现职国家工作人员兼任。基金会的法定代表人，不得同时担任其他组织的法定代表人（第二十三条）；基金会理事遇有个人利益与基金会利益关联时，不得参与相关事宜的决策；基金会理事、监事及其近亲属不得与其所在的基金会有任何交易行为（第二十三条）等。

五、登记管理机关和业务主管单位

由登记管理机关和业务主管单位构成的“双重管理体制”是中国民间组织管理的特色。对于“双重管理体制”的争论几乎存在于所有以民间组织为主题的论坛，主张其不再适应中国民间组织管理新形势、不再符合小政府大社会的改革目标、不能体现三个代表重要思想以及不符合以人为本的科学发展观的声音，都可以听到。在条例草案的准备过程中，曾经尝试对私立基金会的设立不适用业务主管单位把关，但最后还是放弃了这种方案。

对于这个问题，我的理解是这样的：双重管理体制本身并没有什么不好，群众历数的双重管理体制的弊端，几乎总是在于业务主管单位管了不该管的事或者不管该管的事。但对这个现象的应对，是如何规范业务主管单位的问题，而不是否定业务主管单位的问题。如果业务主管单位依法履行职责，具有为善的服务意识，而不是通过刁难而寻租，多一个部门为基金会提供服务，岂不更好？条例仍然规定了业务主管单位。我们希望随着依法行政的全面推进，基金会对双重管理体制的抱怨能够越来越少。

根据条例的规定，成立基金会，在办理登记前，必须提交业务主管单位同意设立的文件。业务主管单位和登记管理机关对于基金会的监督管理均负有责任。在这里，有两个问题需要特别说明：

第一，是否可能出现基金会找不到业务主管单位的情况。这是一个可能遇到的现实问题。目前已经有一些声音，声称因找不到业务主管单位而无法成立基金会。这是因为，以往设立基金会，设立主体主要是政府的部门、政府部门支持的力量或者依靠政府部门的力量。随着私营经济的发展和不断壮大，越来越多的社会力量积极投身社会公益事业，设立基金会的主体和资金日益多元。与此同时，随着政府职能的转变和政府机构改革的不断深化，越来越多的领域没有专门的政府机构进行管理，使基金会找“婆婆”难度加大。此外，政府部门在精简、统一、效能的原则下，不愿意参与基金会的管理、不愿意充当业务主管单位的现象也时有发生。

对于这个问题，在条例制定的过程中是有所考虑的。有些专家、学者和基金会实务界的同志认为，如果出现基金会找不到业务主管单位的情况，不应当因此限制基金会的成立，作为登记管理机关的民政部门应当为这些基金会确定业务主管单位。在法律、行政法规没有明确规定哪些部门作为哪类基金会的业务主管单位场合，如果有部门拒绝担当基金会的业务主管单位，不会因此而承担任何责任。在此情况下，民政部门作为登记管理机关，应当有责任为基金会找一个合适的业务主管单位。还有一种观点认为，民政部门肩负审批和登记基金会的双重职责（人民银行以往承担的审批基金会的职责已经在 1999 年之后移交给民政部门），又是负责社会公益的重要职能部门，应当担当起业务主管单位和登记管理机关的双重职责。如果有基金会找不到业务主管单位，民政部门就应当勇挑业务主管部门的重担，否则就使得发起人成立基金会的愿望落空，不利于社会力量参与社会公益事业。对于这个问题，我们认为会在今后的基金会管理实践中，逐渐摸索出一条符合现时实际情况的方法。

第二，如何确定业务主管单位和登记管理机关的管理重点。条例规定了登记管理机关和业务主管单位的登记和监管职责，但并没有突出两者的不同侧重。我认为对基金会这种民间组织，业务主管单位重点应监督基金会是否在特定公益目的和业务范围内执行了国家的法律和相关政策，比如：教育类的基金会是否符合国家的办学方针，环保类的基金会是否符合国家的环境保护规范和政策等；而登记管理机关的监管则重点在于保障基金会的公益性质，符合非营利性法人的运作规范。

六、基金会的公益支出和运作成本

保障基金会的公益性，一个非常重要的方面是监督和制约基金会如何花钱。因此，通过制度制约基金会“敛钱”、“不花钱”或者“乱花钱”是起草条例研究的重点。条例采取的主要措施，是确立基金会年公益支出的最低比例和运作成本的最高比例，第二十九条规定：“公募基金会每年用于从事章程规定的公益事业支出，不得低于上一年总收入的70%；非公募基金会每年用于从事章程规定的公益事业支出，不得低于上一年基金余额的8%。基金会工作人员工资福利和行政办公支出不得超过当年总支出的10%。”对这三个比例数，进行了三年多的论证，听取了一切可以听到的意见。在这里，有必要对三个问题进行必要的介绍：

第一，确定公益支出最低比例的背景。对基金会等公益组织确定公益支出的最低比例（MAE），在亚太地区比较流行。确立MAE的理由和政策基础是基金会等公益组织利用社会资源、享受国家税收优惠、以社会公益为己任，因此应当为社会作贡献。否则，似有用公器谋私利之嫌。对MAE的具体比例确定，各国的作法不尽相同，但主要考虑几个因素的平衡：要满足社会公众对基金会公益性的合理期待；不要因此限制了基金会的能力和发展；充分考虑不同基金会的差别。

美国要求私立基金会（类似我们的非公募基金会）的MAE，不得低于上一年基金余额的5%，否则将会丧失免税资格。据说最近美国国会对于5%正在进行激烈争论，有人主张将这个比例提高3倍，说是实在看不惯基金会的理事们满世界飞来飞去、阔论清谈。美国法律对公共基金会及其他公共慈善机构没有最低公益支出要求。因为美国人相信社会的公信是公共基金会生命力的保障，公共基金会不可能在失去社会信赖的条件下生存，即使法律不规定强制性的标准，公共基金会也会尽力提高资金的公益使用效率，以赢得更加广泛的社会支持。然而，尽管法律不作强制性要求，公共基金会的行业组织一般也都有推荐性的自律标准，以作为评价基金会资金运用效益的参照。

亚洲一些国家和地区，如韩国、我国台湾地区等，一般将基金会上一年的收入作为基数来确定 MAE，比例多在 60%～70%左右。在执行周期上，一般按照四年一个检验周期，这样可以使得标准的执行更灵活，让硬标准软适应。

在条例起草过程中，我们曾经对几十个全国性基金会的支出比例进行了测算，结果发现由于缺乏统一的要求和统一的会计制度，测算的结果对确定 MAE 比例并无帮助。目前条例规定的比例主要是在参照国外相关标准的基础上，充分听取国内基金会实践者、管理者和学者的意见后确定的。

为了保障公益支出比例得到执行，条例在法律责任中规定了撤销登记、责令补交违法行为存续期间享受的税收优惠等处罚（第四十二条）。应当说，在条例中确立 MAE 标准，是我国基金会管理的一种新尝试，这项制度的运作还需要在实践的磨合中不断积累经验。

第二，公益支出的基本构成。公益支出包括基金会从事公益事业的所有支出，包括：公益资助项目的费用、执行项目的成本以及基金会组织募捐的费用。不包括基金会专职工作人员的工资福利、基金会日常办公的行政开支。在实际的运作过程中，有些费用，如人力资源费用以及差旅费用等，到底属于什么性质的开支，需要根据实际的情况来确定，不好一概而论。目前，国务院财政部门正在制定适用于基金会的统一财务会计标准，对相关开支应当有更加具体的规定。作为基金会登记管理机关的民政部门，在对基金会年度报告进行审查的过程中，也需要结合基金会开展公益资助活动的具体情况，审查基金会财务报告中的各项开支，以便掌握基金会是否遵守了公益支出比例的要求。

第三，规定运作成本最高比例的意义。基金会以民间资本和社会管理从事社会公益，不是养老之所，不是休闲之处；基金会是非营利性法人，具有较强的慈善意识和志愿精神，工作人员工资福利如果高于其他两个部门的收入，民众在心理上会难以接受。条例要求基金会工作人员工资福利和行政办公支出不得超过当年总支出的10%，旨在提高基金会资金效益，促使基金会精简机构和人员，提高办事效率。这是针对目前有些基金会只养人不办事的情况而作出的。在条例草案的论证过程中，专家学者和基金会实务界的人士对设立这个标准存在不少不同意见，认为基金会情况差别很大，整齐划一地规定这样的比例过于僵硬，实践中会导致基金会的欺骗行为。

应当说，对于运作成本，基金会并不是不算帐，社会也不是不关注，政府也不能不在乎。国外民间组织的自律组织和评估机构发达，社会监督机制完善，对基金会的低成本运作形成了有效的保障。中国的情况不同，监管的职责仍然是政府主导，因此确立一个哪怕只具有象征意义的标准，提醒基金会不要越线行驶，也具有积极的意义。而这个标准的明确，对基金会会有牛虻效应，对公众则能提高监督意识，提供监督参照标准。

七、税收政策和会计监督

万物生长需要雨露和阳光，基金会的健康发展也不例外。基金会的雨露主要是指国家提供的税收政策方面的支持。可以说，离开税收政策的支持，基金会的蓬勃发展很难想象。基金会的阳光主要是指基金会在公开、透明、负责的状态下运作，这个方面我们在关于基金会公信力的部分已经提到，这里侧重对会计准则的论述。

对基金会及其捐助人实行税收优惠政策是各国基金会管理的普遍通则，减税、免税措施构成基金会和其他慈善组织发展的重要政策环境。条例对基金会税收政策问题，只作了原则规定："基金会及其捐赠人、受益人依照法律、行政法规的规定享受税收优惠”。所以这样规定，出于两个方面的考虑：第一，根据国务院关于非单行税收行政法规中不规定税收问题的精神，条例对于具体税收优惠措施不作规定，免税或者减税优惠的比例等具体措施可通过单独制定专门行政法规解决，目前国家税务总局正在进行研究酝酿。第二，条例明确规定基金会及其捐赠人、受益人依照法律、行政法规的规定直接享受税收优惠，而无须通过有关部门的特批后才能享受，以条例“批发”税收优惠政策，杜绝部门“零售”。

条例在明确税收优惠政策的同时，也强化了对基金会的税务监管。主要表现在：明确要求基金会进行税务登记（第十四条）；要求基金会接受税务主管部门依法实施的税务监督（第十四条）；税务机关可以依法责令基金会补交违法行为存续期间所享受的税收减免（第四十二条）等。

会计准则是基金会健康运行的基本规则之一，也是对基金会进行审计依据和标准。即使在美国、英国这样管理相对宽松的国家，对于基金会等非营利性组织的会计规则也有强制性的标准。因此，在我国建立符合基金会特点的专门会计规则十分必要和迫切。鉴于国务院财政部门正在抓紧制定非营利组织会计制度，条例对基金会的会计制度原则规定为：基金会应当执行国家统一的会计制度，依法进行会计核算、建立健全内部会计监督制度（第三十二条）。与此同时，条例还在不同条款中，强化了对基金会会计制度的要求，主要有：要求基金会章程规定基金会财务会计报告的编制、审定制度的内容（第十条）；规定监事依照章程规定的程序检查基金会财务和会计资料（第二十二条）；规定基金会年度工作报告应当包括财务会计报告和注册会计师审计报告（第三十六条）；规定基金会应当接受会计主管部门依法实施的会计监督，在换届和更换法定代表人之前，应当进行财务审计（第三十七条）以及基金会在填制会计凭证、登记会计账簿、编制财务会计报告中弄虚作假所应当承担的法律责任

（第四十二条）。

八、对涉外基金会的管理

允许境外人士在中国内地设立基金会，允许境外基金会在中国内地设立代表机构，是我国基金会管理政策的一个重要突破。加入世界贸易组织后，涉外民间组织更加活跃，依法加强对涉外民间组织的登记管理，是贯彻依法治国方略、扩大对外开放、维护社会稳定亟待解决的问题。为了适应涉外民间组织管理的新形势，国务院确定了将涉外民间组织纳入国内民间组织管理法律框架依法进行管理的原则，条例贯彻了这一精神。

条例对涉外基金会的管理，主要有以下一些规定：

第一，允许外国民事主体在中国内地依照中国法律成立基金会，但必须满足如下几个条件：必须满足条例规定的设立基金会的条件和程序（第八条、第九条）；非内地居民担任法定代表人的基金会，也就是境外人士担任理事长的基金会，只能在国务院民政部门登记（第六条）；境外人士不得担任公募基金会和原始基金来自中国内地的非公募基金会的法定代表人（第二十三条）；担任基金会理事长、副理事长或者秘书长的境外人士每年在中国内地居留时间不得少于3个月（第二十四条）。

第二，允许境外基金会在中国内地设立代表机构，但必须遵守以下要求：满足条例规定的设立条件和程序（第十三条）；境外基金会代表机构应当从事符合中国公益事业性质的公益活动，境外基金会对其在中国内地代表机构的民事行为，依照中国法律承担民事责任（第十三条）；境外基金会代表机构必须依法办理税务登记（第十四条）；境外基金会代表机构不得在中国境内组织募捐、接受捐赠（第二十五条）；境外基金会代表机构负责人每年在中国内地居留时间不得少于3个月（第二十四条）。

允许涉外基金会在中国内地开展符合中国公益事业性质的活动，体现了国际惯例；加强对涉外基金会在华活动的管理，体现了主权原则。这些规定和措施有利于摆脱以往涉外民间组织管理的被动局面，有利于有效利用国际民间组织的管理资源和实际经验，也有利于我国的民间组织积极参与全球化的进程。

《基金会管理条例》经国务院第三十八次常务会议通过，温家宝总理在“三八节”签发，自 6 月 1 日起施行。这些偶然的数字巧合，更增添了条例温润、祥和的气质。我们不能说这是一部完美的行政法规，但不妨这样中肯地评价：虽然不是最好，显然就是答案。

（作者为国务院法制办政法司处长）

浅谈基金会财产的特殊属性

刘忠祥

这个问题可以换一个题目来讲，就是：基金会财产属于谁？提出这个问题，似乎有些唐突。一般的回答是，基金会的财产当然属于基金会。其依据是有关法律法规的相关规定，如：《物权法》第三十九条规定："所有权人对自己的不动产或者动产，依法享有占有、使用、收益和处分的权利"；《基金会管理条例》规定，"基金会的财产及其他收入受法律保护，任何单位和个人不得私分、侵占、挪用"。

但如果我们仔细分析，事情似乎不那么简单。问题是基金会的财产都来源于捐赠和捐赠的增值。《公益事业捐赠法》规定："捐赠财产的使用应当尊重捐赠人的意愿，符合公益目的，不得将捐赠财产挪作他用；受赠人与捐赠人订立了捐赠协议的，应当按照协议约定的用途使用捐赠财产，不得擅自改变捐赠财产的用途。如果确需改变用途的，应当征得捐赠人的同意。"《基金会管理条例》也规定："捐赠协议明确了具体使用方式的捐赠，根据捐赠协议的约定使用"；"基金会违反捐赠协议使用捐赠财产的，捐赠人有权要求基金会遵守捐赠协议或者向人民法院申请撤销捐赠行为、解除捐赠协议"。基金会财产的所有权可能是不完全所有权，有的基金会所有权的四项权能（占有权、使用权、收益权、处分权）中的使用权和处分权是有限定的，要在章程规定的宗旨和业务范围内，根据捐赠人的意愿使用和处分捐赠财产。

虽然基金会对其财产拥有不完全的所有权或者说受限制的所有权，根据“一物一权”的原则，基金会的财产不能同时拥有两个以上的所有者，也不构成基金会和捐赠者的共有，且根据《公益事业捐赠法》，捐资者一经将财产捐出，便失去了对捐赠财产的所有权，即便基金会不经捐赠者的同意而改变捐赠财产的性质和用途的，捐赠者也不能要求将捐赠财产返回捐赠者，而是由县级以上人民政府有关部门责令基金会改正，给与警告。拒不改正的，经征求捐赠人的意见，由县级以上人民政府将捐赠财产交由与其宗旨相似的其他公益性社会组织。《基金会管理条例》还规定可以向人民法院申请撤销捐赠行为、解除捐赠协议。所以在不发生上述情况下，应当认定基金会是其财产的唯一所有者，虽然其所有权受到一定的限制。

那么，基金会的财产是何种属性呢？是国家所有、集体所有还是私人所有？

《物权法》只规定了国家、集体和私人三种所有权形式。首先应当明确的是，基金会的财产绝不是私人所有，即便是个人或私营企业独自捐赠设立并运行的非公募基金会，其财产也不属于捐赠者个人或企业；基金会的财产是个人或组织捐赠出来的，不属于国家所有，即便是国有企业捐赠出来的资产，因为是公益捐赠，也不属于国家所有了；如果说基金会的财产属于集体所有，法理上和道理上讲不通，因为在这里集体指代不明确，是基金会的理事会，还是基金会的工作人员？显然都不是。

基金会的公益性质和财产来源决定了在国家、集体和私人三种所有制形式之中找不到自己的归属，但它应落在地上，不能永远漂浮在空中。

据报道，全国人大常委会在审议《物权法》过程中，有些常委会委员提出，只规定国家、集体和私人的物权，不能包括公益性基金会等其他权利人的物权，应做出补充规定。现在还没有见到相应的补充规定。

细究起来，基金会财产应是社会财产，属社会所有，基金会代表社会行使所有权。

基金会设立的唯一目的是公益，受益对象是符合其章程规定业务范围条件的不特定的组织或个人，受益对象具有广泛的社会性；基金会的财产来源于特定或不特定人群的捐赠，也具有广泛的社会性；基金会要加强自律，同时要接受政府、捐赠人以及社会各方面的监督，基金会的一切活动都应向社会公开，以成为公开、透明的社会组织；基金会完成章程规定的宗旨或无法完成章程规定宗旨，或因为其他原因申请注销的，其剩余财产应转给宗旨与其相近的社会上的其他公益组织。上述一切决定了基金会财产的社会性。

《物权法》没有规定社会的物权概念，但第四条规定“国家、集体、私人的物权和其他权利人的物权受法律保护，任何单位和个人不得侵犯。”这里的其他权利人的物权是不是应该包括社会的物权？

1997 年《中华人民共和国刑法》第九十一条“本法所称公共财产，是指下列财产：（一）国有财产；（二）劳动群众集体所有的财产；（三）用于扶贫和其他公益事业的社会捐助或者专项基金的财产。在国家机关、国有公司、企业、集体企业和人民团体管理、使用或者运输中的私人财产，以公共财产论。

还有一个根据是早在 1999 年 9 月 1 日开始实施的《公益事业捐赠法》，其中确认“公益性社会团体受赠的财产及其增值为社会公共财产，受国家法律保护，任何单位和个人不得侵占、挪用和毁损”。

确认基金会的财产的社会性具有重要的意义。它表明基金会的财产不属于国家所有，国家不能无偿地调拨和征用；基金会的财产不属于基金会理事会成员或其工作人员，理事会成员只是代行社会管理基金会的财产，工作人员是基金会的雇员，从基金会领取应得的工资和福利；基金会的财产不属于捐赠者，其捐赠的财产从捐赠发生之日起所有权就已发生转移。上述组织和人员都不得侵占、挪用和毁损基金会的财产。

（作者为民政部民间组织管理局副局长）

建设与管理并重，促进首都基金会健康发展

于清源

一、蓬勃发展的首都基金会

（一）基金会的基本情况

北京市的第一个基金会成立于 1981 年 5 月。2004 年 6 月 1 日《基金会管理条例》实施后，北京市基金会有了较大发展。至本月，全市基金会已从《条例》实施时的 44 个增长到 121 个，遍及教育、慈善、扶贫、救灾、医疗、卫生、科技、文化、艺术、环保、社科

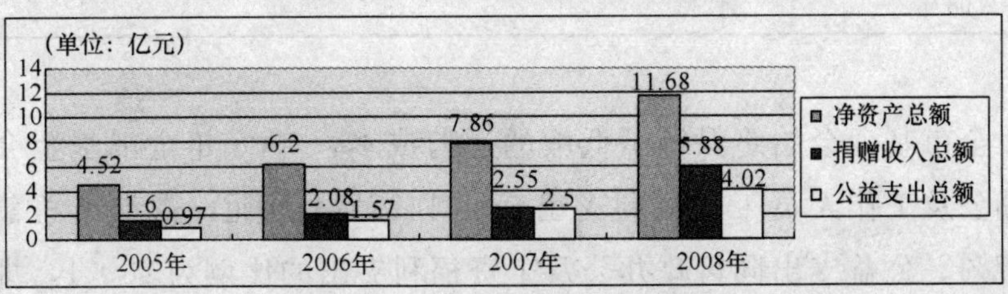

基金会主要经济指标增长趋势

等公益领域，在参与社会建设、促进社会和谐方面起着越来越重要的作用。

在数量显著增长的同时，我市基金会资金实力、筹资能力、公益活动能力、规范化程度均节节攀升。全市基金会净资产总额已从2005年的4.52亿元提升至2008年的11.68亿元；基金会年度捐赠收入总额从2005年的1.6亿元，提升至2008年的5.88亿元；年度公益支出总额从2005年的0.97亿元，提升至2008年的4.02亿元。

2008年全市基金会的年平均捐赠收入与年平均公益支出，较2005年时增幅均接近一倍。

基金会数量变化图

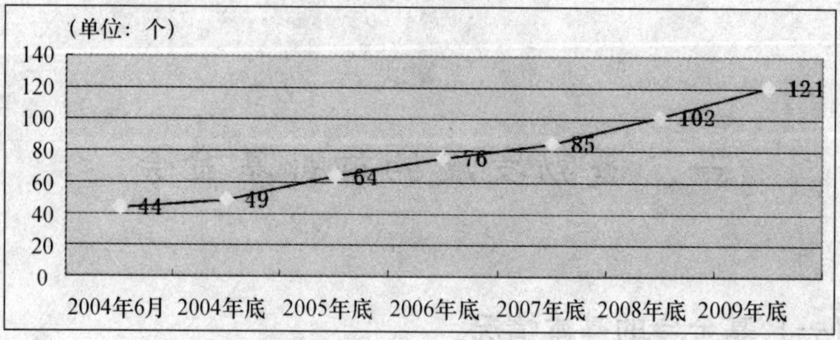

基金会年平均经济指标对比 （单位：万元）

年份	平均净资产	平均捐赠收入	平均公益支出
2005年	1026	363	220
2006年	1016	341	257
2007年	1091	353	347
2008年	1242	625	427

全市基金会始终保持了低廉的运营成本，2008年全市基金会行政办公及工作人员工资福利支出合计1431.14万元，占支出总额的3.37%。公益支出同行政办公及工资福利支出的比例为28∶1，即基金会每28元公益支出仅需1元运营成本。

（二）基金会发挥的重要作用

1. 广泛开展针对老弱病残等弱势群体的帮扶活动。北京市很大一部分基金会都是以扶贫济困、慈善救助为主要业务范围的。北京光华慈善基金会等基金会为下岗失业人员、农村进城务工人员、贫困学生、劳教人员、退伍军人、残疾人士等提供创业培训，并为他们提供创业资金，助他们走上自食其力的道路。

2. 促进教育事业发展，积极推动教育公平的实现。北京市美疆助学基金会在新疆、西藏、青海设立公益项目，先后资助10000多名辍学的维、藏学生走进学堂。他们设立的“早餐工程”项目使3000多名少数民族贫困学生吃上了早餐。

3. 推动医学事业发展和提高公众健康水平。北京苹果慈善基金会在西藏阿里地区开展的“苹果阿里赤脚医生工程”，共为阿里地区捐赠价值745万元的药品，培训村医261人、接生员141人。

4. 开展各类文化公益活动。由北京国际音乐节艺术基金会资助的一年一度的北京国际音乐节，已成为首都的一张知名文化名片。

5. 促进科技发展，提高市民科学素质。北京市青少年科学基金会每年都会举办十几场“科学名家讲座”，并通过野外科学考察、与国外进行科学交流、科技夏令营等活动向青少年宣传科学知识，培养青少年的科技意识。

6. 传播环保理念，建设生态文明。为了防治北京地区的沙尘灾害，北京绿化基金会从2001年开始启动了“治多伦一亩沙地，还北京一片蓝天”大型公益活动。七年来，在离北京最近的浑善达克沙地飞播种草8万亩，造林2.5万亩。

7. 积极服务北京奥运。首都文明工程基金会参与举办的“2008奥运景观雕塑国际巡展”，从2433件应征方案中选出290件优秀方案，在30多个中外城市进行巡展，展品移动超过14万公里，赢得现场观众数千万人次、媒体观众数亿人次。

8. 大灾面前伸援手，踊跃投身汶川大地震抗震救灾。北京市仁爱慈善基金会在震后第三天便为灾区送去了第一批救灾物资。震后一个半月，基金会便为绵竹市 8 所小学和 7 所幼儿园捐建了 133 间临时校舍，折合教室面积 8540 平方米，万余名师生受益。

二、促进基金会发展的主要举措

（一）着力扶持非公募基金会发展

北京市一方面对公募与非公募两类基金会的设立与发展都给予了积极支持，另一方面重点扶持非公募基金会，形成了比较合理的发展格局。《基金会管理条例》实施以来登记的 79 个基金会中，超过 85％为非公募基金会，目前全市基金会中超过 3/4 为非公募基金会。

公募基金会/非公募基金会数量对比图

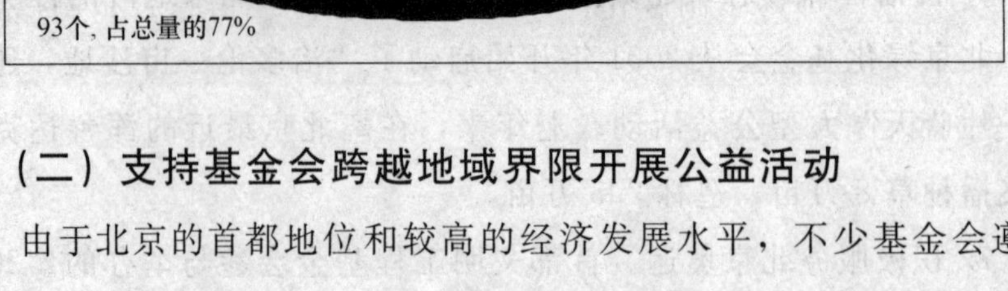

（二）支持基金会跨越地域界限开展公益活动

由于北京的首都地位和较高的经济发展水平，不少基金会遵循慈善无区域界限的理念，对北京以外的边远地区、贫困地区开展资助活动，这也是我市基金会较其他省市最为与众不同的一大特点。据统计，2008 年中北京市有超过四成基金会针对北京以外地区开展公益活动。

（三）开展基金会评估工作

根据《民政部关于推进民间组织评估工作的指导意见》（民发〔2007〕127号）的要求，开展了对社会组织的评估工作，并于2008年中率先在公募基金会中进行试点。在三个多月中，经过了宣传动员、基金会自评、实地考察、评估小组评议、评估委员会审核、评估结果公示等几个主要阶段，最终有17个基金会分获2A级至5A级的评估等级。

（四）解决困扰基金会多年的公益性捐赠税前扣除难题

2008年底财政部、国家税务总局、民政部下发的《关于公益救济性捐赠税前扣除有关问题的通知》（财税〔2008〕160号），为解决这基金会公益捐赠税前扣除问题提供了政策依据。民政部门积极协调财政、税务部门，形成部门联动，对上述文件进行了转发，并于2009年5月7日公布了80个基金会公益性捐赠税前扣除资格名单，在全国较早地解决了多年来困扰基金会发展的税收难题。

（五）日常管理逐步制度化

注重通过建立和完善有关制度，加强对基金会日常工作的监督管理，日常管理逐步制度化：一是建立了基金会信息公布制度；二是建立了基金会的章程核准制度；三是建立了基金会理事、监事和负责人变动备案制度；四是加强了对基金会分支机构的管理；五是加强基金会涉外活动管理，建立了基金会涉外活动报告制度；六是建立和完善内部控制信息库，把好基金会的政治关。

（六）支持基金会通过多种渠道拓宽资金来源

通过与市工商部门协调，解决了基金会投资办经济实体的问题，扩大了基金会资金增值保值的渠道。目前已有多个基金会投资开办了公司，取得了一定收益，一定程度上弥补了公益资金的不足。

（七）为基金会搭建交流平台

通过组织研讨会、座谈会、培训班、外出考察等多种形式，为基金会搭建起沟通交流的平台。

三、对基金会下一步的培育措施

（一）探索建立基金会直接登记模式

取消设立基金会时的业务主管单位前置性审批，为基金会的设立登记开辟绿色通道。由民政部门承担起基金会登记管理机关与业务主管单位的双重职责，由政府相关部门对基金会的具体业务活动进行指导。

（二）强化基金会年检的功能

增加年检的内容与方式，多角度掌握基金会的各方面情况，同时突出强调年检的服务功能。将年检结果与政府扶持政策、购买服务项目以及税收优惠、评优奖先、评估等级进行挂钩，形成良性循环。

（三）对基金会公益项目进行计划性实施管理

建立登记管理机关统一发布基金会公益项目的体制，完善计划性运作、契约式管理，在公益项目酝酿、启动、实施、完成的各环节设置关键点，实时掌握项目的进展情况，协助解决基金会开展项目中遇到的困难。

（四）发起成立基金会联合会

发起成立北京基金会联合会，通过联合会体制，加强基金会间交流，整合全市公益资源，维护基金会合法权益，加大基金会培训力度，开展基金会诚信自律建设。

（五）创新培训机制，为基金会提供人才支持

加强对基金会工作人员的培训，每月确定一天为“基金会培训日”，每半年举办一期“新成立基金会工作人员培训班”，建立“基金会专职工作人员培训点”。

（作者为北京市社团管理办公室副主任）

支持民间公益，推动社会创新

——南都公益基金会的使命与机构运作

刘洲鸿

长期以来，中国基金会都带有很强的“官办”色彩，只有政府或其授权部门才有设立基金会的可能，个人或者企业想成立基金会往往会因为制度的缺位而无法如愿以偿。2004 年《基金会管理条例》的颁布为企业和企业家回报社会、实现企业社会责任和参与公共事务提供了渠道，即允许个人和企业出资成立非公募基金会。至 2008 年底，中国基金会数量为 1597 个，其中非公募基金会为 643 个，占到总量的 40.2%，估计在不久的将来，非公募基金会的数量将会超过公募基金会的数量。

非公募基金会的崛起，在民间公益组织发展中具有里程碑意义。简单来说：一是突破了民间组织登记难的制度瓶颈；二是改变了公益资源配置的结构，使草根组织获取本土资源有了可能性；三是能真正建立以理事会为核心的治理结构，增强非营利组织的公信力；四是有条件吸引专业人才，改变非营利组织人力资源匮乏的局面。

非公募基金会为推动公益事业的发展发挥了重要作用。尤其是 2008 年“5·12”四川汶川大地震发生后，中国非公募基金会表现出反应迅速、勇于担当、援助独到、以少博多、项目多元、匠心独具等特征，可圈可点。

南都公益基金会是一家非公募基金会，2007 年 5 月经民政部批准成立。原始基金 1 亿元人民币，由上海南都集团有限公司的股东捐赠。公司每年还将给基金会继续捐赠不低于 1000 万元。

本文试以南都基金会为例，向各位简要介绍非公募基金会的使命、运行模式、治理、经验及面临的挑战。

一、南都公益基金会的使命

南都基金会以支持民间公益为使命，关注转型期的中国社会问题，资助优秀公益项目，推动民间组织的社会创新，促进社会平等和谐。

二、南都公益基金会的运行模式

（一）资助型定位

长期以来，中国草根组织很难获得本土资源，主要依赖境外资金。南都基金会成立伊始，就定位为资助型基金会，专门资助公益组织开展公益项目，发挥公益服务机构的专业优势，解决他们资源困境，而不是自我运作项目。2007 年南都基金会评审出了首批资助项目，其中有一个受助机构成立已满 18 年，但是南都基金会资助的 8 万元是该机构获得的国内第一笔捐款。

（二）公开招标、多级评审、认真监测与评估

南都基金会采取招标的方式，面向社会公开征集公益项目，所

有公益机构都可以通过南都基金会信息管理系统提交项目申请。

基金会秘书处对项目进行初审，通过初评的项目由专家评审委员会进行中评，最后由理事会进行终审。项目监测包括秘书处的日常管理、根据项目进度安排对项目进行检查，拨付项目资金（一般按6∶3∶1的比例分三次拨付）。

项目完成后，除了项目执行机构提交评估报告外，基金会也会对项目进行评估，基金会还将邀请大学及研究机构对项目进行独立的第三方评估。

（三）研发公益品牌，实施品牌战略，进行社会倡导，影响政府决策，达成机构使命

新公民计划是南都基金会的主要项目，关注中国城市化过程中农民工子女的教育问题。目前中国有2000多万的农民工子女随父母进城，成为流动儿童。流动儿童进入城市，面临上学难和融入城市难的问题。其余约有6000多万的农民工子女，由于进城读书难，留在家乡，与父母骨肉分离，成为留守儿童。新公民学校是新公民计划的核心，以公益创投的方式，捐建民办公益的农民工子弟学校，探索政府与市场之外农民工子女教育的第三条道路。民政部李学举部长对新公民计划给予很高的评价，认为“新公民计划的意义不亚于希望工程”。2008年，新公民计划荣获“中华慈善奖——最具影响力慈善公益项目”奖。

公益组织孵化器项目，为公益新人和初创型公益组织提供办公设备、场地、智力支持，并为孵化机构项目人员提供一定的经费补贴。此项目的执行提升了公益组织的数量和质量，对于发展公益事业具有创新意义。

此外，我们还举行公益项目交流展示会，旨在解决资助机构与公益服务组织信息不对称的问题，促进了资源的对接；南都基金会关于推动灾区专业社工机构发展的政策建议，还得到了温家宝总理

和回良玉副总理的批示，民政部也发出《关于促进民办社会工作机构发展的通知》，推动了政府对于专业社工机构在注册、政府购买服务方面的支持。

三、南都公益基金会的经验

作为资助型基金会，南都基金会已支持了200多家公益机构近300个公益项目，从2007年5月至2009年底总支出资金4000多万元，取得了很好的效果，得到各方的好评。

在基金会运作方面，我们有以下几点经验与大家分享：

（一）理事会与秘书处的充分沟通是基金会有效治理的前提

理事会是基金会的最高决策机构，具有绝对的决策权。秘书处是基金会的执行机构。基金会的决策层与执行层之间的沟通、理解和信任是非常重要的，执行层和决策层之间必须有高度的共识，才能够保证机构治理的有效性。以温州新公民学校的审批为例，从2008年11月秘书处开始与温州方面洽谈，到2009年7月理事会审批，历时9个月。期间秘书处曾先后四次赴温州洽谈，包括理事长在内的11名理事有4名理事2次赴温州实地考察；秘书处于2009年3月第一次向理事会提交的审批报告被否决，根据理事会意见，秘书处重新进行了大的调整，最终才于7月得以通过。事实证明，理事会积极参与项目考察，严格审议，审慎决策，对于秘书处工作具有重要的帮助和指导作用。

（二）采取公开招标的方式，保证公益项目质量和公益资金使用效率

南都基金会采取公开招标的方式，决定资助项目。招标项目须

经过秘书处、专家评审委员会和理事会三级评审，严格筛选，宁缺毋滥，保证资金使用的公正、透明和高效率。南都公益基金会的一般公益项目（资助资金在5万至20万之间）通过评审的比例只有1/5。

（三）通过资助公益组织的软性成本，推动公益组织和公益事业发展

与很多资助机构“见物不见人”、“重硬件轻软件”不同，南都基金会以支持民间组织的人力支出、行政经费和服务费用为主。中国人民大学非营利组织研究中心对南都基金会“5·12”四川汶川大地震灾后重建项目的评估结果表明，南都基金会资助资金使用效益很高，起到了四两拨千斤的作用，对于灾后重建和促进民间组织的发展都发挥了很大的作用。“5·12”地震后，南都基金会曾支持四川南部县乡村发展协会5万元工作经费，南部县乡村发展协会利用这5万元筹集了500多万的救灾物资。

（四）通过公益创投，撬动更多的社会和政府资源参与公益事业

新公民学校是南都基金会的核心项目。新公民学校的建设带有公益创投的概念，南都基金会对于每所学校投入200万的种子基金，每创立一所学校，相当于建立了一个教育NGO。学校的经费由政府补贴、社会捐助和家庭分担三部分组成。以温州新公民学校为例，政府承担学校经费的1/3，学校面向社会动员资源，不足部分再向学生收取一定的费用。学校的目标是争取通过动员社会资源，免收学生费用。银川新公民学校，南都基金会捐赠200万元，宁夏各级政府投入了2000多万元，无偿提供50多亩土地，并将参照公办学校标准为学校提供经费。新公民学校以公益创投的模式，撬动了政府和社会更多的公益资源进入农民工子女教育领域。

四、中国基金会发展面临的挑战

近年来，民政部通过年度检查、基金会评估等方法，规范了基金会的管理，促进了基金会能力的提高。民政部还组织了一系列的培训和基金会之间经验交流，推动行业的发展。

然而，我们也看到，非公募基金会发展仍然存在内、外两方面的问题，需要民政部给予更多的支持和帮助。

从内部看，基金会还存在使命不清晰、独立性不足、专业性不强、人力资源匮乏、透明度不高等问题。尤其是基金会的信息公开与透明度，广为政府和社会关注。

为了推动基金会的信息公开、透明与行业自律，目前南都基金会正联合一批公募基金会和非公募基金会，筹建中国基金会中心。基金会中心的核心业务是促进基金会信息的公开与披露，同时为基金会的发展提供培训和服务，使基金会中心成为自律、自治、自我规范与自我服务的平台。

从外部看，主要是税收制度的制约，包括：

1. 投资等营利性收入纳税的政策问题

根据中国的有关规定，基金会的投资等营利性收入需要交纳企业所得税（税率25%）；投资等营利性收入的利息也需要纳税。2007年，南都基金会缴纳了近200万企业所得税。

对于以自有资产的投资增值为主要支出来源的非公募基金会来说，由于其每年必须的公益支出已经占投资收入的8%以上，如果同时交纳企业所得税，将极大地影响非公募基金会的可持续发展。在当前中国投资环境并不理想的情况下，如果没有新的捐款的投入，意味着非公募基金会面临着不断萎缩乃至消亡的命运。

同时，由于企业本身捐赠免税额比例已提高到应纳税所得额的

12%，基金会投资收入纳税，将抑制企业捐资成立大型基金会的积极性，阻碍中国大基金会的产生。

2. 免税资格问题——“工作人员平均工资薪金水平不得超过上年度税务登记所在地人均工资水平的两倍”

中国非营利组织获得免税资格的条件之一为：“工作人员平均工资薪金水平不得超过上年度税务登记所在地人均工资水平的两倍。”

该规定主要目的是防止非营利组织通过高工资变相分配公益财产，然而《基金会管理条例》已就基金会的人员费用和行政开支作出了严格规定，即不得超过基金会每年公益支出的10%，完全可以达到这个目的。目前，非营利组织行业整体待遇偏低，非公募基金会工资待遇稍好，吸引了一些优秀人才，参与公益事业，促进整个行业的发展，但是非公募基金会的福利很低，发展前景并不是很乐观。如果“工作人员平均工资薪金水平不得超过上年度税务登记所在地人均工资水平的两倍”作为非公募基金会的免税资格之一，将导致基金会无法招募优秀人才，影响整个行业的发展。

尽管面临着很多的问题和挑战，但是我们对中国基金会未来发展很有信心。我们相信，随着中国政府对基金会支持政策尤其是税收优惠政策的不断完善，随着中国经济的发展，民间资本的增加，越来越多的企业和企业家会建立自己的基金会，中国的基金会也一定能不断壮大，在推动社会进步方面发挥更大的作用。

（作者为南都公益基金会副秘书长）

中国扶贫基金会的探索与实践

华　克

一、概况

中国扶贫基金会成立于1989年3月，经过20年的发展，已经成为拥有5亿多元总资产，年均筹资额超过3亿元，年均受益人口50多万的全国性大型公益组织。截至2009年底，中国扶贫基金会共筹措并投入扶贫资金和物资30多亿元，累计实施扶贫项目200余项，受益贫困人口超过920万，并于2007年被民政部评为5A级基金会。

（一）宗旨

搭建贫富互动平台、传递慈善爱心；

促进社会第三次（志愿）分配，实现共同富裕；

动员社会参与，创新扶贫方式；

催生社会问责，促进公民社会发育；

促进社会平等、公正，实现社会和谐。

（二）使命

遵循善心、播善扶贫、修炼自身、成就他人。

（三）信念

经营慈善、笃信管理、方法制胜、职业精神。

（四）核心理念

志愿、利他、务实、创新。

（五）战略

客户——服务于捐赠人（公众客户加定向服务客户），为天使找到落脚的地方；

产品——满足捐赠者需求的慈善品牌及为捐赠者的慈善需求提供支持服务；

市场——植根国内并逐步向国际化发展，以满足中国发展进程中国际社会对中国国际角色的期待；

核心技术——以经营慈善为核心的现代化管理平台。

（六）会徽的含义

会徽图案由一双捧着的手（灰色）和一颗心组成。心由绿色较长的飘带（右侧）和暗红色较短的飘带（左侧）合成。双手代表着奉献和给予；心型喻示着美好和爱。

明喻：伸出一双援助之手，奉上一颗仁爱之心。

暗喻：一个强者群体（绿色长丝带，代表东部较发达地区）对一个弱势群体（暗红色短丝带，代表西部欠发达地区）的真诚帮助，通过中国扶贫基金会（手）的传递，构筑彩色的爱心和善心，促成社会的和谐与文明。

（七）主要业绩

历年筹资完成情况（万元）

年份	1999	2000	2001	2002	2003	2004	2005	2006	2007	2008	2009
筹资	3400	2600	5800	6900	10000	11700	18200	24000	27000	66100	60900

历年受益人口（万人）

年份	1999	2000	2001	2002	2003	2004	2005	2006	2007	2008	2009
受益人	4.92	21.70	33.75	40.00	30.90	45.85	50.00	53.30	62.79	221.7	201.6

（八）机构设置

实行矩阵式的管理结构，由业务部门和公共职能部门组成。

业务部门是中国扶贫基金会的业务核心，承担项目管理、筹集资金、客户服务等任务。

公共职能部门是中国扶贫基金会的管理核心，负担规划、技术指导、服务、协调公共关系等任务。

实行单线指挥和双线评价，管理的交叉点是，项目管理中的技术人员归业务部门领导，其技术能力评价和技术晋升归职能部门。

（九）机构特色

高度重视队伍建设和优良机构文化的涵养；

提倡无私奉献的志愿精神；

强调科学规范的内部管理；

发扬艰苦奋斗的工作作风；

奉行公开透明的财务制度；

遵循严格自律、自觉接受社会监督的原则；

享有国家特批的对我会进行公益救济性捐赠在利润的12%额度内实行免税的政策优惠。

二、发展历程

回顾中国扶贫基金会20年的发展历程，可以用前后两个阶段来概括：第一个十年：艰苦创业、努力探索；第二个十年：继承改革、发展创新。

（一）艰苦创业、努力探索的前十年

20世纪80年代中期，随着大多数中国人温饱问题的解决，政府开始在全国范围内开展了大规模的扶贫工作。然而，仅靠政府的力量扶贫，若要完成在20世纪末基本解决贫困人口温饱问题的目标十分艰巨。为了开辟从民间筹集资金开展扶贫的渠道，经国务院领导批准，并在民政部注册登记，中国扶贫基金会在北京正式成立。

“中国扶贫基金会是一个没有基金的基金会。”这是首任会长项南对中国扶贫基金会初创时期的形象描述。农业部拨给10万元启动资金，基金会就挂牌办公了。

中国扶贫基金会作为一个以扶贫济困为宗旨的基金会，千方百计募集扶贫资金成为当时的首要任务。

项南会长当时刚从福建省委第一书记的职务退下来，凭借着他的工作魄力、聪明才智以及他在海外华侨中间的影响和感召力，基金会的工作迅速、健康地开展起来。此后，广交朋友，加强联络，努力争取海内外各界人士对扶贫事业的理解和支持，成为基金会不断拓宽募资渠道的主要方式。

十年中，扶贫基金会通过召开研讨会、组团出访、邀请回访、

与海内外享有声望的人士交往等多种方式，与海外的 60 多个非政府组织及其驻华机构建立了比较经常的联系。

1994 年，国家颁布了“八七扶贫攻坚计划”。为配合这一计划的实施，中国扶贫基金会于 1994 年 7 月和 1995 年 1 月两次召开扶贫行动大会，向社会发出《大家都来参加扶贫行动》的倡议。

中国扶贫基金会在创始之初的十年中，先后为贫困地区和贫困家庭累计提供资金和物资 6 亿多元，使 160 多万农村贫困人口受益。实施的扶贫项目强调增强农户自力更生能力、自我发展能力，使农户得到一次资助、可以长期受益。当时实施的主要扶贫项目有：东西部干部交流、贫困地区干部培训、新闻扶贫、科技扶贫、教育及医疗设施援建、贫困农户自立工程等。

（二）继承改革、发展创新的后十年

1. 深化改革，体制创新

在新旧世纪交替之际，中国扶贫基金会的发展面临着巨大的机遇和挑战。一方面，政府制订了新世纪前十年扶贫开发纲要，动员社会各界力量参与扶贫；另一方面，中国的非营利组织得到了突飞猛进的发展，募捐市场也逐渐告别了过去的垄断性和半垄断性，竞争日趋激烈。如何继承发扬好的传统和作风，改革机构管理体制，增强机构能力，以适应新的形势变化，是摆在扶贫基金会决策者面前的重大课题。

在 2000 年 1 月 23 日召开的中国扶贫基金会三届理事会第四次会议上，第三任会长王郁昭提出了“继承、改革、发展、创新”的方针，顺应潮流，勇于改革，大胆创新，学习国际先进的非营利机构管理经验，对基金会的管理体制进行了大刀阔斧的改革，逐步使基金会转变成为结构完善、管理顺畅、运行有序、效果显著的国内知名公益机构。

中国扶贫基金会的机构改革，主要做了下列几方面的工作：

（1）取消国家行政事业编制，推行合约化人力资源管理

根据中央组织部、国家人事部《关于加快推进事业单位人事制度改革的规定》，中国扶贫基金会正式向主管部门写报告要求取消原有的国家行政事业编制，改为民间社团编制，建立新的人力资源管理制度，实行全员招聘制和干部竞争上岗制，打破“铁饭碗”。实行全员招聘和竞争上岗后，使员工放开手脚，充分施展个人的才能，为基金会的长远发展献计献策。

（2）建立健全机构制度管理体系

中国扶贫基金会健全规范的法人治理结构，并建立了一系列的规章制度，包括：行政管理制度、人力资源管理开发制度、财务管理制度、项目管理制度、品牌推广与管理制度、文化建设制度等。

机构管理制度的健全，逐步摆脱了人为因素对基金会日常工作和项目管理的干扰，制度代替了批条子和打招呼，使基金会的领导和员工能在一个相对安静、公平竞争、和谐发展的环境中一心一意地做好扶贫项目开发与管理工作，团队精神得到了进一步加强。

（3）推行全面的财务预算管理

慈善事业不仅依靠崇高的道德理念和热情，而且需要很高的操作技巧。因此，树立经营慈善理念，提高慈善经营能力，追求慈善事业的效益最大化和成本最小化，是慈善机构的生存与发展之道。中国扶贫基金会慈善经营的最重要措施是推行全面预算管理制度。以机构运行的财务数据统计反映出机构运转的实际情况及风险，并以此为基础进行分析，采取相应的调整措施，使机构处于最佳运行状态。同时，又为公益机构财务的民主化、透明化打下基础。

全面预算管理的原则就是从机构的年度计划出发，以收支平衡、争取略有结余为目标，将机构所有部门、人员和活动的收入、支出纳入预算，并作为各部门和每个员工的考核目标严格贯彻、落实。

实行全面财务预算管理后，改以前机构领导一人算账为全体员

工人人算账，达到开源节流、限制浪费的目的。每年行政支出的比例占全会总支出的比例都在3%上下。全面财务预算管理不但有效地控制了机构的管理成本，而且促进了机构业务的发展。从近十年来总收入的预算执行情况来看，年平均长幅达20%—30%，年年超额完成任务，扶贫项目投入也是逐年增加。

2. 实行品牌战略，精细项目管理，锻造核心竞争力

扶贫开发工作是一项长期而艰巨的任务，任重道远。而中国扶贫基金会是民间社团组织，主要任务是组织、发动社会力量参与扶贫工作。因此，中国扶贫基金会只能是国家扶贫开发的有益和有效的补充。在项目选择上，只能从实际出发，量力而行，有重点地选择少数社会影响大、效果好的项目，踏踏实实、认真负责地抓下去，切实为群众办实事，努力创建基金会的品牌项目，与国际接轨，提升基金会的公信力，以项目的高质量和优化的品牌效应，促进筹资规模的不断扩大。

2000年以来，中国扶贫基金会在品牌项目发展战略指导下，通过艰苦、细致的努力和工作，建立了完整、系统、科学的项目管理制度和一系列操作方法，建立了由200余名专职人员和500余名兼职人员组成的专业化项目管理队伍，使项目管理水平得到有效的提升，逐渐聚焦实施小额信贷项目、母婴平安120项目、新长城特困大学生自强项目、紧急救援项目、社区综合发展项目等援助型项目。其中小额信贷项目、母婴平安120项目、新长城特困大学生自强项目、紧急救援项目等已成为国内知名的公益品牌项目。

三、项目及品牌推广

项目共分为三类：

倡导型项目："扶贫中国行"、"中国消除贫困奖"评选表彰。

援助型项目：小额信贷、母婴平安120、新长城助学（特困大学生自强、爱心包裹）、紧急救援、孤儿助养。

推动公民社会发育项目："中国NGO扶贫国际会议"、"中国发展市场项目"、"NGO实施政府村级扶贫规划试点项目"、"NPO自律行动"、"NGO能力建设项目"、"社会组织5·12行动论坛暨公益项目交流展示会"等。

（一）倡导型项目

1. "扶贫中国行"大型公益活动

倡导和动员志愿者和爱心企业以及社会富裕人群深入贫困县、村、户，真切体验贫困，了解贫困家庭生存状况，尤其是了解贫困地区人民反贫困的昂扬斗志、坚韧毅力和奋斗精神，在全社会掀起和形成关注贫困、消除贫困、共创和谐的热潮。

推广方式：组织名人明星或先富人群走进贫困地区或灾区。如：那英到小额信贷项目区左权县考察；宁静到母婴平安项目区玉龙县考察并写博客；杨童舒到项目区考察后设立舍予基金等。

2. "中国消除贫困奖"评选表彰活动

中国扶贫基金会于1994—2000年成功举行了七届"全国十大扶贫状元"评选活动，对推动"八七扶贫攻坚计划"起到十分积极的作用。进入21世纪，为了同联合国"国际消除贫困日"的名称相接轨，将"扶贫状元"的奖项名称更为"中国消除贫困奖"，并在奖项设置、评选标准、候选人推荐方法、评选程序与办法等方面进行了调整，经过两年的准备，于2004、2006年"国际消除贫困日"成功举行。为此，联合国秘书长安南特发来贺电，国务院总理温家宝作了重要批示，国务院副总理回良玉出席颁奖仪式并发表重要讲话。

推广方式：启动仪式、两年一次的中国消除贫困奖评选表彰活动、颁奖晚会、获奖者先进事迹报告会等。

（二）援助型项目

1. 小额信贷项目

在借鉴孟加拉国乡村银行成功经验的基础上，结合中国农村特点建立起来的。项目目标是：为真正的穷人提供资金支持；提高穷人的自立和自我发展能力；实现项目操作机构的可持续发展。目标群体是：贫困地区农村中无法从正规金融机构获得贷款的穷人（尤其是妇女）。

经过近十年的发展，中国扶贫基金会的小额信贷项目已经成为中国非政府组织实施的规模最大、管理最规范、质量最高的项目。目前，项目覆盖福建、山西、贵州、辽宁、河北、湖南、海南、吉林、内蒙、江西、四川等12省（区、市）26个县（市）；累计发放贷款6.967亿多元、184674笔；受益人口88.85万人；拖欠超过30天以上的风险贷款率仅为0.96%。

小额信贷项目根据农户不同的生产、经营需求，为他们提供了"整贷零还"、"整贷整还"、"按月等额还款"、"城镇贷款"和"个人贷款"等贷款产品，贷款额度在1000元－30000元之间。同时，小额信贷项目还为客户提供能力建设方面的支持，包括开展有关法律常识、经营管理、生产技术与公共卫生等方面的培训以及信息服务等。

推广方式：邀请中国人民银行、财政部、国务院扶贫办等主管部门领导及国际合作伙伴到项目区考察；邀请那英等名人到项目区考察；举办专题研讨会等。

2. 母婴平安120项目

项目针对我国农村特别困难地区群众卫生健康保障缺乏的现状而设立。由中国扶贫基金会与贫困县共同筹集资金，建立产前检查、紧急救援、分类补贴和人员培训四个支持系统，保证项目的正常运转。项目鼓励贫困孕产妇住院分娩并对其进行现金补贴，补贴标准根据危难程度为200元—2000元不等。

项目从2000年正式推出，已在云南玉龙（原丽江）、德钦，福建政和、屏南、长汀，重庆黔江、城口，宁夏隆德和安徽绩溪等6省（市/区）12县（区）正式实施。项目累计筹集资金6978万元，受益人口9.8万人，抢救危机危重产妇253人。经过几年的努力，项目区内母婴死亡率明显下降，母婴平安水平大大提高。随着国家在公共卫生方面投入力度的加大，项目及时提出“走进藏区·走进非洲”的目标，并且已经迈出坚实的一步。

推广方式：每年于母亲节举办主题活动：介绍项目进展，邀请名人明星出席，进行现场奢侈品拍卖等；组织形象代言人走进项目区；组织关爱母婴电视专题片制播、主题摄影专刊；与捐赠企业共同组织的品牌推广活动——手绘冰箱义卖等。

3. 紧急救援项目

紧急救援项目于2002年设立，至今已运行8年。

中国是自然灾害多发国家，“因灾致贫”和“因灾返贫”是导致贫困人口生产和生活重新陷入困境的主要原因之一，也是制约我国社会经济可持续发展，特别是贫困地区经济可持续发展的主要因素之一。

紧急救援项目作为政府灾害救援的补充，在对贫困地区、贫困农户的救援上发挥着作用。

项目目标：一是减轻贫困灾民的疾苦与不安，提升灾害响应的及时性和针对性；二是倡导和推动政府与非政府组织、非政府组织之间在灾害救援领域的合作，提升救援相关各方的能力建设和网络建设。

项目实施以来，对南方水灾、台风、印尼海啸、青海雪灾、南方雨雪冰冻灾害、汶川和玉树地震等灾害作出了积极响应，累计筹集救援资金和物资价值6.19亿元，救援地区覆盖22个省（市/区），逾310万灾民受益。

紧急救援项目在2008年南方雨雪冰冻灾害和汶川地震发生后，于第一时间作出反应，得到了政府部门、媒体、受援群众和社会公众的积极评价，被评为“2008中华慈善奖——最具影响力慈善项目”。

推广方式：专题赈灾电视晚会、名人明星深入灾区现场动员等。

4. 新长城助学项目（特困大学生自强项目、高中自强班、爱心包裹）

特困大学生自强项目于2002年9月启动，是国内设立最早、影响最大的大学生援助公益项目之一。项目目标为：第一，动员社会力量，为特困大学生提供帮助。将社会关爱传递给他们，帮助他们实现成才梦想。第二，组建受助大学生互助组织——自强社，通过自助、助人、拼搏、服务社会，传递社会关爱，锻造自强之才。第三，建立受助学生、捐助人和社会的互动网络和平台，用关爱、知识、人才，共铸时代新长城。目标群体是：经济特困、品学兼优的全日制在校本科生。

为应对贫困大学生资助的宏观政策变化，2007年以来，新长城项目又推出了“新长城——特困高中生自强班项目”，通过在国家扶贫开发工作重点县高中建立自强班，资助每班50—70名家庭经济困难且学习成绩优秀的高中生三年的全部生活和部分学费、住宿费。

新长城项目实施7年来，共覆盖全国31省（市）452所大学、76所中学，募集善款1.5亿元，累计资助7.2万人次。在给予学生经济资助的同时，还通过组织系列活动等方式，强化受助学生自强自立与传承关爱的人文精神。

2005年11月，新长城项目获得民政部颁发的“中华慈善奖”。2006年9月，新长城项目在首届“社会公益示范工程”评选表彰活动中被评为“十佳示范项目”。

2009年，在继续做精做强特困大学生自强、高中“自强班”项目管理，扩大高中“自强班”项目规模的同时，推出了“爱心包裹”

"5·12"汶川地震灾区小学生六一关爱行动。"爱心包裹项目"以小额、便捷、透明和一对一的特点吸引普通民众广泛参与。3个月间有近80多万人次参与，项目筹集善款1.3亿多元，资助范围覆盖汶川地震灾区1783所小学校，受益学生达116万人。

"爱心包裹"项目获得了业界及社会的高度评价。被《环球慈善》杂志评为"2009中国十大慈善新闻"；被中国社会工作协会、《公益时报》社等联合开展的2009公益推动力评选活动评为2009年度"十大公益新闻"。

推广方式：项目启动仪式、项目成果新闻发布暨表彰会、志愿者赴贫困地区的优秀特困生寻访活动、捐赠人与受益人见面会、志愿者街头劝募、现场劝募活动等。

（三）搭建爱心平台，推动公民社会发育

作为一家以传递慈善爱心、服务弱势群体、促进社会公平、正义、和谐为宗旨的公益机构，中国扶贫基金会深感自身力量的微薄，因此当自行操作的品牌扶贫项目取得一定成绩，赢得一定社会影响之后，决定推行"虚实结合、两翼齐飞"策略，通过搭建爱心平台，联合同道，培育草根组织，开发志愿资源来促进中国公民社会的发育，惠及更多的疾苦人群。这些行动不仅对于推动业内NGO组织发展有着积极意义，也同时提升了本机构品牌的知名度和美誉度。

1. 举行"中国NGO扶贫国际会议"

"中国NGO扶贫国际会议"于2001年10月在北京召开。这是中国首次由NGO组织发起、组织的国际会议。来自亚洲、欧洲、美洲、大洋洲和中国在内的170家非政府非营利组织250多人出席。

出版了由10册专著组成的《中国社会扶贫研究丛书》，并从600多篇论文中精选出44篇编辑成大会论文集。

大会围绕七个方面的问题展开了深入讨论。包括：NGO的角色和面临的贫困挑战、NGO的内部管理和能力建设、NGO内部的评

价体系和行为、NGO 的扶贫模式和实践、NGO 扶贫的国际比较、NGO 的国际合作与交流、NGO 的外部环境等。

大会发表了《中国 NGO 反贫困北京宣言》，倡议全世界致力于扶贫事业的人士和非政府组织积极行动起来，发挥自身优势，推进全球扶贫事业的发展。

2. 开展“中国发展市场项目”

2005 年，中国扶贫基金会与世界银行、国务院扶贫办和民政部共同主办并开展“中国发展市场项目”。项目以“支持创新，扩大服务，惠及穷人”为主题，以中国的民间组织为对象，为他们的发展创意和创新项目提供赠款。项目共收到项目申请 975 份，从中评选出 31 个项目予以资助。

3. 开展“NGO 实施政府村级扶贫规划的试点项目”

中国扶贫基金会与亚洲开发银行、国务院扶贫办和江西省扶贫办合作在江西开展的“NGO 实施政府村级扶贫规划的试点项目”于 2005 年启动，2006 年正式实施，项目分两批共招标 9 家 NGO 参与实施江西省 3 个贫困县 6 个乡镇 26 个贫困村的村级规划工作，项目总投资规模 270 万美元。这是中国政府第一个通过规范程序招标进行的公共服务购买，标志着政府服务购买开始进行规范化的试点。

4. 发起“NPO 自律行动”

2006 年，中国扶贫基金会与中国青少年基金会、爱德基金会联合发起了“NPO 自律行动”。该行动将通过自愿签约、制定标准、独立评估、披露信息等具体举措，向社会证明 NPO 的运作效率、效益和公信力。目前已经发布了《自律准则》，并对 3 家发起单位开展了试评估工作。

5. 实施“NGO 能力建设项目”

2007 年，中国扶贫基金会成功组织实施了由欧盟资助的“NGO 能力建设项目”，完成了对 56 个草根 NGO 机构 102 人的培训。项目建立的“中国NGO互动网”（www.ingo.org.cn）旨在搭建不同类型NGO之间的经验共享平台，经过2年多的运行，网站逐步形成了在线交流、NGO官方论坛、资料下载等特色。目前网站日发帖量超过100篇，月浏览量达到40万人次。

6. 举办“社会组织‘5·12’行动论坛暨公益项目交流展示会”

会议于2009年8月12—14日在京举行。会议以“理性、反思、前瞻”为主题，旨在回顾在“5·12”汶川大地震中民间响应的情况，总结交流社会组织在地震救援中所遇到的问题、经验和教训，为中国社会组织在汶川地震灾后重建活动以及中国未来的灾害救援行动提供行动指南；为政府制定灾害救援政策和策略提供参考；为解决信息不对称造成的资助方与公益组织间沟通瓶颈，帮助有捐助愿望的企业、个人及时了解灾区所需；为众多具有创新精神的基层社会组织推广公益项目。

论坛暨展示会由中国扶贫基金会、南都公益基金会和中国社会组织促进会联合发起并由21家知名社会组织共同主办。来自全国各地的150余家社会组织、80余家企业、50余位专家学者、10余家国际机构和近百家媒体的代表出席。我会执行副会长何道峰以《理想在世俗的泥泞中演进——发扬“5·12”救援精神推动中国社会理性变迁》为题作论坛总结报告。

（四）实施筹资型国际化战略

中国扶贫基金会在迎来20岁生日踏上第三个十年发展征程之际，提出了“向国际化、筹资型基金会转变”的发展战略，既要开展国际筹资和国际援助，也要推行公众筹资和培育草根NGO，从而进一步扩大机构影响，惠及更多弱势群体。

国际化探索以非洲和周边国家为基点，与国内外组织、机构和企业合作，开展援助工作。2009年，国际化发展战略开始落地并确定了未来三年发展的基本轮廓，相继确定了我会国际化发展的三年工作规划、近期发展目标以及对苏丹的具体援助项目等。

实现中国扶贫基金会“向筹资型基金会转变”的战略，其途径之一是推动筹资模式的转变。中国扶贫基金会通过与手机运营商、服务商合作搭建短信捐平台，通过与银行合作搭建月捐平台，与已有的银行捐款、邮局捐款、现场捐款、网上捐款、现场募捐、募捐箱等形式一起，以及公众捐款热线的开通，基本完善了公众筹资平台，使公众能够比较方便地参与中国扶贫基金会举办的各项公益活动。

如果说中国扶贫基金会 20 年的发展历程是一幅波澜壮阔的画卷，那么映入世人眼帘的是一片片村舍新居、一幢幢崭新学校、一块块整齐梯田、一口口甘甜的水窖、一座座便民小桥；是贫困农户得到贷款后的喜悦，是贫困母婴得到救助后的笑容，是受助大学生溢于言表的自信，是灾区群众感激的热泪。而这幅画卷是中国扶贫基金会努力探索的创始人、锐意改革的决策者、奋发拼搏的员工、饱含激情的志愿者和关心支持民间扶贫事业的各级政府部门领导、社会各界支持扶贫事业的爱心人士共同创作和描绘的。

（作者为中国扶贫基金会资讯监测研究部主任）

澳大利亚慈善组织概况

吉娜·安德森

一、背景

由于历史上曾经是罪犯的流放地和移民运动的目的地，步入现代社会的澳大利亚既没有像欧洲社会那样有着贵族的财富，也没有像美国社会那样有着工业化聚集的资产。但是，19 世纪初的淘金热、经济大发展（特别是商品繁荣）为澳大利亚带来了财富，虽然在 19 世纪末期出现了经济危机。到 19 世纪 90 年代，澳大利亚涌现出大量的慈善组织，地理上的与世隔绝，使得这些机构在文化上具有高度的独创性和自给自足的性质。以社区为基础的机构例如医院最初也被认为是慈善机构，由个人和政府出资举办。

在经历了两次世界大战和 20 世纪前半叶的经济大萧条后，澳大利亚花费了多年的时间进行自我重建。由于缺乏大型制造业基础并受到距离上的制约，我们没能像世界其他的发达国家那样，享受着财富增长的快乐。

尽管总有少数人占有着大量的财富，但是直到 19 世纪末期，我们的经济形态才出现了结构性的变革。这是由于新的经济增长点——互联网和亚洲区的出现，带动了大批人创造了大量财富，主要集中在矿业、地产、金融和IT行业。

伴随着财富的增长，我们看到了“活着的捐赠者”的增多。“活着的捐赠者”在世界范围内的发展挑战了非营利机构的作用和运作方式。这些人决定建立一套全新的捐赠方式——改变赠予的形式。因此，他们并不满足现状。他们逐步了解非营利机构，对目前的方法提出质疑，寻找最佳的实践方法并关注于解决方案，而非应对危机。同时，他们也吸收了商业机构的技能和知识，并参与重大难题的解决，以显示组织的技能能够对社会产生最优的效果。

二、澳大利亚使用术语的介绍

慈善组织/慈善

大多数慈善信托基金必须基于慈善目的。术语“慈善组织”和“慈善目的”的法定含义不同于一般理解。本报告中的术语应解释为：

慈善——具有澳大利亚法律规定的慈善目的

慈善组织——拥有澳大利亚税务办公室颁发税务可减免的慈善机构（TCC）证明的机构

可免税的捐赠接收组织（DGR）

DGR是澳大利亚税务办公室颁发可免税的捐赠接收组织证明的基金会和组织，捐赠者可以获得向该组织捐赠物品的税务免除。一些可免税的捐赠接收组织的名称被列入所得税法。成为可免税的捐赠接收组织的机构必须符合所得税法的规定。例如为公立慈善机构、公立大学、公立医院和学校建设基金。

基金会

“基金会”一词没有法定含义。在本报告中，基金会表示以资助非营利组织为目的的慈善信托基金。

非营利

非营利组织是主要目标不是为其成员或股东获得利润的组织。只有非营利组织才能被批准成为慈善机构或可免税的捐赠接收组织。但是，大多数的非营利机构未经批准，因为他们或因规模太小认为花费精力不值得，或是不符合标准。

非营利组织的定义

在考虑这个问题时，我总是回到营利组织或机构与非营利组织的不同对之进行描述。

营利组织或机构：

产品/服务的品质决定其利润的获得。

非营利组织或机构：

产品/服务的品质决定其使命的实现。

建立的各种关系的品质决定其收益的大小。

这至关重要，因为这描述了营利组织或机构中购买或接受服务的个人、组织与支付服务的个人、组织之间存在关联；而在非营利组织中不存在这种关联。同时也强调了组织“使命”的重要性。

非营利机构的活动覆盖了公民社会生活的方方面面：

- 文化与娱乐；
- 教育与研究；
- 卫生；
- 社会服务；

- 环境；
- 发展与住房；
- 法律、倡导与政治；
- 慈善媒介与推动自愿捐助；
- 国际发展；
- 宗教；
- 商业、专业协会和联盟；
- 其他。

2009年10月14日发表的生产力委员会“非营利机构贡献”报告草案描述了澳大利亚非营利组织的职责。

非营利组织的职责

- 组织的建立以促进社会发展为目的；
- 通过提供的服务及其供给过程的性质来增加社会价值；
- 很多活动不由公司或政府承担；
- 比政府或公司更为有效地向社会边缘集团提供服务；
- 能够获得提供服务之外的效益，例如构建社会弹性力；

生产力委员会报告草案以“庞大”和“多元化”来描述澳大利亚机构。

- 在大约60万个非营利机构中（不包括法人团体），将近1/4的机构没有正式的法定结构，只有5.9万个机构有专门雇员，或者说是积极的纳税主体，大约2.6万个机构是可免税的捐赠接收组织，大约1.9万个机构是“慈善组织”。

- 澳大利亚统计局卫星账户发现2006—2007年间，非营利机构向澳大利亚国民生产总值贡献了430亿美元，并提供了8%的就业机会。

- 在2006—2007年间，非营利机构对于国民生产总值的贡献已经翻倍（按目前价格水平计算），对于国民生产总值的贡献从3.3%增长到4.1%，这反映了非营利机构在此期间的迅速发展。

• 460万志愿者在非营利机构中工作，这还将向国民生产总值作出146亿美元的贡献。更多的澳大利亚人承担志愿工作（1995年24%的成年人是志愿者，而2006年该数字增长为35%），但是平均工作时间减少，参与社区服务的志愿工作比例减少（文化、艺术和体育活动比例增加）。

法律体制

关于法律体制，澳大利亚有一个联邦政府和六个州政府。所有的非营利组织必须符合相关州、联邦和习惯法。联邦和州对于条例的权限并不统一，情况复杂。因为慈善法来源于案例法，所以“慈善目的”没有法定含义。另外，信托基金法在澳大利亚是州立法，不是联邦法。而税法却是联邦法。

三、慈善身份与免税身份

在澳大利亚，吸引慈善支持（来自基金会或个人捐赠者）依靠两类机构——可免税的捐赠接收组织和税务减免慈善组织。因为其他国家只有一个层面，所以所有的慈善组织自动享有全部的税务减免资格。而在澳大利亚，成为慈善组织的机构并不表示自动获得（例如）其捐赠者享有免税的资格。免税资格有单独的可免税的捐赠接收组织认定程序。

如果希望得到以下一项或更多减免，慈善组织必须申请获得慈善组织税务减免的批准：

• 所得税免除；

• 商品与服务税慈善组织税务减免；

- 员工福利税减免；
- 员工福利税免除。

基金会和信托基金必须符合联邦和州的相关税法和慈善法。对于寻求资金的机构，这意味着：

- 一些基金会只能资助澳大利亚税务办公室批准（ATO）为可免税的捐赠接收组织（DGR）的组织。
- 一些基金会只能资助税务办公室批准为税务减免资格（TCC）的组织。
- 一些基金会只能资助同时获得澳大利亚税务办公室可免税的捐赠接收组织（DGR）和税务减免慈善组织（TCC）两项批准的组织。
- 一些基金会能够资助大部分非营利机构，只要资金用于符合法定慈善目的的活动。

更为复杂的是，一些基金会只能资助有特定种类可免税的捐赠接收组织批准的组织。可免税的捐赠接收组织主要有两类：

- 第一类可免税的捐赠接收组织，非正式名称为“工作”可免税的捐赠接收组织。这些组织亲自开展工作——如卫生推动组织、咨询、福利组织等。
- 第二类可免税的捐赠接收组织，非正式名称为“捐赠”可免税的捐赠接收组织。这些组织的唯一目的是赚取或募集资金并把资金花出去。

规定是一个“捐赠”可免税的捐赠接收组织不得向另一个“捐赠”可免税的捐赠接收组织捐赠。因为，财产从一个基金会转到另一个基金会，没有用于实际的慈善活动。大部分从基金会申请资金的组织是“工作”可免税的捐赠接收组织，但是一些机构是筹款基金会（经常与医院或文化机构有关），他们是“捐赠”可免税的捐赠接收组织。很多基金会无法资助“捐赠”可免税的捐赠接收组织。

图表一

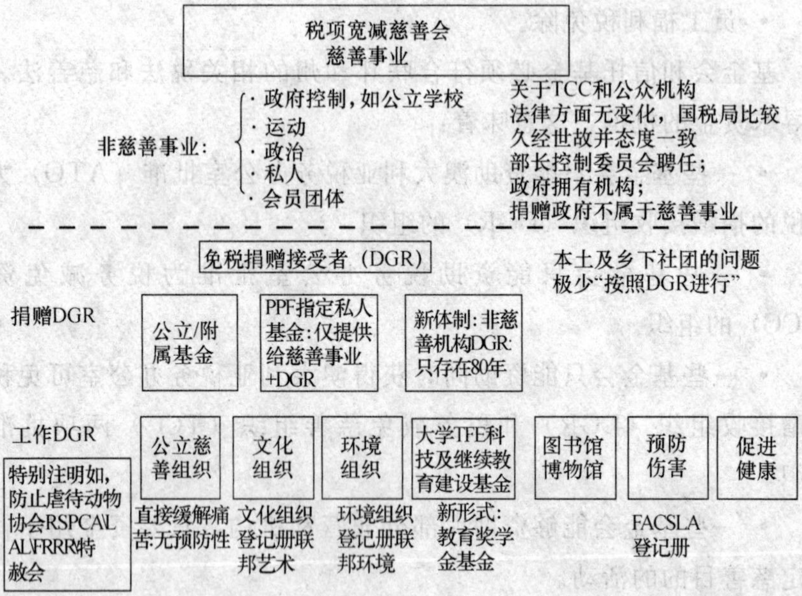

1. 慈善法及税务减免慈善组织（TCC）批准

很多信托财产都要求给慈善组织或慈善事业提供资金。慈善组织是以慈善事业为唯一目的的实体；在 ATO 批准税务减免慈善组织时会考虑一个实体进行慈善事业的实际期限证据。“以慈善事业为目的”，因没有条款规定很难界定。澳大利亚慈善组织的界定是以伊丽莎白法典的普通法（1601 年）为依据的。现代解释是从 19 世纪 80 年代开始，规定了四类“慈善组织类别”。该界定标准依旧在澳大利亚存在。四类慈善组织类别为：

- 救济贫穷；
- 改进教育；
- 促进宗教；
- 其他有益于社区但不属于前述所有类别的目的。

那么，最后一类描述宽泛，粗略看未给予太多限制。ATO 是负责批准慈善组织的机构，该机构以下列标准测定其并非以慈善为目的：

- 其目的是为了私人获益；
- 其目的是运动、娱乐或社交；
- 其目的是非法或违反公共政策；
- 其目的是为了政治或疏通关系；
- 其目的属于商业范畴；
- 其目的属于政府范畴；
- 其目的不明确或不能对社团产生足够的价值。

如果批准其成为慈善组织，该组织有资格享受税款减免，包括免除所得税。不过，税款不是自动减免。

并非所有的慈善组织都被批准成为 DGR，也并非所有的 DGR 在法律上都属于合法慈善组织。从事慈善活动但不是批准的 DGR 的组织实例包括：

- 峰会团体；
- 倡导小组。

被批准的 DGR 的机构实例包括：

- 公立学校；
- 公立医院；
- 公立图书馆、博物馆和美术馆。

被政府组织认定并具备正常政府职能的机构可能不被批准成为 DGR，但是在法律上也属于慈善组织。

2. 可免税的捐赠接收组织（DGR）

作为被批准的可免税的捐赠接收组织能将其组织被减免的税款作为捐款。这是它们从公众那里吸引捐款的基本因素。这也授权 DGR 组织的特定类型有资格享受其他宽减，包括 FBT 免除。

若想被批准成为 DGR，机构必须属于 1997 所得税评估法令中规定的种类当中的一种。这些种类的主要类别为：

- 健康；
- 教育；

- 研究；
- 福利和权利；
- 防御；
- 环境；
- 家庭；
- 国际事务；
- 运动和休闲；
- 文化组织；
- 辅助基金。

这些类别中的每一类中还有详细的分类，组织必须属于这些类别中的一类。例如，教育类中又细分为十四类。

此外，还有立法对 DGR 规定的特定实体，其中大多数不属于目录中的类别。不属于立法规定的特定实体不需要进行申请程序。这样的组织要进行政治程序，一般非组织发起。

DGR 资格是获得慈善支持和公众支持的重要因素。

慈善支持

很多慈善信托基金，包括所有 PAF 公立辅助基金（以前称为 PPF）和公立辅助基金本身都是 DGR。这就意味着他们可以依法赠与其他 DGR。

私人支持

对捐赠人实行税收减免不会影响其作出赠与的决定，但是有证据表明，它会影响赠与数量、赠与时间及赠与对象方面。这尤其适用于高净值人群。

DGR 不是获得慈善信托基金支持的唯一标准。慈善地位，即使在获得公众支持方面产生的影响甚微，它也是获得大多数慈善信托基金的至关重要的因素。多数遗嘱信托基金被法律限定为仅向具有慈善目的的组织提供资金。有些会被限定为向慈善机构提供资金，这些组织属于澳大利亚国家税务局被批准的税务减免慈善组织。

税款扣除的益处

帮助 NFP 间接地向公众筹资

税款激励机制通常不能决定个人是否进行捐赠。但是，包括特定的税款扣除在内的税收激励政策是影响捐赠水平的重要因素。因此，如果这些机构能够获得 DGR 资格并向捐赠者提供税收减免，那么将非常有利于从高净值人士那里获取资金支持。

- 多元化——纳税人直接向 NFP 分配来自于公众的支持

  * 个人能更好地识别慈善目的，加强联系

  * 捐赠人能够对接受捐赠的机构进行约束（但是政府对其捐赠的控制会减弱）

- 能够向具有政治性的敏感事业提供公众支持

- 潜在地提高了捐赠水平以及捐赠的分配，如果资格仅限于 NFP 的一些类型

国际慈善体制

澳大利亚有两种慈善捐赠方式，分别规定了不同的税收减免政策。可捐赠给可免税的捐赠接收组织和税务减免慈善组织。与澳大利亚不同，其他大多数国家都只有一套标准，也就是说，如果一个组织被批准为慈善组织，那么它将自动地享有减免所有税款的资格。

与其他国家的比较

英国

在英国，关于慈善组织的成文法规定是 2006 年颁布的法律（2006 慈善法令）。该法令重新定义了英国的慈善目的，提供了 12 种慈善组织类别，每个类别下为一类。

分类如下：

- 预防或摆脱贫穷
- 改进教育
- 发展宗教
- 增进健康或挽救生命
- 促进公民及社团的发展
- 发展艺术、文化、传统和科学
- 推进业余艺术
- 改进人权、解决分歧或冲突、促进宗教或种族和谐、平等和多样化
- 推动环境保护和提高
- 缓解那些由于年少、年纪、生病、残疾、经济困难或其他不利条件有需要的人们的现状
- 有效促进皇家陆海空三军、警力、消防、救助、急救的服务建设
- 其他目前被认为的慈善事业以及人们心目中认为的慈善事业

美国

在美国，相关机构为“非营利”，通常被称为501（c)(3）组织。非营利组织可减免所得税，也可以向捐赠人提供税收扣除。慈善组织都被界定为“非营利组织”。相关的界定在美国国税局的501（c)(3）节中有所描述。法典中规定的适格目的为：

- 宗教的
- 慈善的
- 科技的
- 关于公共安全实验的
- 文学的
- 教育的
- 旨在举办国内国际业余运动竞赛的
- 促进艺术交流的

- 保护儿童或动物不受虐待的

因为批准标准唯一，所以慈善信托基金会是否得到批准的规定就更简单。美国税法可以忽略是否符合“慈善”的定义，而使基金会取得 501（c)(3）规定的地位，并且其他符合 501（c)(3）的组织进行捐赠。

美国对“慈善”的定义也比澳大利亚的宽泛，是“以为公共利益谋福利为目的而建立和运行”的。下面是一些例子：

- 赈贫济难、关怀弱势群体
- 发展宗教
- 发展教育或科技
- 公共建筑、纪念碑或艺术品的装配与维护
- 减轻政府负担
- 减轻社区压力
- 减少偏见与歧视
- 保护法定人权和公民权利
- 遏制社会风气恶化与青少年犯罪

加拿大

除了仅规定了一种税收减免额度以外，加拿大关于慈善地位的相关法律规定与澳大利亚相类似。加拿大和澳大利亚一样，都遵守慈善组织的四个分类，由加拿大税收机构批准。慈善组织可以提供捐赠税收减免，还享受一些税收优惠，如减收增值税。

新西兰

新西兰慈善委员会已经建立了慈善组织登记与监督机制，并向慈善事业相关机构提供管理和治理建议。新西兰对“慈善目的”的定义与澳大利亚的四个分类相同。慈善组织可免除所得税。慈善组织与一些非慈善组织可以向捐赠人提供税收减免。

（作者为博爱澳大利亚首席执行官）

从慈善角度看澳大利亚慈善组织的目标与成就

吉娜·安德森

慈善

在澳大利亚慈善会（Philanthropy Australia），我们将慈善定义为“有计划有组织地付出金钱、时间、信息、技术、呼吁以及对促进人类和社区发展的活动”。当人们选择将一笔资金献给社会的同时，他们也付出了自己的所有技能。

在美国得克萨斯大学彼得·教授出版的《给予的策略：慈善的艺术与科学》一书中，定义了慈善的五个目的（或驱动力）：

• 改变：利用私人基金促进社会与公共政策的改变（从社会权利与拥护到社会批判）。

• 改革：通过研究或项目突破以及采用新思想与新项目来促进和支持重要社会改革。

• 公平：通过重新分配捐赠物资刺激经济公平（关注社会劣势）。

• 多元化：支持多元的社会公德，允许公众场所存在各种思想、活动和声音。

• 表达：支持捐赠人的自我实现（将他们的价值观转化为行动）。

慈善为什么重要

- 是政府和市场之间的桥梁——为创造一个更加文明的社会提供独特的资源，参与和贯彻社会改革与奉献。
- 是为公共利益进行个人投入的途径。与政府和市场不同，能够在市场和政府没有、不会、不能和不应当参与的方面进行参与。
- 与政治选举或股东投资不同，慈善可以被定义为“社会变革的风险投资”。
- 为调查和发展进行投资。
- 承担风险。
- 为改革进行投资。
- 长期的基金。
- 是民众和民众组织在全球范围内联系的纽带。
- 由慈善事业支持的非营利组织，能够通过本国和国际捐献将人民和社会联系起来。
- 是民主不可或缺的部分。
- 团体和个人通过贡献金钱、时间、信息、物品和服务、声音和影响促进文明社会的发展。
- 为边缘化和处于劣势的群体说话。
- 巩固民主和公正的社会。
- 伟大的慈善事业依赖于强大的非营利组织。

慈善和政府互为补充的特点

慈善	政府
企业家/承受高风险	谨慎/反对风险
独立/被委托	回应来自风险承担者的压力
仅有开创能力	能够进行衡量
长期性	经常为短期行为

深入，自下而上的观点	观点自上而下
注重改革	注重效率

澳大利亚慈善会的范围

- 兼职人员构成、高度多元化的组织
- 不同的着重点、兴趣和地理侧重
- 不同的基础结构和管理模式
- 不同的风险侧重和时间表

澳大利亚的慈善和赠与结构

澳大利亚正规的慈善组织如下：

遗嘱或遗愿信托财产

这些是澳大利亚现存慈善组织中最为古老的形式。它们依据一份遗嘱建立起来，捐赠者过世之后才开始运作。其中大部分是税务减免慈善组织，因此免除收入所得税，但是给他们捐赠物品的捐赠人不能享受税收减免。除非遗嘱中有特殊规定，他们的捐赠对象不局限于可免税的捐赠接收组织（DGRs），但是他们必须将基金用于遗嘱中注明的慈善目的。

私人慈善信托财产

这些已通过委托事件在捐赠者的一生中建立起来。他们可以获得免税慈善机构的地位，因此免除收入所得税，但是捐赠给他们的物品不可免税。除非遗嘱中规定，他们不限于免税赠品接收组织基金，但是他们必须将基金用于委托中注明的慈善目的。

私人辅助基金（PAFs）

指定私人基金系统（PPF）建立于2001年，并于2009年作为私人辅助基金得到再次发展。已建立的800多个私人辅助基金成为澳大利亚发展最快的慈善形式。捐赠给私人辅助基金的捐赠可扣除税费，这些捐赠仅能被再捐赠给免税赠品接收组织基金。私人辅助基金的大部分基金也是慈善性质的，因此同时它们必须还是具有免税慈善机构地位的免税赠品接收组织基金，但是部分国家建立的私人辅助基金免除收入税但不具有慈善性质。它使免税赠品接收组织基金的范围变得更为广泛（取决于辅助私人基金建立的国家）。

私人辅助基金系统特别吸引家庭以及那些正在寻求一种具有有效税收结构的“新捐赠者”。

辅助（公共）基金

有时被称为公共基金，系基于委托行为建立、用于支持慈善类组织的基金。它们属于慈善事业，给它们的捐赠品免除税费，作为回报，该基金只能支助其他同样具有免税慈善机构地位的免税赠品接收组织基金（也可以成为像私人指定基金/私人辅助基金等的免除收入税基金）。辅助基金必须由委员会管理，该委员会的大部分人士须有公众责任感，而公众也必须为该基金进行捐赠。基于公众捐赠和公众参与的要求，辅助基金通常不用于那些高净值人士。该形式常用于为医院和慈善组织募捐交通工具，或者用于社区基金等为捐赠个体设立“分账户”的基金。

公司

大部分的捐赠慈善实体是以信托机构的形式存在的，但是，还有一些机构是以公司形式运作。这些公司管理着公共基金，并且在税收法规中被直接命名。

活着的捐赠者——全球趋势

澳大利亚的慈善传统来源于英国的文化和机构起源，以及从“慈善心脏”美国分享得来的新的国际经验。

从历史上看，“给予”（giving）并不是澳大利亚公众文化的一个显著方面。英国社会学家卡伦·赖特把英国的慈善方式形容为私人的、低调的、为众人的事业而进行的小型无计划捐赠；与此相比，美国的慈善方式则是公众性的、有计划的，并且以个人身份的无需任何理由而进行的捐赠。澳大利亚的国家、家庭捐赠反映出这个国家作为英国殖民政府的延伸（同美国国内的迁徙运动不一样）的罪犯流放地的历史、对巨大财富的不适应以及社区对政府在基础服务中的重要作用的期待。因此，私人捐赠——由个人和家庭为公众自愿捐赠的大量金钱——在如今的澳大利亚社会中起到的相对小一些的作用。

我经常谈论对澳大利亚的慈善事业的理解的匮乏。事实上，当我于2005年加入澳大利亚慈善会时，许多人问我是否要改变澳大利亚慈善会的名称——作为一种被认为是“旧世界”的慈善组织。但是，2006年中期，沃伦·巴菲特将一切都改变了。

沃伦·巴菲特，美国排名第二最富有的人，曾宣称将他的财产赠与由美国最富有的人设立的基金。当时比尔和梅琳达·盖茨基金已是世界上最大的基金会。沃伦·巴菲特的捐赠在规模上是它的两倍，并且完全改变了慈善事业的格局。今天，比尔和梅琳达·盖茨已经捐赠了大约150亿美元——超过了自1913年成立起洛克菲勒基金会捐赠的数额（甚至因数额暴涨而要进行调节）。

沃伦·巴菲特的捐赠数额巨大的原因：

• 他没有沿袭通常的设立一家图书馆/艺术陈列室或以自己名字命名的基金的方式。他做了自己一直想做的事情——依靠了自己在这块领域最信任的人——盖茨夫妇。

• 他给自己的捐赠画上了一个句点——称所有的钱必须在比尔和梅琳达·盖茨两人之中最后健在的人过世后的50年内花完，因此要将盖茨基金的大量金钱花在当今的问题上。

• 他做出了一份多次在我耳边响起的声明。他说将留给孩子们足够的金钱，帮助他们做想做的事——但不是无所事事。

沃伦·巴菲特发表过宣言后，澳大利亚和全球的慈善事业发生了变化。

直到20世纪90年代末，澳大利亚的绝大多数的基金和托管财产都是通过遗嘱和遗赠——在捐赠人死亡之日设立的。过去十多年中，许多新的慈善者建立了新的捐赠形式：

• 澳大利亚合作组织（Corporate Australia），在社区参与、社区发展和社会投入方面开创出成熟、效果显著的发展路径。

• 私人辅助基金（PAF），一种正在迅速发展的私人慈善基金形式（从 2001 年建立到现在已有 800 个，拥有可掌控资金 13 亿多美元）——某位人士或家庭的收入达到顶峰时经常通过出售一笔资产或遗产建立该基金。

• 捐赠人意向基金，诸如社区基金、定向捐赠给提供财政服务的组织。

• 第一代妇女，那些宁愿自己挣钱也不从父亲/丈夫或者兄弟那里获得金钱的妇女。

• 财富聚集联会，那些高薪的没有封顶收入的人常常是设立私人补助基金的催化剂，尽管如此，他们经常每年还捐赠好几万美元的资产。

这些捐赠者拥有许多共同的特征：

• 他们是经商人士，懂得经商用语，经常对非营利组织的用语感到困惑。

• 他们习惯于商业全球化的概念，因此他们关于组织的理念是国际化的，并且包罗万象。他们没有将自己的组织视为世界的一部分，而是将世界视为他们的组织的一部分。这是一群希望活跃于澳大利亚国内和国外的捐赠者。他们希望他们的捐赠范围拓展到更为广阔的领域。

• 他们见多识广、精明并且自信。通过互联网，他们能够获悉全世界的活动、项目和组织的情况。他们不太愿意仅仅依靠外界的建议，而更希望积极地研究问题、项目和潜在的解决办法。在某些方面，他们会希望运用自己的商业技巧帮助他们给予捐赠的组织或项目。

• 他们不愿意签写支票、依靠接收组织获知使用捐赠的最佳方式——从另外一方面说，他们不希望被当作自动提款机！他们有见识并且有活力。他们期待参与，期待捐赠能产生适当的成果，期待拥有影响力——他们期待的是被控制。

随着慈善事业透明化、全球化趋势的到来，身在澳大利亚的我们即将感受到“看得见的慈善事业”所带来的影响。和美国的慈善事业的发展不同，我们将看到我们的慈善捐赠者们对他们捐赠的领域、对领导及管理权支持的原因进行公开讨论。他们会鼓励和吸收他们的朋友、同伴参与其中，以增加他们的捐赠。不仅如此，如果你阅读澳大利亚大型公共公司的年度报告就会发现，现在，公司的管理者们列出他们所参与的慈善机构和非营利组织的名单，已成为一种标志性的行为。

慈善的五个步骤

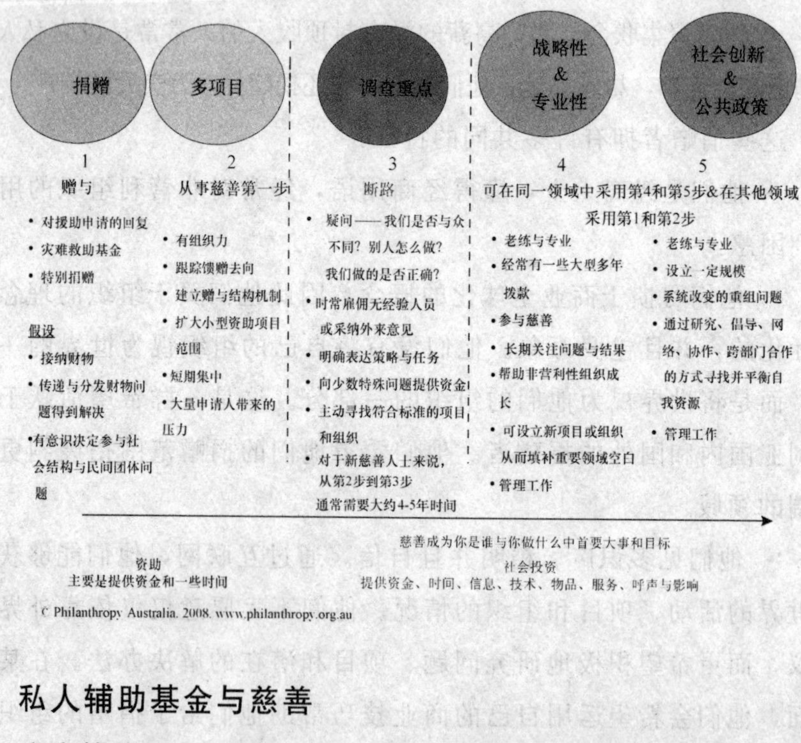

© Philanthropy Australia. 2008. www.philanthropy.org.au

私人辅助基金与慈善

私人辅助基金（PAF）是一项私人慈善基金会，可使捐赠者在保留对投资决议和基金会资助决议管理权时免除税款。私人辅助基金在澳大利亚慈善事业中发展最为迅速。

私人辅助基金结构易于理解且便利，可被个人、家庭或公司企业运用。此项基金必须具备“责任人”，且必须经过审计。最近法律上的完善确保其易于理解、易于遵守、易于执行、易于管理。

私人辅助基金的引进，填补了结构上的空白，促使了更多捐赠，而非将现有活动改向。此项基金刺激捐赠者更加积极地参与社会部门，并成为社会创新的强大支持。对于很多家庭来说，私人辅助基金成为了“家庭黏合剂”，并刺激了代间捐赠。

私人辅助基金的扩大

从 2001 年被引进以来，现在已有超过 800 个私人辅助基金，掌管超过 13 亿美元。据我们所知，最初 100—150 个私人辅助基金由那些已经向社区捐赠的人员设立，并通过私人辅助基金来系统安排其捐赠，接下来的 600 个私人辅助基金正向社会部门投入新的资金。随着最近法律上的完善，我们预计在今后几年中将涌现更多新的私人辅助基金。

私人辅助基金成为一种慈善文化

私人辅助基金的成功设立成为向社会提供更多捐赠的一种形式。由于设立私人辅助基金的人员要向非营利性部门承担重大经济责任，因此他们明智地参与了社会问题，并投入其时间、技术、呼声和影响。他们同时也促使其家人、朋友和同龄人积极参与到社会部门中。在此影响下，指定私人基金已成为创造澳大利亚慈善文化的一个重要催化剂，对于促进社会凝聚力也起着至关重要的作用。

国际比较

在昆士兰科技大学马登副教授和斯凯夫副教授的“经济繁荣时期与慈善：澳大利亚富人捐赠”报告中列出了一些国际比较：

• 世界财富报告（梅里尔·林奇/卡普格米尼，2007）评估了全球首富捐赠人（资产在3000万美元以上）前17%每年捐赠其资产的10%。

• 全球净资产最多捐赠人每年捐赠其投资组合的3%—11.8%。

• 1995—2005年，澳大利亚捐赠水平从其税后收入的0.7%增长到1.98%。

• 虽没有详细数据统计，但澳大利亚首富（税后收入在100万美元以上）并没有依照全球趋势而集体参与到慈善事业中。

• 税务统计表明，大量捐赠中仍然不包括澳大利亚提供的财富。

澳大利亚其他捐赠形式

• 企业社区投资和参与

• 企业基金会

• 企业社区投资

• 职工捐赠

• 资助

澳大利亚非营利性部门面临的挑战

• 慈善法律的复杂性

• 解释与执行中存在的矛盾

• 对于慈善的税收安排已过时

• 澳大利亚首富们并不像其他国家首富那样慷慨（特别是美国）

• 非营利性组织必须对新慈善人士的预期进行管理。需要明确阐述什么是合理预期和不合理预期，并告知他们其中的缘由

澳大利亚非营利性组织面临的挑战

• 对责任和影响持续增长的呼声

- 购买服务给政府非营利性关系带来的压力
- 有偿劳动力短缺以及志愿者环境的改变
- 联邦政府与六个州政府多种司法差异与复杂性，造成不必要的监管负担

（作者为博爱澳大利亚首席执行官）

澳大利亚红十字会的目标与管理体制

诺埃尔·克莱门特

简　　介

本演讲是对澳大利亚红十字会的情况进行概述，以此作为对澳大利亚非营利组织研究的一个案例。虽然红十字会有一些独特的方面区别于其他的非政府机构，不过我机构的很多活动方式、结构形式和管理体制与其他非营利性质的组织是完全一致的。

这篇论文的主要着眼点在于红十字会的工作内容以及支持我们工作的管理体制。包括对红十字会现存的结构和程序以及管理模式的主要优势和关键问题的简要分析。

澳大利亚红十字会的历史

澳大利亚红十字会成立于 1914 年，是全世界最大的人道主义机构——国际红十字会和红新月会运动组织的一部分。

红十字会的运作不受政治、宗教或文化差别的影响。所有的服务均以七条基本原则为基础：人道主义、公正援助、立场中立、独立行动、志愿服务、团结一致和广泛包容。

澳大利亚红十字会在其历史中扮演了诸多角色。组织成立之初就曾帮助和支持过很多士兵和他们的家属，包括返回澳大利亚的重伤士兵的康复护理。近几十年，我们的工作重点转向灾害救助、血液服务、国际发展和社区弱势人群的健康护理服务。

在澳大利亚红十字会成立的95年时间里，我们的组织一直享有很高声望，是澳大利亚社团不可缺少的一部分。我们拥有30000多名志愿者和2000余名员工，通过澳大利亚境内超过150家服务机构为弱势人群提供帮助。红十字会还有40多名代表被派往世界各地的其他红十字会工作，承担了灾害救助、缓和冲突和保健护理方面的建设、开发和支持等重要职责。

远景目标与战略指导

澳大利亚红十字会的远景目标就是发扬人道主义的力量，改善弱势人群的生存状况。

这项远景目标用来指导澳大利亚红十字会的所有工作。它与国际红十字运动的远景目标相关联，与我们作为澳大利亚慈善组织的角色密切相符。

为了确保组织能够实现这一远景目标，澳大利亚红十字会确定了工作的七个关键领域。红十字会的150家服务机构和各种项目都集中在这些关键领域：

- 加强灾害和紧急救助服务。加强澳大利亚和海外红十字会这方面的优势，帮助受灾和需要紧急救助的人群和他们的社区做好准备、适当应对和灾后恢复工作。由于气候变化的影响增大，对于这些服务的需要应该会不断增长。

- 提高国际援助和发展。与红十字会和红新月会运动组织的同仁密切合作，我们将会不断投入更多精力去建设功能完善的红十字国家社团，致力于健康领域（包括艾滋病防治）、水资源、卫生和社区保健项目的开展。

• 改善原住居民和托雷斯海峡岛上居民的不利条件。希望通过与原住居民和托雷斯海峡岛上居民以及他们所生活的城市和偏远地区社区的真诚合作，改善他们生活方式的选择，创造更多的机会。

• 在帮助脱离社会人群回归社区方面起到桥梁作用。做好边缘人群的帮扶工作（比如出狱的罪犯、精神病人和无家可归的人），帮助他们走出社会的孤立状态。我们会运用改革性的思维和我们在城市和地区的网络优势，让越来越多的边缘人群回归社区。

• 应对不易改变的地域性不利条件。我们已经仔细辨别确认了澳大利亚有哪些地区存在不易改变的地域性不利条件。我们已经用至少 7—10 年的时间努力地做好这些地区的工作，建设更多优势条件、扩大机会、发展社会资产并努力应对不利条件。

• 拥护国际人道主义法律。我们要扮演好践行日内瓦公约（或“战争法律”）的榜样角色，此项公约的目的是为了限制武装冲突所造成的影响。

• 关注移民的影响。我们会为难民、寻找庇护的人群、移民被拘禁者和因为移民而产生的弱势群体提供更多的支持。

对于红十字会来说，加强这些主要领域人群的权益是重中之重，我们还要明确红十字项目应有利于推进社会包容性的扩大。比如：将因紧急事故失散的人们重新聚合到一起；为民众提供紧急情况准备与应对策略方面具有实际指导意义的建议；协助社区发展项目，为紧急事故后的恢复创造便利条件；提供机会让人们参与社区志愿服务，为一切增强社会凝聚力的重要工作而努力；以及建设澳大利亚的社会资本。

红十字会的工作方式

我们的工作方式与工作内容同等重要。红十字会与澳大利亚很多的非营利组织一样，都是为了改善弱势人群的生存状态，不过我们开展这一工作的方式才是确保获得成功和我们所服务的人群和社区满意结果的关键之处。

为了确保我们的工作方式能够让个人和社区很好地适应，澳大利亚红十字会采用了下面的“工作方法”来指导所有工作：

- 基本原则

红十字会的所有工作都以七个基本原则为基础：人道主义、公正援助、立场中立、独立行动、志愿服务、团结一致和广泛包容。

- 政府辅助

红十字会作为政府的辅助机构在澳大利亚和国际社会从事满足人道主义事业需要的工作。这让红十字会在人道主义领域占据独特的地位。

- 专注于具有地域性不利条件的区域

红十字会已将工作方式做了重要调整，将各种资源和精力放在以地域为基础开展工作——帮助条件最恶劣的区域中最弱势的人群。这要求对现有研究进行严格和持续性的分析以及管理项目的改变，这才能将红十字会的服务施放到生活在条件最匮乏地区的人群。

- 对服务对象的长期责任

现有证据表明短期服务起效不大。红十字会将投入至少 7—10 年时间确保任何变化能够被接受。

- 对所服务社区的协商角色

我们对社区的服务方式与我们的工作内容同等重要。专注于本土社区工作要与其核心政策规则保持一致，红十字会只与那些同意接受我们帮助的社区合作，双方本着互惠的基础开展合作。以地区为基础的工作方式要求带有咨询和反馈性的工作方式社区要积极参与策划、执行和红十字会工作的评判。

- 社区发展

红十字会努力在工作中运用社区发展方法和原则。赋权于社区创造自己解决问题的办法，这能够加强全社会的凝聚力，对于接受长期的变化也是十分必要的。

• 能力建设

红十字会认可大众与生俱来的优势，对于那些能力不足的人提供培训和技能提高项目，帮助他们形成这些优势。与“渥太华健康促进宪章”（世界卫生组织 1986 年通过）的理念一致，红十字会认可发展个人技能能够帮助人们锻炼对自我生活和环境的控制能力。

• 预防与早期介入治疗

红十字会一直支持和不断在适当的境况下提供危机介入服务，主要项目及其他职责在于采取一种预防性质的方法或者在不利状况和危害行为产生的尽可能最早时间内加以防范。

• 与战略伙伴的合作

红十字会无法孤立地对各种结果负责，同时也无法做到精通所有领域的工作。红十字会将与社会团体、法人组织、政府机构和其他非营利机构合作，共同满足广大群众的需要。在很多方面，红十字会能起到辅助作用，但无法提供解决办法或相关服务。

• 避免重复性工作

红十字会努力提供其他组织无法提供的服务或项目，或者说，红十字会能够提供更好的服务或是承担明显不同的责任。在首要的核心服务领域，红十字会了解还有其他机构从事相同的工作，我们愿意尽可能与这些机构保持合作，目的是最大化地为我们所服务的承受不利条件的个人和团体创造福利。

•“联合起来”的责任

红十字会的责任是致力于开发本土服务和社区发展系统，超越人为的限制或者服务领域的阻碍。这包括在本地建立各种联络线，并与社区其他提供服务的机构共同努力。

• 动员多种资源协同探寻社区解决办法

红十字会将改变现有资源并且寻找新的资源以确保社区处于最佳状态，以创造合理的解决办法。这意味着红十字会将提供或者寻找资源，而非简单执行，这将由专业领域的要求和社区的需要来决定。

• 充分地实践与证明，权衡和评估结果，并据此采取行动

对于整体性的策略指导来说，至关重要的是基于证据的实践，红十字会的项目都得到了透彻的评估，对服务成果也有准确的衡量。项目的模式和启动方式必须通过对有效性进行可行的研究；革新方案必须经过妥善评估并付诸文字。红十字会将充分利用本地和国外有价值的实践材料。红十字会将分析男性与女性的不同需求并作出反应。内部职能和策略性合作相结合是必不可少的。

• 我们工作的实质部分是倡导

红十字会所采用的信息和证明材料都得自于其为弱势和边缘人群与社区倡导权益的项目和合作经验。在本地层级收集到的信息对于实现倡导性工作是至关重要的。倡导工作是所有项目设计的中心，范围从个案工作实施方针到政府代表团和公众游行。

• 志愿者动员

研究表明，较强的社区社会凝聚力和回复力的主要体现为较高的志愿服务水平。提高志愿者工作能够对健康程度和社会和谐产生大幅度的积极影响。红十字会的社区志愿者工作技巧、专业水平和严格管理来源于社区志愿服务水平的提升，这对于社区服务的提供者是很重要的。

• 致力于为多种类型社区人群服务

红十字会将确保其服务在我们所服务的各类社区都是可行的。在项目设计和审核过程中会辨别和讨论可行性和公正性，包括对男性和女性的不同需求进行分析并做出反应。为了能够对社区需求的多样性和复杂性进行有效地应对，红十字会动用了更多领域的劳动力量，包括来自不同社区的跨领域志愿者和工作人员。

内部管理结构

澳大利亚红十字会是一个包括全国和州/地区（或省级）办事处

的全国性组织。

全国总部的职责是机构的战略指导、政策制定和支持功能，包括项目开发、财务管理、人力资源、信息技术、市场营销、资金募集和通信联络。全国总部位于墨尔本（维多利亚省），不过全国总部的很多员工都被派往全国很多办事处，主要在悉尼工作。

各州与地区（或省级）办事处的职责是战略指导的执行，包括在所在地区范围内开展服务。州和地区办事处位于各首府城市，有些单位的员工达到 300 人。州和地区办事处由行政主任管理，他们最终需向全国总部汇报。

很多州和地区还开设了下属区域办事处，特别是那些地理范围很大或较复杂的地区。区域办事处主要负责服务的开展和会员活动，通常员工不超过 20 人。区域办事处员工通过州或地区办事处汇报工作。

机构的全国总部由首席执行官进行内部管理，高级经理负责重要职能和各地区事务。

机构的其他重要行政级别职位包括：

• 服务与国际事务运营主管——负责澳大利亚红十字会的所有的人道主义项目。

• 首席财务官——负责机构的财务管理，向首席执行官汇报，还承担财务账目方面的法律责任。

• 市场营销、资金募集与通讯主管——负责机构大份额资金的募集，包括公共资金筹集、遗赠和法人捐资。

机构的很多职能由中心领导统一管理，包括信息技术、财务、人力资源和商业运作。

服务和其他人道主义项目由基层职能部门管理。全国总部的员工负责所有项目的策略的生成、资源的获取、政策的制定和统筹安排；州和地区办事处负责项目的执行。比如，我的职责是策略开发和澳大利亚所有服务的监管，不过这些服务的执行由每个州或地区办事处行政主任具体负责。

澳大利亚红十字会组织间合作文化——同一个红十字会，是我们开展所有工作的理念。

红十字会有2000余名员工以及超过30000名志愿者。所有的管理者和员工都是带薪职员；志愿者是无偿工作的，不过部分费用可以报销（比如一些差旅费）。

所有员工最终都需要向首席执行官（CEO）述职，首席执行官也需要向红十字会委员会述职。

经皇家宪章许可组成的机构

在澳大利亚非营利组织有很多种合法组建的方式。最为常见的就是从属于社团和法人组织，其他一些通过公司方式组建，更类似于企事业单位。

红十字会是经皇家宪章许可组成的少数几家机构之一，获得了澳大利亚总督的正式批准。这一独特身份源起于我们作为英国红十字会分支机构的历史，还有一个原因就是我们在人道主义领域是政府的辅助机构。红十字会在联合国不能被登记为非政府组织。一个国家的政府必须是日内瓦公约的签约国，而且将相关义务进行立法，才可以成立本国的红十字会。

虽然红十字会在法律意义上有这样重要的独特性，但是澳大利亚红十字会的章程和规定以及管理体制与很多其他慈善团体和非营利组织是非常一致的。

章程与规定

红十字会的章程与规定规范了组织的管理方式，在管理方式更改的情况下，按照需要进行修改。在过去三年里，完成过两次修改，这反映了澳大利亚红十字会的不断改进和发展。

近几年的重要修改包括加强红十字会委员会的工作，还有在重要的顾问职能方面改变了州和地区（或省级）委员会所扮演的角色。

章程和规定的任何改动都需通过最高层级的管控班子——红十字委员会商议并且必须经过政府的批准，这样才能够提请皇家宪章的修改。

章程和规定规范了会员制度机构、管控班子的角色以及管理决策过程的实施和相关细节。因此，章程和规定实现了组织管理的稳定性和确定性。

独立于政府的组织

虽然在人道主义事业领域红十字会是政府的辅助机构，但它也是完全独立于政府的组织。独立性是红十字会七项基本原则之一。

澳大利亚红十字会的很多人道主义项目都获得了政府的资金支持，在很多领域与政府密切配合，不过，在澳大利亚，它像其他非营利团体一样保持着其作为单独实体的独特地位。

慈善/非营利团体

第二个演讲中将谈到，红十字会和澳大利亚的其他类似组织作为“公共慈善机构”被澳大利亚税务办公室认定为慈善团体。这为红十字会组织、去雇员和捐资人提供税务和其他方面福利。

红十字会会员制度

红十字会是以会员制为基础的组织，目前在澳大利亚境内有超过23，000名会员。

会员来自全国各行各业，拥有不同专业技能，背景多种多样。不过，澳大利亚红十字会的绝大部分会员在20世纪40年代加入组织。很多人入会时还是孩子，或者是一些战后为返乡士兵提供帮助的人。

澳大利亚红十字会和很多类似组织一样，在招募和保持会员方面遇到了很大的困难。近几十年会员数量明显下降，目前依然呈下降趋势。一部分原因是澳大利亚社会性质的变化，很多工薪人群没有空余时间参加组织活动。不过，这还归因于年轻一代期望的改变，他们希望在组织内“进进出出”而不是一生忠于同一组织。

红十字会目前正在研究复兴会员数量的策略，这需要明确指出组织成员未来的角色以及吸引青年会员和形形色色会员的方法。

管理改革

上面提到，澳大利亚红十字会在近些年经历过重大的管理改革。主要变化包括：

- 加强红十字会机构核心管理班子的职能。
- 州和地区办事处委员会在咨询职能方面角色的变化。在本国相应地区的组织工作中起到指导作用，这是很重要的。
- 重新肯定了统领和管理的角色——统领角色主要在于政策制定和战略规划。
- 更新投票和会员结构，在全国推行更为公正的投票体系。

这些改革取代了之前的红十字会八项方针，更有助于组织实现“唯一的红十字会”这一理念。虽然组织的运作有时像联盟体制，但它的确是一个单一的组织。

管理结构概述

见附录 1

澳大利亚红十字会的管理结构分为若干层级，以组织的“股东”会员投票为基础产生代表。下面是管理结构的关键元素：

- 全国理事会

全国理事会位于澳大利亚红十字会管理体系中最高层级。通常理事会每年召开一次年度大会，会上在有资质的层级内选举全国委员会成员，同时对组织章程和规定的修改进行讨论批准。

全国理事会共有36名成员，包括每个州和地区的2名代表。

• 红十字委员会

红十字委员会每年有全国理事会选举产生，负责机构整年的监督管理。委员会每年至少召开6次会议。

委员会组成包括主席、副主席、8名州和地区委员会主席和一定数目的组织外成员（依照他们的特别经验和知识指定）。

关于红十字委员会运作的进一步信息在下面有更为详细的讲解。

• 州和地区理事会与顾问委员会

州和地区理事会通常每年召开会议，为各州或各地区的会员提供机会讨论选出全国理事会和州顾问委员会的代表。

州和地区顾问委员会为组织的重大地区问题提供建议，包括管理权限内的薄弱环节。虽然已经不再拥有自决权，但仍提供重要的平台确保地区层级的组织享有自主权，同时向全国层级的组织告知策略和政策指导情况。

• 分支机构

分支单位由支持组织战略目标的团体组成。分支机构通常存在于非常小的区域内，成员数目有少有多。分支机构的职责是选出州理事会和顾问委员会的成员，这些成员再选举全国理事会和委员会的成员。

• 会员

会员加入红十字会组织，每年缴纳会费，作为对组织发展的支持。会员可以在机构选举中投票，是机构管理体系的最基本组成部分。会员是组织不可或缺的“股东”。

• 红十字委员会

上面谈到，红十字会委员会的职责是组织全年的管理，成员由全国理事会选出。

像许多现代的非营利机构的委员会一样，红十字会委员会具有公司董事会的很多特征，采用分权管理的模式。管理集中在战略和政策的制定而不是参与到机构管理的细节之中，这些细节由首席执行官负责处理。

与公司不同的是，红十字会委员会的成员是无偿服务的，没有任何其他形式的经济报酬，不过与其他志愿者一样，委员会成员的费用可以报销。

目前的红十字委员会组成：

- 总裁（之前称为主席）
- 副总裁（之前称为副主席）
- ARMC 主席（审计与风险管理委员会）
- ARCBS 委员会主席（澳大利亚红十字会血液服务机构）
- 8 名州和地区代表
- 青年代表
- 4 名组织外人员，因特殊技能或经验而招募加入。

委员会通过所要求的大多数投票作出决定。

委员会有相当数量的分支委员会辅助其运作，重要机构包括：

- 审计与风险管理委员会——负责监管金融与风险管理程序。
- 资产策略委员会——负责扩大机构的资产基础（办公楼、投资）。
- 顾问委员会——负责为活动某些领域提供策略和政策信息（比如灾难救援服务）。

顾问委员会通常由委员会成员和特定专业领域的合作人员组成。

公示义务

与澳大利亚所有非营利机构一样，红十字会也需要将其活动和经费使用情况进行公示。正式方式包括：

- 年度报告——在网站上登载和发布此信息。年度报告包括一年的财务结果和重要成果。年度报告的复印件需要提交政府部门作为机构合法身份证明的一部分。

• 年度会议——对一年的活动进行回顾并对组织的经济情况进行演示和讲解。

• 公布财务账目——作为上述年度报告的一部分，外部审计结果也需要进行公示并提交给相关政府部门。

此外，还需要满足政府提供经费部门和公司支持者提出的特殊要求。这些通常包括公示报告的复印件，不过可能扩展到额外的审计和信息的发布。

优势

澳大利亚红十字会的管理体制有一些显著优势，特别是在近些年的改革以后。这些包括：

• 清晰的规定

章程和规定明确了机构管理体制如何发挥职能。近些年的改革为更新和简化制定于 20 世纪 40 年代的章程和规定提供了机会。

• 志愿管理

所有的管理人员志愿为组织工作，所以机构无需因为支付管理人员工资而面临困境。

• 代表结构

机构的会员制度和选举机制确保了管理人员代表广大机构成员的观点和喜好。

• 建立机构管理指导利于执行

红十字会遵从现代化的管理体制，将着眼点放在战略策划和政策制定上，将机构的管理责任委托给首席执行官。

• 多样性的观点

采纳外部专家的意见和代表制度有利于多样性技能、专业水平和制定重要决策观点的改进。

• 公众信任与良好信誉

清晰的管理、地方代表制度以及会员遍及全国的事实都有助于加强和保持组织在公众中的信任度和美誉度。这些信任度和美誉度，对于机构生存是至关重要的，不仅限于公共资金的募集方面。

- 政府与其他捐资机构的信任

富有活力的管理体系对于获得捐资机构包括政府的信任是不可或缺的。捐资机构的积极配合才能够使组织获得上百万的资助，而他们需要准确地了解机构在根本上是如何管理的。

- 影响

委员会成员有助于组织对澳大利亚的政府和公司起到影响作用，这有利于加速机构策略目标的实现，包括对改善弱势群体生存状况政策修改的倡导。

挑战

虽然澳大利亚红十字会的管理体制有了相当程度的改观，但是仍存在很多主要问题，其中很多都是非营利机构所面对的共同问题。这些问题是：

- 战略非管理

对于很多委员会成员来说将精力都放在策略的制定上是非常困难的，他们并不希望参与机构日常的管理工作。

- 全国与州和地区委员会

委员会的大部分成员都是所在州或地区会员选举产生的。这将制造对整个组织利益和具体地区组织利益忠诚度的割裂，这是真实存在并且可以预见的。

- 代表们的期望

管理像红十字会这样一个大型组织要求管理者投入很大一部分时间和精力。这会影响他们的个人生活，包括在有些情况下会失去收入。

- 规模与复杂性

红十字会是一个复杂的机构。在组织内部有大约 90 人的管理者。管理的过程要求全国的成员有代表意识，这难免会使过程复杂和投入过多。

- 经济影响

虽然管理人员是没有收入的，但是服务于如此庞大的会员体系和管理基础的费用也是很大的，这将会牵扯一部分本来用于满足弱势人群需要的资源。

- 适度的技能与经验

代表制度不能确保管理人员具备统管一个如红十字会这样庞大和复杂的组织所需要的适当技能和专业知识。不过邀请外部指定的委员会成员的加入将减轻这种情况，这能够填补委员会中所缺乏的技能和专业知识。

- 适度的委托

打破授权的管理与适当委托和保持委员会层级的控制能力之间的平衡有可能会出现问题。

- 改变管理方式

支持了组织几十年的会员会出现很多反对变化的情况。机构需要尊重和肯定过去的成绩并且要确保机构仍能平稳发展。

- 弱势人群的心声

机构存在的主要原因就是满足弱势群体的需要，确保组织管理层听到这些人的声音是很有必要的。澳大利亚红十字会有相当一部分成员就来自机构所服务的那些团体。

结论

这篇文章介绍了澳大利亚红十字会的管理体制，以此作为澳大利亚非营利机构案例学习的一个例子。红十字会在近些年经历了重大的管理改革，改进了机构的管理体制，不过这个成立于 20 世纪 40 年代以会员制为基础的组织仍存在很多明显的问题。

附录 1

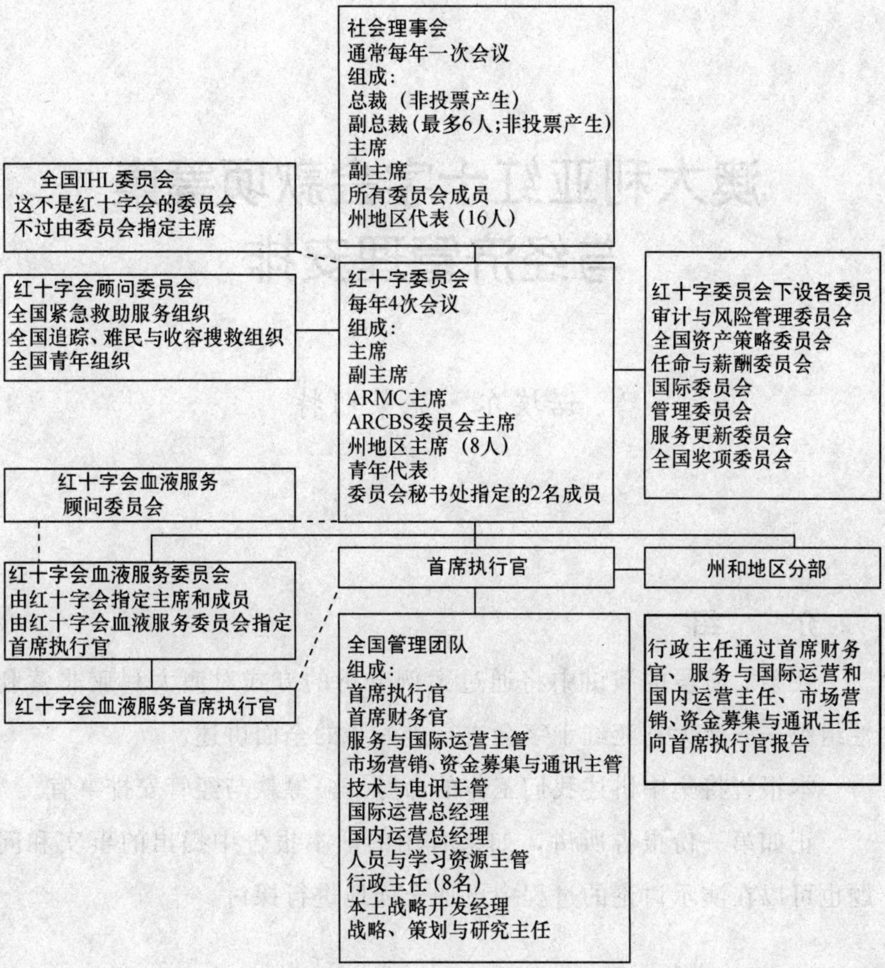

（作者为澳大利亚红十字会澳大利亚服务部主管）

澳大利亚红十字会款项筹集与经济管理安排

诺埃尔·克莱门特

介　绍

在第二阶段的演讲中将通过案例分析的方式对澳大利亚非营利性组织——澳大利亚红十字会进行进一步的全面讲述。

本报告将集中讲述我们工作的命脉——筹款与经管安排事宜。

正如第一份报告所讲，如果有用的话本报告中提出的事实和问题也可以在演示讨论的过程中更加全面地进行探讨。

经济情况概述

2008—2009 年度，澳大利亚红十字会创收总额为 10.27 亿澳元，比前一年增长了 73%，其主要原因是 2009 年的维多利亚州森林大火援助基金呼吁活动筹集资金超过 3.73 亿澳元，用于帮助灾区和灾民。森林大火所有的援助基金均被转入政府建立的一个信托账户。

红十字会慈善项目与各项服务的总收入超过 2 亿澳元。

澳大利亚红十字会血液服务项目从政府获得 4.46 亿澳元，以作向国家供应血液之用。由于血液服务项目是作为组织的一个独立机构运营的，因此在这次演示后面所提到的数字将不包括血液服务项目。

收入来源

澳大利亚红十字会获得的资助及创收来源多种多样。尽管大部分收入直接由政府提供，但是仍然有相当大额度的收入通过公众捐赠、遗产赠送、企业援助、慈善信托基金会及商务业务筹集。

澳大利亚红十字会从澳大利亚国家政府及每个州/地方行政区（或省）政府获得资助。2008—2009 年度，澳大利亚红十字会 54% 以上的服务项目均由政府资助，但是如果将森林大火援助基金从所获总收入中刨除的话，那么政府提供的资助将会占到 2009 年财政年总资助的 83%。

政府资助通常是提供给专项服务或活动的，比如家庭援助项目或个人援助者与指导者项目。

红十字会经常通过某个竞争性投标过程来与其他非营利性组织竞争获得政府资助的机会。但是，有些时候政府会直接从红十字会获得服务并为这些服务提供资助（比如血液服务）。

红十字会就政府提供的所有资助与政府签订合同，其中明确规定需要汇报创收情况，以能够继续获得资助。

资助期大不相同，合同最长期限通常是三年。

澳大利亚各级政府虽然把大部分服务的分配和安排工作都“包给”了非营利性组织，但是一些核心“法令规定的”职责通常还是由政府保留（如儿童保护调查）。

非营利性组织是政府项目高效率、低成本且切实有效的“承包人”。

对于红十字会来说，由政府资助的所有项目还必须符合组织的基本策略导向，并且在执行和安排的过程中必须符合组织的原则和工作方式。对于不能满足这些标准的项目，红十字会是不寻求也不接受政府资助的。

企业支持

许多企业通过捐款或赞助的方式向红十字会的项目提供支持和帮助。

2008—2009 年度，红十字会从企业和信托与基金会获得超过 0.23 亿澳元的专项基金用以执行各特定项目和活动。

红十字会的企业支持者包括银行、保险公司、健康食品公司、连锁超市、零售商店及制造公司。

红十字会根据企业所提供支持的多少在宣传和市场方面为其提供商定好的认可，这种认可可以包括在所生产的材料上印上公司的标识、在年度报告中给予认可、在商业活动中给予宣传等。

慈善信托与基金会

红十字会有规律地从慈善信托与基金会获得基金赠予，这种资助通常是有时限的（比如 12 个月），而且是资助一些创新项目或其他新活动的。

一些企业已经建立了慈善基金会（比如国家第一不动产基金会），并在一份多年协议下提供更大程度的帮助。

向公众募集资金

澳大利亚红十字会及其他慈善组织有许多不同种类的公众筹资途径和办法。

这些途径和办法各异，从传统方式（抽奖销售、登门拜访）到最新模式（计划性赠与）都有，下面就简单介绍一下这些方法：

• 重要捐赠者

将目标放在想支持慈善事业且具有高额净资产的个人上，这一目的通常是通过与捐赠人建立长期、直接的关系来实现的。重要捐赠者虽然可以成为一个高效而可靠的收入来源，但是需要组织的前期投资。

• 筹资活动

这些筹资活动包括每年一次的“红十字会呼吁”活动，即每年的三月份红十字会将寻求捐赠，届时会组织一系列综合性活动（广告、网站、登门拜访、搞活动等）来鼓励捐赠。

筹资活动虽然为筹集资金提供了明确的机会，并且能够产生大额的钱款，但是相关的费用也常常是很高的，而且组织在很长一段时间内所要付出的努力也是不可轻视的。

• 灾难援助基金呼吁

每逢国内外紧急情况，红十字会将有规律地发起公众筹资呼吁。这些呼吁通常非常成功，维多利亚省森林大火援助基金呼吁活动（3.73亿澳元）和亚洲地震与海啸援助基金呼吁活动（1.2亿澳元）就是最好的力证。但是，通过灾难援助金呼吁活动所筹集的资金必须专款专用，所以通常来讲不能用于一个组织的日常运营。

• 遗赠

许多人会在他们去世后把钱留给红十字会，这就是所说的遗赠，它会在一个人的遗嘱中说明。虽然遗赠这种方式的成本效益很高，但是我们都明白它并非常规收入的可靠来源。

• 计划性赠与

“计划性赠与”是红十字会和许多其他慈善组织近期所采用的一种筹款途径。捐赠者由某个私企以慈善的名义来“招募”，然后提供有规律的捐款，捐款直接从他们的银行帐户或薪水中扣除。计划性赠与虽然在最初启动阶段成本会很高昂，但是其长期成本效益是非常好的，因为在接下来的阶段为捐赠者提供服务的花费是很低的，而捐赠者持续发挥作用的潜力是非常大的。

• 公募方式

人们有许多途径可以向红十字会提供捐赠，以下就是红十字会在筹资活动和灾难援助基金呼吁时通常采用的媒介：

网站。直接通过红十字会网站进行捐款是非常高效并低成本的方式。

电话中心。虽然这种方式的成本比较高一些，但是志愿者在紧急情况下的使用及受赠电话下心机构的参与可使这种方式很高效。

登门募捐。这种方式需要招募、培训并监督登门募捐者，因此通常来说会是一种相对低效而高成本的选择，但是通过这种活动也会产生成效。

第三方。通常是在一次活动或灾难援助基金呼吁中由其他组织或团体代表红十字会来集资，而红十字会通过为这些团体做登记及在组织网站上提供明确指导来对这些活动进行管理和控制。这种方式虽然成本很低，但是红十字会要对第三方集资人进行管理和监督，这是特别有挑战性的。

抽奖销售和各种活动。前面已经提到，实践证明诸如抽奖销售和搞活动（如红十字会舞会）这些传统途径并不是很有成本效益的。虽然能够获得其他利益（如搞一次有趣的活动所带来的良好形象和商誉），但是组织所需要的款项额度常常就被忽视了。

• 成本效益最大的公募方式

如上所述，根据红十字会的经验，最具成本效益的方法包括计划性赠与、遗赠、重要捐赠者和网站捐赠。

最有效的集资时间基本上总是在重大灾难发生期间和发生之后，但是这些资金通常都要专款专用，因此不能用于组织的其他操作和运营。

• 筹资法

在澳大利亚，所有的筹资活动都要严格执行相关法律、法规，比如所有的抽奖销售和搞的各种活动都需要在州政府或地方行政区政府当局登记，政府可以对所有的筹资活动进行调查。这与纳税法规有直接联系，下面会单独进行阐述。

商业经营

澳大利亚红十字会另一个重要的创收途径就是我们自己的商业化经营。组织建立了一些商务业务，这些业务的主要目的就是创造一些盈余用以资助组织的基础建设和慈善项目。

为了确保红十字会保持其慈善组织的纳税资格，区分红十字会的商业运营目的与那些营利性机构的运营目的是很重要的。其中一个重要的区别就是红十字会商业运营所产生的所有“利润”均被放回到组织的各种非营利性活动中，红十字会的领导和成员们不分享这些“利润”。

澳大利亚红十字会目前经营的商务业务如下：

- 零售商店

红十字会经营的商店遍布全国各个重要的购物地段，销售一些或新或旧或过时的衣物及家庭用品等。尽管这些商店曾经一度被经营成“机会”商店或“慈善”商店，但是红十字会商店新的经营模式跟以前相比要大大接近于主流零售业了。这些商店还是由志愿者们支持着，但是组织会指定一位商店经理负责监管运营情况。

- 培训

红十字会是澳大利亚一个注册培训组织，也就是说我们能够提供认证和非认证的培训，能够提供官方认可的资质。红十字会目前提供的课程多种多样，但是做的最好、最大的领域是急救、健康及安全课程。

培训的对象包括企业、社会团体及个人。

红十字会还生产并销售一系列急救用具及其他物品。

- 投资

红十字会还在地产和股票方面进行投资，这部分投资也能有一些创收用以维持组织的运转。这些投资由红十字会委员会的资产策略委员会管理。

纳税资格

红十字会作为澳大利亚的一个非营利性慈善组织被授予了一个特殊的纳税资格，即可免税的捐赠接受者（DGR）和公共慈善机构（PBI）。若要获得这一资格，非营利性组织需要先申请，然后由澳大利亚纳税办公室批准，不是所有的非营利性组织都能享受这一资格。

作为一个免税捐赠接受者，红十字会能够从纳税公众获得捐赠，并且开具收据，然后捐赠人可以用此收据来抵销他们自己应纳的税款。这种方式可以给捐赠者以激励，既可以减少他们自身的应纳税收入又可以使慈善组织获益。

作为公共慈善机构，红十字会必须证明其存在目的主要与慈善救济有关，这一点在政府法规和普通法律中有明文规定。这种纳税资格为组织提供了很大利益。

主要利益包括有些税款可免除，比如许多情况下的消费与服务税（GST）。作为一个公共慈善机构，红十字会还能够为员工提供额外的纳税利益，有效增加组织成员的税后工资，减少组织需要动用其资财的额度。这一结果的实现途径是“薪水一揽子”方案，也就是把一定比例的薪水通过直接为员工偿还债务的方式支付，这样是免税的。

然而，享有免税捐赠接受者和公共慈善机构资格也是存在重大挑战的。组织活动要在澳大利亚纳税办公室的密切监督和审查下进行，要确保这些活动丝毫没有偏离一个慈善组织的存在目的。而详细说明这些目的的相关法规被公认在很多方面已过时，最明显的一点就是指望慈善组织专门致力于即时救济，而这与最新的实际情况是相反的，最新的情况常常是组织会潜心于预防、救济和灾后恢复活动。维多利亚省森林大火灾难援助基金呼吁就体现了这种特别的挑战性，当时需要支持企业、农民和长期重建计划，但这一需要与仅仅为灾民提供即时救济的要求相冲突。

经济管理安排

澳大利亚红十字会经济管理安排与大多数较大组织（包括营利性和非营利性组织）的安排模式没有太大区别。

组织聘用了一名财务总监（CFO），负责监管所有经济管理安排，包括直接管理财务人员。财务总监和执行总裁一起向委员会汇报所有经济事宜，而由一个下设委员会（审计与风险管理委员会）提供管理监督。

会计和审计要求也与私企一致。红十字会遵守澳大利亚会计标准，每年由一个独立的审计公司对其进行审计。审计结果连同当年经济成果一并贴在网站上，并且印在年度报告上。另外还要向政府提供一系列的报告。

适当经济管控包括：

- 年度预算过程；
- 每月财务变化报告；
- 组织单独总账目；
- 由红十字会委员会批准的经济管理代表团；
- 定期向红十字会委员会汇报；
- 向外部资助机构汇报（比如政府）；
- 内部审计过程；
- 外部审计。

利益

除了前文所说的作为非营利性组织的一些好处之外，红十字会还有一些值得一提的优点如下：

- 打造文明社会

红十字会为人们提供了重要的机会参与打造文明社会。红十字会有 3 万多名志愿者、2 千多名工作人员及无数的捐赠者和支持者。

这为相当比例的人群提供了“回报社会”的机会以及改变弱势群体命运的机会。

• 为公众、企业、慈善团体及政府提供了作贡献的平台

组织拥有资助结构意味着有足够的空间供公众和私企支持组织的运营目的和各种活动。无论是为某个执行中的项目提供支持、通过在红十字会商店购买物品来作贡献还是为某次灾难捐款，总归有很多方式和途径可以让人们提供他们的支持。另外纳税安排也更加激励了人们去支持他们想帮助的事业。

• 多样化的资助基础能够应对风险

尽管在许多方面都大大依赖于政府供资，但是像红十字会这样的组织仅仅依靠政府资助会是一个很大的风险，而多样化的资助基础使组织能够优先考虑符合红十字会策略目标的项目和活动，也就没有了政府优先考虑的项目和活动持续变化所带来的不确定因素。

• 高效的结构——志愿者的贡献

志愿者的贡献、许多企业的亲公益支持以及红十字会工作人员所做出的努力都帮助组织保持一定水平的成本效益，这是营利组织所做不到的。而这使组织所能够获得的资源得到了最大程度的利用，同时也鼓励了政府和其他捐赠者来支持组织，因为他们知道这些资金得到了正当的使用。

• 公众问责

在澳大利亚，对于慈善组织在具有高度公众透明度和问责制方面的期待越来越高，这就使红十字会将精力集中于保持很高的公众信任度，如果没有这种程度的问责制和信任度，红十字会就不会获得其现在所享有的经济支持和志愿者支持。

• 为政府资助项目提供传播媒介

红十字会作为一个国家性组织，遍布全国各地，因此其有非常强的能力支持政府资助项目。而红十字会只会努力去执行与组织目

的和策略目标相一致的项目。

像澳大利亚许多非营利性组织一样，红十字会之所以能够做到比政府本身更高效地执行很多项目，是因为其享有很高的公众信任度，并且有组织里社区成员的直接参与。

• 致力于满足弱势人群的需求，而不求营利

前面已经提到，红十字会满足其自身策略目标及执行满足弱势人群需求项目的能力是其所做的所有事情的中心基础，我们的资助和管理安排的管控都是为了使这种能力达到最大化。

组织的努力焦点在于帮助弱势群体所取得的成果，而不在营利，这意味着我们完全致力于如何使那些我们随时准备帮助的弱势人群的生活产生长期且有意义的变化。

挑战

像红十字会这样的组织在结构、收入来源及经济管理安排方面当然会有一些挑战。主要挑战包括：

• 资助机构的期待

明确资助机构的期待是很重要的，无论这个机构是政府还是企业。因为如果红十字会接受一项资金，而其资助目的与组织目标不完全一致的话，那会特别难以解决。

• 捐赠者的期待

当社会成员向红十字会提供资金的时候他们对如何使用这些资金也有期待，而明确声明所获资金的用途以及与捐赠者进行常规沟通是应对这些期待的关键所在。

• 公众援助资金使用的透明度

对于红十字会来说，向公众明确声明所有援助资金的目的和用途并确保与所有潜在捐赠者进行有效沟通是至关重要的。如果在组织使用资金方面被发现有任何的不一致就会对组织的声誉产生重大损害，继而影响组织继续获得公众支持的能力。

• 筹资成本

获得收入所需花费的成本对澳大利亚慈善团体来说是一个很令人困扰的问题。尽管获得收入有明确的管理花费及其他成本，但是这些常常得不到捐赠者的良好理解和接受。

• 对多样化资助的需求

前面已经提到，对于澳大利亚红十字会来说，保持资助来源的多样化，以确保其能够满足自身策略目标是至关重要的。严重依赖政府资助就意味着组织会面临政府随时改变优先资助项目，而不是组织自身优先考虑的项目。

• 长期资助的重要性

红十字会致力于为弱势群体创造持续利益的长期筹划。政府资助的时限通常是三年一循环，不能满足应对待巩固问题所需要的稳定性和持续性。

• 管理费用与间接成本

这个挑战与筹资成本相似。对于组织来说，很好地平衡管理费用（或间接成本）水平与项目直接成本水平是至关重要的。而与其他组织保持同一基准、交流运营红十字会这样一个组织所花费的实际成本是达到这种平衡的重要策略。

• 资助重要的基础建设

虽然政府和企业支持者会常常为红十字会的某些特定项目和创新活动提供资助，但是组织需要的重要自身基础建设花费常常是组织苦于寻找支持资源的方面。因此商务收入及其他收入的可得性就成为组织维持其基础建设的重要因素，这是来自政府的适度贡献。

• 代表团和经济控制

红十字会代表团在作出经济决定时，努力将对组织经济控制的影响尽可能降到最低。红十字会努力通过灵活、自治的方式，发挥地方在管理资源、削减沉重的行政成本中的作用。然而，对某些支出进行严格控制，对于总体的成本控制是必须的（比如旅行、工作人员招募等）。

结论

本报告将澳大利亚红十字会作为澳大利亚一个非营利性组织进行了案例分析，提供了相关信息。红十字会还有许多地方要向中国其他非营利性组织学习，我们期待有机会交流思想和经验。

（作者为澳大利亚红十字会澳大利亚服务部主管）

Appendix

Presentations of Australian Experts

The Government and NPOs in Australia: an overview

Natasha de Silva

Thank you for the opportunity to present an overview of the government and non-profit sectors in Australia, and how these interact. I must make note from the outset that neither I, nor the organisation I represent, the Australian Human Rights and Equal Opportunity Commission, can profess to be an expert in this field. For expert advice on this topic I would ask you to look to the other members of the Australian delegation, all of whom have vast experience working in this area-both in government and the non-profit sector.

The Human Rights and Equal Opportunity however, is a non-profit organisation, and so I will speak a little about our experience and relationship with government, before moving to the non-profit sector in Australia more generally.

Before I do this though, I would like to set the context and provide you with a brief outline of our system of government in Australia. I hope this sketch of our legal system and government will help set the scene for the following presentations to come over the next day or so.

The structure of Australia's government and legal system reflects facets of both European and American models. It also incorporates traditions first developed or introduced in Australia (including for example, the secret ballot and the universal female right to vote), resulting in a system of government and law that is uniquely Australian.

Australian Constitution

Although Australia is often thought of as a young country, its government, legal and constitutional structure is amongst the oldest in the world. The Supreme Court of NSW, for instance, was founded in 1823 making it one of the world's oldest continuously functioning courts. The Australian Constitution came into force in 1901 giving Australia one of the world's longest lasting constitutional structures.

The Australian Constitution was negotiated between the six British colonies in Australia that had been founded by mainly European settlers in the 18th and 19th centuries. As a result of these negotiations the colonies became constituent States in the Australian federation. The Constitution provides for the division of powers between the federal Government (that was created by the Constitution) and the individual State governments (each of which continues to have its own Constitution).

Binding Force

The Constitution binds all Australians and all Australian institutions equally, including all arms of Government and the Queen of Australia. Any action taken by the monarch or by any arm of Government that is inconsistent with the Constitution is invalid.

Amendments

The process for amending the Constitution is contained within the Constitution. Amendments may only be made by a vote of the people. A majority of all voters and a majority of people in a majority of States must vote in favour of the amendment for it to come into force. The fact that the Constitution applies equally to all parties and the fact that it can only be changed by a direct vote of the people ensures that the people of Australia directly exercise their sovereignty.

Since 1901 there have been eight amendments to the Constitution. Most of these have been relatively minor: for instance, the last amendment, which was agreed to by the people in 1977, fixed the retirement age for Justices of the High Court at 70 years of age. Under the unamended Constitution High Court Justices had been appointed for life.

Seven Equal Governments

Under the Constitution the six State governments and the federal Government are equal in the sense that each of them derives its powers from the Constitution. The Constitution defines the powers of the federal Government and of the State governments. The federal Government's powers are specifically enumerated. They include defence, foreign affairs, currency and other matters of national importance. All powers not specifically allocated to the federal Government are automatically allocated to the State governments. Thus any power not mentioned in the Constitution is assumed to be a power of the State governments. These include health, education, criminal law and other matters of importance. As human rights are not mentioned in the Constitution, the power to legislate with regard to human rights is allocated to the state Governments. ①

The States do not derive their powers from the federal Government: both State and federal Governments derive their powers equally from the Constitution. Thus the States and the federal Government are equal parties, but with differing powers.

Conflict between the federal Government and the governments of the States are determined in accordance with the Constitution. If the Constitution does not provide the federal Government with power over a matter it

① *However, through use of its power to make treaties the federal Government has acquired concurrent power to legislate with regard to human rights.*

has no power to legislate concerning that matter. However, if the Constitution provides the federal Government with power over a matter, any State law with regard to that matter that is inconsistent with a law of the federal Government will be invalid to the extent of that inconsistency.

Federal Government

The Constitution provides for the distribution of powers to the three arms of the federal Government: the legislative arm, the executive arm and the judicial arm. Each of the State governments has its own constitution which distributes powers between the arms of the State governments in much the same way. In general the legislative arm has the power to make law, the executive arm has the power to administer law and the judicial arm has the power to interpret law.

Legislative Arm

Legislative power (the power to make law) is exercised by the two Houses of Parliament. The lower house, called the House of Representatives, is elected at intervals of no more than three years. Representatives represent specific geographical electorates of approximately equal population. Members of the upper house, called the Senate, are elected for six year terms. Election of senators is on a rotating basis, with half the Senate elected every three years. Senators represent State-wide electorates. There are an equal number of Senators from each State.

For a bill to become law it must be approved by a majority of members of both Houses of Parliament. Parliament does not have the power to pass legislation that is inconsistent with the Constitution.

The Legislative arm is the only arm of government that has the power to tax the people. Unless the Legislative arm provides funds to the Executive arm, the Executive arm would be unable to administer the law. The

Legislative arm also has the power to create agencies independent of the Executive, some of which are charged with ensuring that the actions of all arms of government are consistent with law.

Executive Arm

Executive power (the power to administer law) is held by the Queen of Australia and is exercised through the Governor-General and the Prime Minister and Cabinet. The Queen, acting through the Governor-General, her representative in Australia, appoints as Prime Minister the person who is able to command the loyalty of the majority of the members of the House of Representatives. The Prime Minister then recommends Cabinet Ministers for appointment to office by the Queen. Both the Prime Minister and Cabinet Ministers must be members of one of the Houses of Parliament. If at any time the Prime Minister loses the confidence of the members of the House of Representatives he must resign or recommend to the Queen that Parliament be dissolved and a new Parliament elected.

The power to enter into international treaties is an Executive function and is thus exercised by the Queen, through the Governor-General, Prime Minister and Cabinet. However, because the Executive arm does not have the power to make law (this being the exclusive power of the Legislative arm), the Executive arm, by entering into a treaty does not make the substance of that treaty into Australian law. For the treaty to become Australian law it must be passed into law by the Legislative arm.

The Executive arm acts largely through "departments" staffed by public servants. These include, for instance the Department of Foreign Affairs, the Australian Taxation Office and the Department of Families, Housing Community Services and Indigenous Affairs. For most Australians contact with the Government is with public servants employed by the Executive within these departments. These departments are provided with funds by the Legislative arm through the annual budget of the Executive. The Legislative arm also provides funds though the Executive's budget for the operation of the Judicial arm of government and the many agencies that are independent of the Executive.

Judicial Arm

Judicial power (the power to interpret law) is vested in the High Court and other courts of the federal Government (e. g. Federal Court, Family Court, Federal Magistrates Court). The High Court interprets the Constitution and any legislative or executive action that is inconsistent with the Constitution can be declared void by the High Court. As an indication, the High Court only hears about 50 cases each year, ensuring that it only hears the most important matters.

The seven Justices of the High Court are appointed by the Executive arm and cannot be dismissed, except under exceptional circumstances.① They are required to retire from the Court at 70 years of age.

Responsible Government

Most Australians when referring to "the Government" are referring only to the Executive arm. Under the doctrine of responsible government, the Executive is responsible and accountable for its actions to the Parliament. The Parliament is in turn responsible and accountable for its actions to the people. Thus, although Australia is a constitutional monarchy, ultimate sovereignty lies with the people.

The maximum interval between federal elections is a little more than 3 years.② All Australian citizens and permanent residents over the age of 18 are required to vote.③ Any citizen or permanent resident may seek election to Parliament. In practice most members of Parliament belong to one of the organised political parties united by a political philosophy and a stated body of public policies.

---

① *No justice of the High or any other federal court has ever been dismissed.*

② *A new Parliament must be elected within 3 years of the first day on which the current Parliament sits.*

③ *Failure to vote without a reasonable excuse is punishable by a small fine.*

Australian Independence

Although the Queen of Australia is also the Queen of the United Kingdom, Australia is an independent country. Responsible government (effectively the sovereignty of the people) was first established in New South Wales in 1853 and since that time Australia has advanced slowly but steadily towards complete independence. Although full independence is popularly considered to have been established when the Constitution came into force on 1 January 1901, in fact the process of gaining independence has been much more gradual.

Australian Legal System

Australian Court System

Each of the States and Territories has a hierarchy of courts. At the bottom of the hierarchy is a Local Court, then a District or County Court and then the State or Territory Supreme Court. The Supreme Courts have their own Courts of Appeals and appeals from those courts are to the High Court.

The High Court is the highest federal court and the highest legal authority in Australia. It has appeals jurisdiction over all matters, including matters decided at first instance in State courts.

The High Court generally only hears cases that it is believed may better illuminate the law, which may have Constitutional implications or which are a matter of public importance.

Human Rights Law in Australia

The Australian Constitution is mainly concerned with the distribution of powers between the federal and the State governments. It does not define the rights of Australians. Australia, unique among western nations, does not have any legislated statement of rights, such as a Bill of Rights.

Moreover，international human rights treaties have no direct effect on Australian domestic law，and thus do not alter the rights of Australians. This is because entering into international treaties is an act of the Executive arm of government while the making of Australian law is the exclusive responsibility of the Legislative arm of government.

Despite the lack of a comprehensive statement of rights，the human rights of Australians are established，promoted and protected in a number of ways. Rights have been established：

（a）As a result of being part of the common law of Australia. For instance，the High Court has found that freedom from arbitrary arrest is part of the common law-it has been established as a right brought to Australia by British settlers where it had been the common law for at least 900 years. As it has not been repealed by the Legislative arm of government，it remains a common law human right.

（b）By being legislated. For instance，after the Executive arm signed the Convention to End All Forms of Discrimination Against Women（CEDAW），an important international human rights treaty，the Legislative arm passed the Sex Discrimination Act（SDA）. The SDA effectively incorporates into Australian law the rights provided for by CEDAW.

（c）By being found as a necessary implication of the law. For instance，the High Court has found that the Constitution creates a system of democratic，responsible government. Such a system of government cannot operate without freedom of political communication. Thus the High Court has found that it is a necessary implication of the Constitution that Australians have the right of free political communication.

Through these three approaches（as well as a number of less important ones）there has been established in Australian law a large body of human rights. Aside from the comprehensive body of basic rights that form part of the common law，the legislature has also passed into Australian law the Race Discrimination Act，the Sex Discrimination Act，the Disability Discrimination Act and the Age Discrimination Act.

Human Rights and Equal Opportunity Commission

Through the Human Rights and Equal Opportunity Commission Act the Legislative arm has created an organisation, the Human Rights and Equal Opportunity Commission (HREOC), responsible for the promotion and protection of human rights. The Commission, although provided with funding through the budget of the Executive, carries out its functions independent of the Executive. These funds are made available to the Executive as a result of a law (the Supply bill) which is passed by the Legislative.

Although its main function is to educate the public, it is not unusual for HREOC to participate in court proceedings, sometimes arguing against the actions or policies of the Executive arm of government.

This independence is essential to the Commission's ability to be an effective advocate of the human rights of every Australian. This independence also means that there is a general expectation among the Australian community that the Government will not seek to undermine or curtail the independence of organisations our organisation or others like it, but will respect its right to be critical of government, and where appropriate, will act on its recommendations.

Administered by the President as the Chief Executive officer, the Commission derives its powers from federal anti-discrimination and human rights laws. The President is assisted in the administration of these laws by Commissioners for Human Rights, Sex Discrimination, Race Discrimination, Age Discrimination, Disability Rights and for Aboriginals and Torres Strait Islanders. The President and Commissioners are statutory appointments for fixed terms of between three to five years.

Much of the Commission's work focuses on the promotion of human rights and the prevention of discrimination and human rights violations within the community. The Commission seeks to do this through:

- Human rights education and promotion

• Investigating, mediating and adjudicating individual complaints made under (national) human rights and anti-discrimination legislation.

• Conducting public inquiries into breaches of human rights and of discriminatory practices

• Policy development and monitoring the government's own respect for international human rights treaty obligations, and,

• Recommending and reviewing laws, policies, programs and activities to promote and protect human rights.

With such a wide range of functions, we need to be multi-skilled and strategic in the approaches we choose to deploy when addressing particular issues. We therefore continually need to be re-evaluating how we fulfil our role as Australia's national human rights institution and how we deliver our human rights message in the most effective or efficient way. Delivering this message can be done in a number of different ways including through:

- the administration of a complaints process,
- engaging with the media,
- implementing education and awareness campaigns,
- policy work,
- research,
- legal interventions and
- national inquires.

Maintaining independence is a challenge for all national human rights institutions around the world and HREOC is no exception. If these human rights institutions are to fulfil their role effectively, independence is essential, particularly when monitoring the government's respect for international human rights treaty obligations.

One of the challenges faced by HREOC, and other statutory authorities like it, is the fact that it is reliant on funding from the very government whose performance it is assessing.

It should come as no surprise therefore that such institutions often face significant financial resource constraints and the further challenge of having to target scant resources to make the widest impact.

To address this problem, a UN-sponsored meeting of representatives of national institutions was held in Paris in 1991. As a result of this meeting, the Paris Principles were developed.

The Paris Principles are a detailed set of principles on the status of national institutions, such as HREOC. The principles, subsequently endorsed by the UN Commission on Human Rights① and the UN General Assembly② have become the foundation and reference point for the establishment and operation of national human rights institutions.

In summary, the characteristics of institutions that meet the Paris Principles include:

- independence by statute or constitution
- autonomy from government
- pluralism, including in membership
- a broad mandate based on universal human rights standards
- adequate powers of investigation, and,
- sufficient resources.

Increasingly, maintaining independence does not mean independence only from government. In most countries today there is an overlap between the interests of government and business or industry. The nature of politics means that maintaining independence may therefore involve maintaining independence from a range of stakeholders.

This presents new challenges. It involves recognising a need for *total* independence at an international level. It also means supporting this independence at a national level and fostering solidarity and mutual support amongst other independent institutions.

① (*Resolution* 1992/54 *of* 3 *March* 1992)

② (*Resolution* 48/134 *of* 20 *December* 1993, *annex*)

Despite these challenges the Commission, through working with media, educators, unions, employers and community groups, is largely successful in its attempt to raise awareness of human rights within the Australian community.

The legislation that HREOC is responsible for administering largely gives effect to a number of international human rights treaties which Australia has ratified. The importance of enacting laws nationally, based on commitments to international treaties, cannot be understated. Human rights law is designed to be equally applicable to all people all over the world, across borders, cultures and religions.

As in other areas of public interest there are many organisations, some publicly funded and some privately funded, that examine the performance of Australian governments in relation to human rights. Some of these focus on particular groups (for example, the disabled) or subjects (for example civil liberties) while others are more generally concerned with the protection of human rights. All are free to communicate their views, to organize demonstrations, to agitate for change and to use the tribunals and court systems to advance their particular causes.

HREOC and other watchdog agencies like it, are in the unique position of being neither a government agency nor a non-government agency or NGO. Rather, we sit somewhere in between. We are, as I have mentioned, a non-profit organisation entirely funded by the federal government, and at the same time statutorily independent of the government. We do not provide government-funded services, nor do we advocate for a particular group of people, we advocate for the human rights of all Australians. The difference between an agency such as HREOC and a non-profit organisation or NPO, is subtle, but nevertheless there remains a difference.

It is other the non-profit organisations that I would now like to move on to.

The Relationship Between Government and Non-Profit Sector in Australia

The operation, participation and engagement of the non-profit sector in Australian society has long been an important feature of our democracy.

Before I move on in more detail to the relationship between government and non-profit sector, it may be useful to briefly look at the terminology associated with the sector.

There are a number of terms used around the world to describe the non-profit sector. No doubt many of you will be familiar with them: non-government organisations or NGOs, non-profit organisations or NPOs, non-profit institutions, the third sector, peak organisations, civil society organisations.

All these names refer in large part to the same type of organisation. In Australia, the Australian Bureau of Statistics (our official statistical agency) refers to non-profit institutions and defines them in the following terms:

They are organisations, they are not-for-profit and non-profit distributing, they are institutionally separate from government, are self-governing and non-compulsory. ①

When referring to the non-profit sector inAustralia, we are actually talking about a very large group of organisations. This broad definition includes sporting clubs, surf lifesaving associations, churches, welfare agencies, charities, civil society organisations and so on.

Contained within this broad definition of the non-profit sector are what is known as 'peak bodies or peak organisations'. These organisations are defined as:

Representative bodies that provide advocacy, representation, coordination, information, research and policy development on behalf of member

① *Australian National Accounts: Non-Profit Institutions Satellite Account* 1999—2000, *Australian Bureau of Statistics*, *Catalogue No* 5256.0, 2002.

organisations within a given sector or representing a specific section of the community (for example children's or women's services, the ageing, people with disabilities) . Peak bodies are not themselves service providers. They are consulted in the process of policy development and give advice to parliamentary inquiries on relevant legislation. ①

Andrew Johnson represents a peak body, the Australian Council of Social Service. InAustralia we most commonly refer to the sector as the NGO (or non-government) sector. For today, I will keep to the NPO sector and peak bodies.

History

Since the first world war, and perhaps even earlier, Australia has relied heavily on the non-profit sector for the provision of social welfare services. It was during the 1970s however, that NPOs began to emerge in much the way we see them operating in Australia today. The 1970s in Australia was a time of vibrant debate on how to build a fair and just society. Arising from this debate was government funding of poorly represented and marginalised groups in society, allowing them to be heard.

The rationale for this funding of NPOs was to strengthen the weak voices in the community-the voices that would otherwise have gone unheard in public debate and policy development.

This funding saw an expansion of the role of NPOs from that of pure service delivery-that is, feeding the hungry, providing homeless shelters, counselling services and so on-to one that included advocacy.

Advocacy is defined as "the act of pleading or arguing in favour of something", such as a cause, idea or policy. In policy terms, advocacy is an extremely important element of good decision making. Elected officials,

---

① *Governing for the Mainstream*: *Implications for Community Representation*, *Marian Sawer*, *research School of Social Sciences*, *Australian National University*, *published in the Australian Journal of Public Administration*, *March* 2002.

government regulators, public servants and others create laws and regulations which affect the day to day lives of citizens-it is important then, that these decision makers have an understanding of the needs and desires of the lives they seek to change.

Advocates and government will not always agree, in fact they frequently do not. Disagreement is however, essential to the process. Disagreement is often a constructive outcome as it forces decision makers to rigorously examine their reasoning and in doing so, will often result in more considered and balanced policy. It is important to note that peak bodies or advocates do not always seek to disagree with government for the sake of disagreement, rather NPOs seek to offer constructive feedback which contributes to the overall development of better policy.

This expansion of the role of NPOs was a significant step forward for the Australian community and NPO sector, and today, a strong, robust and healthy NPO sector is considered vital to a well-functioning democracy. The NPO sector seeks to represent people in its society and therefore reflects society's ever-changing attitudes, values and expectations.

This demand for community consultation in policy development was swiftly incorporated into all levels of government around the country, becoming standard practice.

Public funding of NPOs facilitated an increased participative link between government and the community through enhanced consultation. The ability to present perspectives of marginalised groups recognises that there is a need for balance in policy debate and outcomes.

Throughout the 1980s an increasing number of NPOs were created and funded with public money. The increase in the establishment of NPOs however, was accompanied by an emphasis on performance indicators and budgeting techniques by the Labour government at the time. This 'managerial' approach to NPOs placed what some viewed as unrealistic requirements on NPOs, such as the development of business plans. For those

NPOs operating solely on volunteer labour, such administrative labour intensive conditions were a considerable burden.

Looking back, it is clear now that these types of conditions on NPOs, introduced in the 1980s, effectively signalled the beginning of a changing nature in the relationship between government and NPOs. It began a shift in relations from condition-free financial and political support of NPOs (where NPO input into policy debate was keenly sought) to a more regulated, business type arrangement.

While such conditions have the potential to increase accountability which is a good thing, it is important to remember that NPOs often have very little in the way of resources in the first instance. Requirements tied to funding therefore can severely hamper the effectiveness of NPOs to carry out their core work.

By 1990, the same federal government was funding 38 peak bodies in the community services and health field alone.①

That year, the federal Minister for Community Services and Health requested the Parliamentary Committee on Community Affairs to report on the rationale for NPO funding (particularly in relation to 'peak bodies'). The report by the Committee, handed down in 1991 found that "the strongest rationale for funding such bodies was that it enabled disadvantaged groups to be represented in the formulation and implementation of policy, with such input balancing the input of organised private interests. Disadvantage in this sense might encompass low income, disability, age, housing status, Indigenous status or non-English speaking background".②

---

① *Governing for the Mainstream: Implications for Community Representation*, *Marian Sawer*, *research School of Social Sciences*, *Australian National University*, *published in the Australian Journal of Public Administration*, *March* 2002.

② *You Have Your Moments: A Report on Funding of Peak Health and Community Organisations*, *Parliament of the Commonwealth of Australia*, *House of Representatives Standing Committee on Community Affairs* (*HORSCCA*), 1991.

Further, the Committee supported the view that "an integral part of the consultative and lobbying role of these organisations is to disagree with government policy where this is necessary in order to represent the interests of their constituencies". ①

In its evidence to the Committee, the Department of Community and Services as it was known then, emphasised that "the funding of representative bodies should not be tied in any way to government priorities, because their purpose was precisely to make life uncomfortable for government or get up the government's nose where necessary". ② Thereby endorsing the view that peak bodies and NPOs remain independent of the government, despite the funding arrangements.

These findings by the Committee were significant on a number of levels. Firstly, the Committee report confirmed the fundamental purpose for establishing and funding NPOs in the first instance-the representation of marginalised or otherwise unheard groups in society. Secondly, its findings explicitly endorsed NPOs right to agitate of disagree with government-viewing such a relationship as a positive feature of the relationship.

Just five years after the findings of that Committee, Australia experienced a change of government at the 1996 elections, which saw John Howard (a conservative) become Prime Minister of Australia. Soon after his election as Prime Minister, John Howard expressed his view of NPO peak bodies in a public address, when he referred to them as "vested self-interest groups".

The following year, the government extended the conditions begun by

---

① *You Have Your Moments: A Report on Funding of Peak Health and Community Organisations*, *Parliament of the Commonwealth of Australia*, *House of Representatives Standing Committee on Community Affairs* (HORSCCA), 1991.

② *You Have Your Moments: A Report on Funding of Peak Health and Community Organisations*, *Parliament of the Commonwealth of Australia*, *House of Representatives Standing Committee on Community Affairs* (HORSCCA), 1991.

the previous government in the 80s on NPOs and introduced 'outcome-based' funding. This essentially meant a shift towards 'purchaser/provider' relationships between government and NPOs, where specific outcomes were required under formal contracts related specifically to government objectives.

The introduction of outcome-based funding was a significant departure from the 1970s where the same organisations were funded for their representational roles alone. The implications of this new arrangement meant that NPOs engaged in government contract, by virtue of their scarce resources in the first instance, had even less capacity to engage in public debate and advocate for the marginalised groups they represented.

Then, in 1999, the government moved to re-write funding contracts to include confidentiality clauses and requirements for advance notice of any media activity[①]-the effect of which was to lessen transparency and contain NPO influence in the public arena.

In addition to these measures, the government subsequently sought to defund a number of NPOs they considered too 'far from the mainstream' or force amalgamations between NPOs that were not necessarily logical partnerships. The consequence of this elimination and division was a dulling of the previously independent voices that sometimes did, but also sometimes did not, agree with government action and policy.

In implementing these changes, the government did not indicate that these were its desired outcomes. Nevertheless, even as unintended consequences they significantly altered the independence and freedom of NPOs to criticise government policy.

In the face of these major changes to the NPO sector, a number of key

---

① *Governing for the Mainstream: Implications for Community Representation*, *Marian Sawer, research School of Social Sciences, Australian National University, published in the Australian Journal of Public Administration*, March 2002.

non-profit organisations came together in 2002 to form the National Roundtable of Non-Profit Organisations. The Roundtable is a body which seeks to represent the sector on shared issues affecting the contribution, performance and viability of NPOs in Australia. Andrew Johnson who will be speaking later today is on the board of the Roundtable and the organisation he presents, the Australian Council of Social Service, is a member. Andrew will discuss the role of the Roundtable further in his presentation.

Funding

Andrew Johnson and Robyn Fleming will be in a better position than I to discuss the way funding between government and NPOs is allocated and secured, so I will only provide a quick sketch here.

Non-profit organisations receive funding from a wide range of sources, however it is clear that government is the most significant contributor. In 2002, the non-profit sector in Australia was in receipt of over $10 billion 60 billion RMB) from government (this figure includes all levels of government-federal, state and local).[①]

Without this level of funding it is likely that many NPOs would not be able to operate efficiently.

Another significant contribution to the NPO sector is volunteer labour and I will talk about that in more detail in a minute.

Statistical overview

To paint an overall picture of the non-profit sector in Australia-it may be helpful to provide you with some relevant statistics.

Relative to our population size of 21 million, the NPO sector in Australia is significant. There are approximately 700, 000 non-profit organisations around the country, at both state and federal level. The majority of these are small NPOs, highly, if not entirely, dependent on the voluntary

---

① *Australian National Accounts: Non-Profit Institutions Satellite Account* 1999—2000, *Australian Bureau of Statistics*, *Catalogue No* 5256.0, 2002.

commitment of their members.

Of these 700, 000 NPOs operating in Australia, just over half, or 380, 000 non-profit organisations are what we call incorporated in some form. This refers to their status as independent entities under the law. Incorporation of a NPO has reporting and taxation implications-something that PY Lim from the Australian Taxation Office will speak about in greater detail tomorrow.

It is estimated that around 35, 000 non-profit organisations inAustralia employ staff. The balance as mentioned earlier, will largely rely on voluntary contributions of their members to keep the organisations going. The level of employment by the NPO sector is considerable, with over 600, 000 employed, representing 6. 8 per cent of all Australian employment.

Social services accounts for 26 percent of non-profit sector employment, 24 percent in education and research, 21 percent in culture and recreation, 15 percent in health, 2. 5 percent in professional associations and unions and the remaining 11. 5 percent in other fields. ①

It is not surprising then that the NPO sectors impact on the economy is substantial. In 1999/2000 it is estimated that NPOs contributed ＄21 billion (126 billion RMB) to the Australian economy-this equates to 3. 3 per cent of GDP.

As I mentioned, non-profit organisations rely on a number of sources for income, however perhaps the largest two contributors generally speaking are government funded grants and donations made by individuals and corporations.

In 2004, 13. 4 million Australians donated ＄5. 2 billion (31. 2 billion RMB) to non-profit organisations. A further ＄2 billion was contributed by

---

① *Giving Australia: Research on Philanthropy in Australia*, *Mark Lyons and Andrew Passey*, *Department of Family*, *Community and Indigenous Affairs*, *Canberra*, 2004.

Australians who bought raffle tickets (for prizes), purchased items at charity auctions or attended similar fundraising events.

As mentioned previously, Australian NPOs rely heavily on the labour of volunteers. The Australian Bureau of Statistics defines a volunteer as someone who willingly gives unpaid help in the form of time, service or skills①. The culture of volunteering in Australia is very strong.

In 2004, 41 percent of adults, or 6.3 million Australians, volunteered a total of 750 million hours of labour to non-profit organisations. This volunteer labour-if it were paid-, equates to $13.3 billion (79.8 billion RMB), an enormous contribution by any standards. ②

People aged 35-44 years, and women, are the most likely to volunteer. 46 percent of women living in Australia volunteer compared with 36 per cent of men. Interestingly, full-time and part-time employees contribute more than 50 percent of the total hours of volunteer work, with unemployed people the least likely to volunteer. ③ So the people you might consider have the least time to volunteer due to work and family commitments, are as it turns out, the most likely.

Survey Results

In 2004, The Australia Institute a non-profit research organisation itself, conducted a web-based survey of 290 NPOs engaged in advocacy work to gauge their perceptions of the barriers limiting their ability to participate

---

① *Voluntary work*, *Australia* 2000, *Catalogue No.* 4441, *Australian Bureau of Statistics*, 2001.

② *Giving Australia*: *Research on Philanthropy in Australia*, *Mark Lyons and Andrew Passey*, *Department of Family*, *Community and Indigenous Affairs*, *Canberra*, 2004.

③ *Giving Australia*: *Research on Philanthropy in Australia*, *Mark Lyons and Andrew Passey*, *Department of Family*, *Community and Indigenous Affairs*, *Canberra*, 2004.

in public debate.[①]

I would like to highlight just a few of the key results as I think they illustrate the relationship between government and NPOs in recent times.

The survey found, perhaps unsurprisingly, that NPOs are more likely to be critical than supportive of government policy at all levels of government.

The most common form of consultation engaged in by NPOs was by written submission, followed by roundtable meetings and appearances at inquiries. This suggests that NPO representatives have very little opportunity to meet face to face with politicians.

92 percent of respondents considered that there was a lack of interest in their message by the government.

Interestingly, 43 percent of NPOs stated that their funding arrangements never restricted their ability to comment on government policy. Conversely 57 per cent believe that government funding, at least on some occasions, limited their ability to fully engage in public debate.

90 percent of respondents agreed with the proposition that dissenting organisations risk having their funding cut. Whether this is true or not is another matter-this statement merely reflects the perception of government/NPO relations inAustralia at the time.

58 percent of respondents indicated a belief that debate is silenced in-Australia and 33 percent believe it is tolerated.

As mentioned, this survey was taken in 2004 and it paints a somewhat bleak picture of NPO and government relations at the time. In November last year Australia voted for a change of government. The relationship of the new government with NPOs is still forming as it is early

① *Silencing Dissent-Non-government organisations and Australian democracy*, *S. Maddison*, *R. Denniss* & *C. Hamilton*, *The Australia Institute*, *Discussion Paper No* 65, *June* 2004.

days.

The indications early on are however quite positive, with the new government seeking to restore true independence to NPOs in Australia and foster a constructive working relationship with the sector. To this end the government has appointed a Minister for Social Inclusion (she is also the Deputy Prime Minister) and created a Cabinet Committee of the same name to develop a "National Compact" with the NPO sector which seeks to build a framework for the relationship.

From the Government's perspective, social inclusion refers to the coordination of policies between federal and state governments with the NPOs to ensure that no one is excluded from meaningful participation in the economic and social life of the country. ①

This approach reflects the new government's recognition of its own dependence on NPOs to improve social inclusion for the most disadvantaged and marginalised people in society.

Andrew might speak in more detail on these discussions between NPOs and government in his presentation.

Conclusion

In conclusion, I would emphasise that NPOs play an integral role in Australian society and public debate. NPOs contribute to our society in so many ways. They present voices that otherwise may not have been heard, they deliver essential services, they bring the community together and reflect community values and aspirations and they contribute to good, balanced policy development and public debate.

Similarly the governments desire to engage with all people and create a just society for all Australians is an admirable and fundamental aspect of our democracy.

---

① *Speech to ACOSS National Conference*, *by the Hon Julia Gillard*, *Minister for Social Inclusion*, *Melbourne*, 10 *April* 2008.

To ensure that both government and NPOs meet their objectives，it is essential that positive relations are maintained，that NPOs remain viable and truly independent and that each respects the others right to disagree.

Thank you.

（Ms. Natasha de Silva，Program Manager，australian Human Rights and Equal Opportunity Commission）

Working with Government: an NPO perspective

Andrew Johnson

Introduction

Thank you for the opportunity to talk to you about the non-profit sector in Australia through discussion about ACOSS, the Australian Council of Social Service.

International context

Firstly, I would like to place ACOSS within the international context of NGOs.

It is often forgotten, particularly in Australia, that the extraordinary rise to influence of Non Government Organisations ("NGOs") over the past two decades of the last century has been one of the Twentieth Century's most important progressive innovations. This rise to prominence is demonstrated by the fact that the non-profit sector is now worth one trillion dollars.

The NGO sector working in development and service delivery has, in particular, been subject to many catalytic forces during the 1990s, which have required the sector to undergo and consider significant change. Aside from managing enormous growth, these organisations are now undergoing an examination of their roles and responsibilities, due in part to their successes-which can be measured both by their financial growth and their ability to impact international relations and corporate behaviour.

This examination, both internal and external, is being conducted within a context of changing environment and a new world order. How these NGOs respond to the threats and challenges will ultimately shape their future, and with their future is linked many peoples around the world affected by poverty, war and disease.

These threats, challenges and opportunities include but are not limited to: globalisation and the emergence of a global civil society; a realisation that development alone cannot provide the solution to problems of the developing world; a new paradigm where governments more often than not contract their development programs to NGOs, and growing criticism about the legitimacy of NGOs.

A Shift in Thinking: The Rise of Advocacy

Symbolized by the "Making a Difference" conference[①], the early 1990s heralded a shift within NGOs that their operational programmes, particularly within developing countries had achieved disappointing results. Many NGOs sought to "scale up" their activities to make more of an impact (Edwards 1992). Central to this shift in priorities has been a movement within the NGO sector towards advocacy as an area of priority and, at its most extreme, as an organizing principle in place of development programs.

In the early 1990s policy-makers in leading Northern NGOs became increasingly aware of the limited impact of their development efforts. Despite enormous increases in the amount of public money being channeled through

① *It needs to be acknowledging that this discourse was centered in the United Kingdom*

NGOs, their impact on the ground was often small or transient. In the years since the publication of "Making a Difference" (Edwards and Hulme, 1992), the focus of NGO thinking, and increasingly practice, has swung behind efforts to develop more effective forms of international lobbying and advocacy.

"Advocacy" is a broader notion than lobbying. It is a process which emphasises the representative and promotional aspects of what is usually a series of activities and working methods. This may include but is not necessarily limited to lobbying. Advocacy goes beyond influencing decision-makers to influence public opinion as well as the views of many other social actors. Ultimately activities undertaken to influence a modification of policy are core to the concept and practice of advocacy.

Other words used to delineate the term advocacy are "awareness raising" (yet without referring to any particular action) and "campaigning". The former is about providing information and sharing it with your target audience, arguing your case and making it understood. The latter usually puts an emphasis on publicity and efforts to actively mobilize public opinion to build political pressure around certain issues.

The Case of ACOSS

As many organisations internationally are making a shift to understand their role in advocating for the interests of the people that they work with, the Australian Council of Social Service (ACOSS) has been grappling with these questions for over half a century.

ACOSS, which was established in 1956, is the peak council of the community services and welfare sector inAustralia and is the national voice for the needs of people affected by poverty and inequality.

ACOSS's vision is a fair, inclusive and sustainable Australia where all individuals and communities have the resources they need to participate in and benefit from social and economic life.

The aims of ACOSS are to reduce poverty and inequality by developing and promoting socially, economically and environmentally responsible public policy and action by government, community and business while supporting non-government organisations which provide assistance to vulnerable Australians.

Through its network of National Members, ACOSS links community and welfare services in every corner of Australia by bringing together:

• Eight State and Territory Councils of Social Service which represent thousands of front-line community agencies.

• National peak organisations of consumers and service providers.

• National religious and secular welfare agencies which include the Salvation Army, Uniting Care, Anglicare, Catholic Welfare, Mission Australia and the Smith Family.

• Low income consumer groups such as the National Council for Single Mothers and their Children and the Australian Pensioners and Superannuants' Federation.

ACOSS has a national reputation for effective and influential policy development for Australia's disadvantaged people based on high standards of community consultation, policy development, analysis and research.

ACOSS is active in ten key policy areas: Community Services; Economics and Tax; Employment, Education and Training; Health; Housing; Indigenous Issues; International social issues; Law and Justice; Rural and Remote Communities, and Social Security.

ACOSS leads and supports initiatives within the community services and welfare sector and acts as an independent non-party political, non-partisan voice.

By drawing on the direct experiences of people affected by poverty and inequality and the expertise of its diverse member base, ACOSS develops and promotes socially and economically responsible public policy and action by government, community and business.

Importance of the Community Services and Welfare Sector

ACOSS's other role is as the peak council of the community services and welfare sector inAustralia. Let me first talk about the importance of this sector in Australia.

Non-profit, non-Government organisations have always played a significant role in providing services to low income and disadvantaged people in Australia. In many areas the NGO sector provides over 70% of the services which would be considered public services in other countries.

Size and scope of sector

The Australian Bureau of Statistics (ABS) has estimated that at the end of June 2000 there were 9, 287 employing businesses and organisations involved in the provision of community services. The 9, 287 businesses and organisations comprised 2, 800 'for profit' organisations, 5, 938 'not for profit' organisations and 548 government organisations. While the number of government organisations has remained virtually the same since June 1996, the number of 'for profit' and 'not for profit' organisations has increased by 32% and 10% respectively.

Expenditure

The Australian Institute of Health and Welfare (AIHW) estimated that expenditure by non-government community service organisations was $11.2 billion, with the government share of funding accounting for 49%, client sources accounting for 25% and NGOs' own source funding accounting for 26%.

Workforce

In 2004 there were approximately 243, 000 people employed (202,

906 Full Time Equivalent) in community services industries in Australia, representing 2.5% of all employed persons across all industries. This translates to 1, 362 (Full Time Equivalent) community service workers per 100, 000 population in Australia.

The number of persons employed in community services industries increased by 22.6% between 1999 and 2004. This compares with a 10.5% increase across all industries. Within community services industries, the number employed in childcare services increased by 42% and in community care services by 10.2%. 8

Employees in community services were predominantly female (81.0%) and nearly half (45.8%) worked part time.

Poverty in Australia

While ACOSS works to support a strong community sector in Australia, its ultimate role is to ensure that those experiencing social exclusion, poverty and disadvantage are central to decision making within Government, Business and the NGOs sector itself.

In 2008, despite a strong economy and large budget surpluses, many Australians are not enjoying a decent standard of living.

Australia Fair, which is a public engagement campaign spearheaded by ACOSS, held extensive consultations in every State and Territory in 2006 to identify what the public thinks are the 10 essentials to ensure a fair go for all Australians.

These were: Fair Community, Education, Environment, Health, Housing, Reconciliation, Rights, Services, Welfare and Work.

Australia Fair released new figures for 2005/6 which showed that over one in ten Australians are living at or below the poverty line. In 2006, an estimated 2, 210, 000 people or 11.1% of Australians, including 412, 000 children, lived below the most austere poverty line widely used in international research. This poverty line, which is used by the OECD, is set at 50% of the median (middle) disposable income for all Australian households, in the case of a single adult. In 2006 this poverty line was $281 per week.

Poverty lines provide one way to indicate the extent of low income and disadvantage. Other indicators of hardship commonly used include: access to services such as dental care when needed; the ability to raise $500 in an emergency; the ability to take a holiday once a year and the ability to afford to send your children on school excursions.

Ultimately, the experience of living on a low income is a personal one that can best be expressed through the lives of real people living in poverty. The latest Australia Fair Report contains stories which show that people living in poverty are not all the same. They come from diverse backgrounds and there are many different reasons for poverty. Some come from disadvantaged backgrounds, some have long term illnesses or disabilities, others were once well off but a family crisis or illness changed their lives for the worse. One thing that unites the people is that they aspire to a 'normal' life where income is secure, they are respected and have a place in society.

Other research undertaken by ACOSS indicates that the ideal of a fair society is not one that can be achieved through the existing policy settings.

While 22 out of 30 OECD nations have implemented national social inclusion or poverty strategies to share the social and economic benefits of the nation, Australia had no coordinated response to disadvantage until the election of the Rudd Labour Government (in November 2007). Given the persistence of joblessness, poor health and other forms of disadvantage for some Australians, such a strategy is needed to bring people in from the margins of society and provide a tool to strengthen communities for the future.

Engaging Others in a Common Purpose: Herding Cats or Picking Flow-

ers?

In the year that the saying "let one thousand flower bloom" was coined in China, ACOSS was formed to ensure that there was a national voice for low income and disadvantaged Australians.

Whilst it is vital that many voices are heard to represent the diversity of people that exist in any community, it is also important to comprehend that great change or social advancement happens when a common purpose is shared by organisations and, where possible, by the general population.

What many NGOs have learnt over the years is that when changing policies or suggesting better programs for their clients, it can be more effective in a democracy to demonstrate that the general public supports the change. While the force of ideas is important, politicians often need encouragement and support for a position and the best way to do that is through engaging the general public in the issue.

There are many successful examples of where NGOs have engaged the general public to ensure that their interests are listened to and acted upon by government.

In 2006 ACOSS held national consultations to determine how NGOs could engender greater support for the needs and aspirations of those Australians who were missing out. This was done at a time when the former Federal Government was popular and had control of the Senate, when the media was using derogative terms like "shirkers" and "lazy buggers" to describe those Australian who were living in poverty.

These consultations led to the creation of *Australia Fair*, which I mentioned before. At the centre of Australia Fair is a space for people to participate-particularly low income and disadvantaged Australia-in devising solutions to problems and being an agent in the change required to improve the lives of low income and disadvantaged Australians.

Delivery of services

Nonprofit non-government organisations have always played a significant role in providing community and social services which are important to almost everyone at some point in their lives, but which are particularly important for low income and disadvantaged Australians. In many areas the NGO sector provides over 70% of community services in Australia.

Mark Lyons, an academic in Australia and who coincidentally held the same position as myself in ACOSS, has done great work in analysing the history of NGOs and particularly the community and welfare sector. I will be drawing on Mark's work in this section.

The first NGO formed inAustralia was the Benevolent Society, which was founded in 1813. Until about 1870 the Benevolent Society and its imitators could be found in many large towns. These general public charities, supported by the middle class, were the main source of support for the poor. Their main service was cash or food to people who had accommodation and indoor relief especially for older people, the homeless, mothers and babies. For orphans and deserted kids there were children's homes run by governments and public charities. These were financed by a combination of government support and private donations. In the early years at least, to obtain support, a person had to convince people that they deserved help.

After the 1870s, church-based welfare bodies emerged and provided a mix of services funded by their own members. From the 1920s to the 1950's, the business sector became more involved and social workers began to work outside hospitals using a home visiting model.

1920—50*s*:

- Rotary conducted first survey of Sydney's street kids in mid 1920s and in the 1930s starts Society for Crippled Children.
- Another group of business men start The Smith Family.
- Expansion of child care services and kindergartens-initially by non-

profits under a 'charity model' and in 2nd World War, by small family businesses.

• Care for frail aged provided by combination of hospitals and nursing homes run by state governments, by churches and by for-profit companies.

1950s and 1960s:

• NGOs invent new model of aged care-the self care unit. The Commonwealth Government helps roll it out by matching capital grants for funds raised by nonprofits and local government. The same approach was taken for hostel-type care and then government encourages nonprofits to provide nursing homes.

• Groups of parents with children with disabilities get together and build specialised facilities and some accommodation for their children-often with gifts of land from state governments and then by late 1960s capital grants from Commonwealth.

• Important wider social developments: emergence of strong rights based social movements; religion looses its hold and starts long term decline.

1970s

• Huge expansion of services-mainly by nonprofits with government help-indeed often as result of government initiatives (eg child care catalysts). Starts with Commonwealth and then spread to states (child welfare departments embrace community). New services (eg child care, refuges, embody a "community management" model, designed to empower people especially women but also low income people, whom it was felt had been excluded from participation in decisions about what they needed.

• As rights agenda worked its way through system it created tensions within the disability providers between rights advocates and parent directors of service providers about the best way to organise services. And also the start of a dramatic transformation in the role of government, the product of stagflation in the mid-70s-government no longer seen as the solution to social and economic problems, but the source of the problem

1980s—1990s

• Dominance of neo-liberalism or economic rationalism and managerialism.

• Government role changes such that it provide few services directly but neither to encourage non-profit and certainly not community based provision. Rather it is to encourage markets in delivery of services.

• This at a time when demographic and workforce changes (growth of service economy; more jobs for professionals and for women etc) means that there is a huge expansion in demand for, and provision of community services.

• Government no longer works in partnership with the community sector, encouraging community management etc. Rather it slowly moves to restructure huge expansion in payments to quasi-vouchers or to purchaser provider contracts; and to encourage business to compete with nonprofits for provision.

• Some nonprofits grow big with government funds; some with already high profiles also start to raise more money from the public by way of donations.

• Demand for community services continues to grow.

Role of Government

Role of government is fluid and can be hard to pin down, notwithstanding important historical developments. Governments have moved from hands off, to provider of certain services and leaving the sector the rest, to encouraging expansion of sector and then focussing on community groups as a way of empowering people, to continuing as a major funder while encouraging the emergence of market mechanisms.

One might ask where to next? But it is surely not to back to a past arrangements.

Role of NGOs with Government

An important precondition for effective engagement between the sector and government is a clear understanding of what the sector wants to achieve in its engagement with government and the terms of that engagement.

It is useful to separate the goals the sector might have in terms of the relationship itself (which is a means to an end) and the underlying goals (eg to do with social well-being and the kind of society we want to build).

At the broadest level, it might be said that the sector's reasons for engaging with government are to ensure:

• tangible improvements in the well being of individuals and the community including more equitable access to the resources that enable people to lead meaningful lives and achieve their potential;

• tangible improvements in the level and depth of involvement of people and groups in the decisions that affect their lives;

• on-going viability of the sector and perpetuation of its role and influence, based on a strong belief in the validity of the work done by the sector.

On the other side, it is important to understand the motivations of government in wanting to engage with the sector. Again, at the broadest level, governments may want to engage with the sector to ensure:

• fulfilment of government policy aims through development of trust and consensus leading to support for government policy decisions and reduced conflict in implementing government decisions;

accountability for funding and value for money.

• On both sides there may also be important relationship goals including respect, openness, trust and effective channels for communication at a range of levels.

The sector may also be seeking recognition of the independence of the sector and the importance of its expertise and perspectives to decision making within government and recognition of the constraints and pressures that operate within the sector.

Governments may be seeking recognition of the constraints and pressures that operate within the government and taking account of these when working within the relationship.

Ways to strengthen the sector through strategic engagement with government

The sector, broadly understood, engages with government in so many ways that it is not possible to develop a simple and overarching framework that could cover all aspects of this engagement.

Principles for engaging with government

One of the suggestions from the consultation with the community sector in 2006 was for strengthening the terms on which the sector engages with government was the development of a statement of principles which could be adopted by the sector and used to guide how organisations engage with government.

Some of the areas for considerations were that the sector organisations should ensure that:

• their own decisions and those of governments are informed by a focus on real outcomes for people and communities

• they are accountable and transparent in the way in which they spend public funds

• they understand and respect the role of government and work to ensure that governments understand and respect the role of the sector

• their engagement with government promotes the diversity and strength of the sector collectively

• where sector organisations contract with government to deliver public services, they should ensure that the funds provided are sufficient to meet all related costs

• they work to ensure that government supports accountability for the performance of sector organisation on outcomes and outputs;

• they work to ensure that government provides proper timeframes for consulting and reporting back on policy and program changes

• they discourage government from controlling the activities of sector organisations outside necessary contractual rights and obligations.

Government Funding

The role of NGOs especially in their role to advocate for low income and disadvantaged people is more complicated when the majority revenue or in some cases all of their revenue is derived from Government sources.

In addition to the broader issues of sector/government engagement discussed above, there are specific concerns about contracting arrangements between government and the sector. In general, there are two broad approaches taken by government agencies in respect of funding practices. It is suggested that the sector work towards the universal adoption of the first model and a jettisoning of the second.

The first approach supports and recognises the sector organisational capacity as a key component of successful program delivery. Funding bodies using this approach fund administrative costs and engage in fund management practices that are supportive of project outcomes. Supportive funding bodies focus on program quality and program results rather than the details of financial spending. That is not to say these funding bodies do not require financial accountability but they allow the organisations to make their own decisions on spending within approved budgets to achieve program objectives.

The second approach focuses on detailed control and monitoring of financial expenditures. It does not fund organisational administrative costs and employs fund management processes that are not supportive of project outcomes. This approach is enormously time consuming, excessively restrictive and often creates significant liabilities for sector organisations.

There are concerns that some contracts allow government too much flexibility to terminate contracts and conversely provide inadequate security for contracted organisations and therefore prevent agencies from responsible planning, managing cash flow and paying/retaining employees. For example, some contracts permit government departments to terminate contracts at their convenience without providing reasons, access to alternative dispute resolution processes or compensation for the contracted organisation.

In some contracts, specific provisions restrict or prohibit advocacy-related activities. As soon as the current Government came to power there was a decision by the Deputy Prime Minister to remove all gagging clauses which was warmly welcomed.

Many contracts provide government departments with excessively broad rights to remove any personnel (including members of boards of organisations) from any activity undertaken by a funded organisation where that activity relates in any way to government funding of that organisation, and to replace that person with someone acceptable to government. Many contracts also provide government departments with very broad rights of access and rights to copy agency documents and records.

Discontinuity/delay in government payments to community organisations

While many contracts place stringent obligations on community organisations in terms of performance and provide for termination if contractual obligations are not met, governments are often slow to pay contracted community organisations. Contracts do not generally provide for compensation or interest payments where government departments have been slow to pay.

Some organisations have been given their agreement one day before the old agreement expires and discover the funder eliminated a staff position or altered the agreement. Some organisations have had to absorb the costs of notice and severance for the eliminated positions because they had not been given advance notice. If the agency does not sign, the whole program is not funded and the liabilities are even greater for the organisation.

Excessive compliance monitoring and poor negotiating practices

There is often a large power imbalance between government and sector organisations. Negotiated agreements are often binding on the sector organisation but can be amended at will by government. The terms and conditions are changed and staff positions eliminated unilaterally.

Poorly framed or overly stringent service standards or requirements become unnecessary cost drivers that distract the service provider's resources and focus from the areas of most importance to the achievement of agencies' overall objectives.

There are often no established process for resolving differences between sector organisations and their funders.

Inconsistent client data collection

Organisations are required to report on the same activities in different ways to different funding bodies. Research has shown that client data requirements were 'exactly the same' across funding bodies for only 10% of multiple-funded organisations. Therefore we have recommended that the Australian Institute of Health and Welfare to undertake an audit of client data collected by Australian governments and develop a discussion paper for the harmonisation of client data collected from the community services sector.

Responding to changes in the external environment

If an agency has to meet additional costs that could not have been expected at the time of contract negotiations or were not allowed by government, the contract should state how government will respond. In such situations there should be sharing of responsibility. This happened for example, with the increase in the Social and Community Services Award in NSW, where the additional cost of providing services was not shared by the Commonwealth, where there were Commonwealth-funded organisations in NSW with employees paid under the Award.

Where to now? -Compacts

The new Commonwealth Labor Government has indicated its interest in developing a compact with the sector. This sits alongside the Government's commitment to a positive social inclusion agenda and the reform of Commonwealth/State responsibilities through COAG (Council of Australian Governments) and the National Reform Agenda.

A well supported compact has the potential to further strengthen the community services and welfare sector in Australia, to act as a generator of innovative ideas and projects to combat growing poverty and social exclusion. A national level compact would also be useful in managing the sector's relationships with governments at all levels, in helping shape and implement reforms to federal arrangements under COAG and the National Reform Agenda, and in particular the reforms envisaged to Commonwealth/State Agreements under which many sector organisations are ultimately funded.

Compacts

Compacts are framework agreements that outline a shared vision, values, general principles, and a mutual commitment to building a positive relationship and pursuing common purposes. They are designed to strengthen the relationship between government and voluntary/community sectors by (1) encouraging better partnering practices; (2) fostering consistent treatment of community organisations across government; and (3) promoting a better understanding within each sector of the constraints, operations, and practices of the other. The agreements are usually seen as "intention setters" that define the intended state of relations between the two sectors. Such agreements embody a commitment on the part of each side to fulfil particular responsibilities. They acknowledge the independence and diversity of the voluntary/community sector and typically embody themes of accountability, governance, and representation, which can provide the foundation for more detailed codes of good practice.

Why a compact?

At the broadest level, there are two reasons why governments and/or the community sector pursue compacts. In areas where relationships are already strong, compacts and any associated codes of practice are seen as a way of cementing and securing those relationships. In other areas, where relationships are less good, compacts are seen as a possible lever for change.

Main elements of a compact

There are usually six basic elements:

1. Statement of mutual roles and responsibilities

2. Code (s) of conduct or similar (eg. The way both sides do business

and account for what they do, could cover off contentious areas like competitive tendering and contracting)

3. Industry plan (eg. Viability, funding formulas, insurance, contestability and market entry, workforce, quality standards, public/private partnerships, triple bottom line reporting etc.)

4. Frameworks for dialogue, policy development, planning for needs, evaluation, etc (eg. Advisory/reference council, anti-poverty strategy)

5. Regulatory framework (including charity legislation reform)

At the most concrete level, there are two key areas that compacts usually seek to address from the perspective of community sector organisations:

1. Fair and stable funding processes

2. Recognition of the independence of community sector organisations, including the legitimacy of community sector organisations participating in government policy development processes.

Where have compacts been used?

Most, if not all, compacts or agreements between governments and the voluntary/community sector have been based to a significant degree on the original UK Compact. The UK Compact stands out however for the level of ongoing commitment from government, including regular and public monitoring of compliance with the Compact, open acknowledgement of where the Compact has not achieved its aims, development of local government compacts, and development of codes of practice.

Canada developed an Accord along the lines of the UK Compact but its implementation differed markedly. The Canadian Accord grew out of broad-based but disconnected voluntary sector representation and a short-lived political agenda on the part of the Liberal government. In particular, the government wanted to avoid contentious areas (e. g., advocacy, financing) and achieve a concrete "deliverable" -the Accord-by the end of the International Year of Volunteers in 2001.

Most Australian States and Territories have also developed a compact, industry plan or partnership agreement between the community sector and government-Working Together for NSW Agreement, ACT Social Compact, WA Industry Plan for the Non-Government Human Services Sector, SA Common Ground Agreement, Victorian Partnership Agreement, QLD Compact (currently being negotiated).

Key lessons

One of the key things to note about the UK experience is that the role of the 'voluntary' sector was seen as key to the government's 'third way' policy agenda in that the mainstreaming of the sector was a key means to deliver on the themes of liberalised public service delivery and civic renewal. This was crucial in helping drive the compact and the relationships between government and the sector. ①

There are also things to learn from what has happened less well in theUK. It is now recognised, for example, that there needs to be a greater focus on outcomes and a more straight forward framework with key specifics to enable bodies to assess whether they are adhering to the Compact. Despite many years since the original Compact there are ongoing problems with the timing of payments, consultation periods, information about decisions, the need to respect the sector's independence and involving the sector when policies and programs are being initiated and designed.

(Mr. andrew Johnson, Executive Director, Australian Council of Social Service)

---

① *Elson, P R, Tracking the Implementation of Voluntary Sector-government Policy Agreements: Is the Voluntary and Community Sector in the Frame? The International Journal of Not-for-Profit Law*, Volume 8, Issue 4, August 2006, p. 7.

Australian Government Engagement with the Not-For-Profit Sector

Ms Robyn Fleming

Introduction

• Thank you for providing the opportunity for me to speak with you today.

• My presentation focuses on my particular area of expertise, that is, how the Australian Government engages the not-for-profit or community sector to support families.

• Of course the Government's engagement with the not-for-profit sector is broader than supporting families.

• Equally the Government's support for families is broader than its engagement with the not-for-profit sector.

• How the Government engages the not-for-profit sector to support families is an example of how it engages more broadly.

• I hope you will find this example useful to you in your deliberations on these matters.

Outline

• My presentation today:

• Sets the scene around support for families;

• Shows how we engage the community sector;

• Outlines the nature of the engagement and support; and

• Identifies the new directions and challenges ahead.

Nature of engagement

• In discussing the nature of government and not-for-profit sector engagement I will cover:

• The framework of support;

• The role of the not-for-profit sector; and

• Why government chooses to deliver services through the not-for-profit sector.

Framework of support

• The Australian Government makes a range of payments to support Australian families. Firstly, it makes direct financial payments to families through Centrelink. Centrelink is an Australian Government statutory agency that delivers a range of services to the Australian community on behalf of the policy departments.

• Examples of payments include carer payments and the baby bonus.

• The carer payment is an income-support payment for people who are unable to participate in the workforce full-time as a result of their caring responsibilities.

• The baby bonus is a one-off, non-taxable lump sum ($5, 000 as of 1 July 2008) payed to help with the extra costs of a new baby.

• The Government also provides tax deductions through the tax office for people withchildren and non-working partners.

• Secondly, the Government makes payments to State governments for the delivery of essential family services. These services are mostly around disability services, respite care (which provides people with temporary relief from tasks associated with care giving), and housing.

• For example, the Supported Accommodation Assistance Program (SAAP) was established in 1985 to bring homelessness programs funded by individual state and territory governments and the Commonwealth under one nationally coordinated program. SAAP is jointly funded by the Australian, State, and Territory governments. The Australian Government has a policy leadership role and the State and Territory governments are responsible for the day-to-day management of the program. SAAP assists people who are homeless or at risk of becoming homeless to achieve the maximum possible degree of self-reliance and independence by providing transitional supported accommodation and a range of related support services. The people that receive assistance under SAAP can include young people, families, women and children escaping domestic violence, older homeless men, single women and men and people of Aboriginal and Torres Strait Islander descent.

• Thirdly, the Government makes payment to the not-for-profit sector, most recently around services. Many of these services are funded by my department but also by other social policy departments such as the departments of health and education. These services aim to increase the well-being of families by providing social and emotional support to families who are in situational crises or vulnerable families that are having difficulty coping with particular pressures.

• Examples of the types of services provided include information and referral, counselling, education and skills training, housing, physical care and respite among others.

Roles of the not-for-profit sector

• The not-for-profit sector has three primary roles:

1) The not-for-profit sector provides services in its own right and on

behalf of the government. This role has grown over the past 10 years. The previous Australian Government had a view that this was a primary role of the not-for-profit sector.

2) Advocacy. This role is a representational role, advising government onmatters of concern, particularly for those more vulnerable groups in our community that are often least able to speak for themselves as a cohesive group.

3) Thirdly there is capacity building. This focuses on the capacity of the community to participate and of the not-for-profit sector itself to support families and the community.

Why should government care?

• The not-for-profit sector makes a valuable contribution to the economic and social well-being of the economy.

• According to the ABS, the not-for-profit sector accounted for \$20.8 billion or 3.3% of total GDP in 1999-2000. When volunteer services are included, the contribution increases to \$29.7 billion or 4.7% of GDP.

• Volunteering also adds to the social value of our society. It makes us feel better about ourselves and our communities.

• The sector provides a flexible and responsive safety net for vulnerable families.

• The previous government considered that the not-for-profit sector was often more effective and efficient at service delivery than its own agencies and outsourced many of its services to the not-for-profit sector. Consequently, the not-for-profit sector over the last decade has also grown its professional service capability.

• The sector, because of its on the ground capability and its independence, is also an excellent source of independent advice to government on what's working and what's not. The feedback it provides to government can assist governments to govern better for all Australians.

How it works for families

• So how does this work for families and the programs that I am responsible for administering? This part of my presentation:

• Outlines the Family Relationships Program;

• Shows the range of services offered under the program;

• Talks about our contractual and performance frameworks;

• Discusses the advocacy role; and

• Highlights the capacity building on which we engage with the sector.

The Family Relationships Program

• The Family Relationships Program is a substantial program that has been funded by government on an ongoing basis since the 1960s. Its purpose is to improve the wellbeing of families and children by supporting positive family relationships through early intervention and post-separation services.

• In 2006, the then government introduced a number of changes to the Family Law Act in response to a 2005 House of Representatives inquiry into child custody arrangements in the event of family separation. These changes were intended to give children the opportunity to have a meaningful relationship with both parents.

• As part of these reforms, the Family Relationships Program experienced significant expansion, and as of July this year, in any local area families in a community will have access to:

• A Family Relationship Centre that provides advice and referral to the system of family services;

• Early intervention services; and

• Post-separation services.

• There are also some specialist services provided in each state only as well as some supplementary services offered to areas experiencing particularly geographic hardship such as drought.

• However all of the service types delivered under the program provide at least some elements of a basic range of services such as information and referral, support, education and skills training, counselling, and dispute resolution.

Early Intervention Services

• Early intervention services aim at improving family capacity to mange situational events and transition or changing circumstances. The aim is to build the resilience of families to better cope with life events and help families to stay together where that is appropriate.

• Services provided under the program include:

• Marriage and relationship counselling;

• Family counselling; and

• Family violence and anger management services.

• Some of our specialist services include:

• Specialised support services for humanitarian entrants that have had particularly difficult experiences and may need additional support in adjusting to Australian society;

• Family support services for families in drought-affected areas; and

• Assistance for families coping with a family member with a drug, alcohol or gambling problem or a child with a disability.

Post-separation and advisory services

• Post-separation services focus on improving the outcomes for children of separating families. The Australian Government took a decision under the new Family Law Act amendments of 2006 to shift resolution of family dispute matters from the legal system to the community sector.

• This has significantly expanded the community support services for separated and separating families. The hope is that this will be a less difficult process for children and that parents will be better placed in this less combative system to put the interests of children first.

• It's early days and we are only just at the beginningof this process with our first evaluation of the new system due in late 2009.

• We also provide broad-based support through web and telephone advisory and referral services.

Contractual arrangements

• So how do we contract for these services?

• In the past government delivered funding in the form of block grants to service providers to supplement activities that they were already undertaking on a voluntary basis. In other words we funded organisations to do more 'good works' in the community. Under this model our approach was often ad hoc.

• The service environment under outsourcing models over the last decade changed our approach. Government is now a purchaser of services that not-for-profit organisations provide on behalf of government, and not-for-profit organisations are consequently held to much higher standards of accountability.

• Organisations that are government funded often have other sources of income through donations, corporate sponsorship and/or sometimes fees associated with their services. Fees, no matter how small, are considered important in this sector as they are sign of commitment to participate in a service for self benefit. They are also a way to ensure that higher income groups make appropriate contributions and support those less able to pay.

• In the case of the Family Relationships Program:

• We assessed the need for services on an area basis and set funding according to expected client demand.

• Cost per client was determined by dividing the total funding allocated to the FRSP the previous financial year by the total number of clients seen nationally.

• Client targets numbers were negotiated with not-for-profit organisations taking into account factors such as complexity of client need and specific service models.

• We set approval requirements to ensure professional staffing, safety, financial viability and governance standards were maintained.

• We openly tendered for each of these service types. Not-for-profit organisations bid competitively to deliver services within the allocatedfunds for given service types and locations. We assessed applications against the organisation's perceived ability to deliver quality services within the allocated budget.

• We encouraged consortia in those applications.

• We continually assess performance against targets. Increasingly, we are looking to more outcome-oriented targets around effectiveness rather than just numbers but more of that later on. If organisations do not perform or internally decide to no longer perform those functions we re-tender.

Advocacy

12. We spoke earlier about the advocacy role of not-for-profit organisations, that is, providing independent advice to government on issues of concern to and on behalf of those more vulnerable groups in our community that are often least ableto speak for themselves as a cohesive group.

• Representing views, coordinating activities, and providing advice takes resources. This is separately funded under or to the terms and conditions of the National Secretariat Program. Examples of organisations we fund are listed on the power point slide.

Capability

• We also work with the not-for-profit sector to develop its capacity to better serve the community. This is important in a sector that does not make profits. Its capital base-intellectual and physical-needs to be renewed and replenished to better serve the community.

• Examples of the types of things we fund include:

• Workforce competenciesand qualification frameworks for relationship practitioners working with families experiencing violence, families with mental health issues and families with adolescents. The purpose of the competency standards is to establish nationally-agreed training and assessment benchmarks to support quality service delivery.

• Service models that better include Indigenous Australians, families from culturally and linguistically diverse backgrounds, and new, innovative practice models that are more effective at improving family members' skills or application of those skills to change behaviours.

• Service standards around professional staff standards, health and safety standards, and complaints management.

Recent changes in approach

• You might be aware that we recently had a change of government. Every new government or new leader brings a slightly different approach to managing issues and this government is no exception. This government, having been in opposition for 13 years, is very focused on addressing social policy issues.

• This part of the presentation focuses on some of the challenges they have set to achieve early on in their new term of government in a policy and administrative context. Delivering on these challenges is challenging us as bureaucrats. Delivering on them in the timeframes that have been set is even more challenging.

Challenges

• So what are some of the challenges?

• Too many agencies funding little discrete programs that may not be making a real difference;

• Too many grants programs making it costly for the not-for-profit sector to deliver services efficiently or in a coordinated manner that effectively meets whole-of-family needs;

• Lack of evidence around the effectiveness of services to make a difference in people's lives;

• Different tax status and costing models for charities based on whether they have taxfree status;

• Privileged information status in terms of the family court; and

• Links to other State government services and accounting systems.

Policy responses

• In policy terms there are also some new directions being set, particularly around the new Government's social inclusion agenda:

• Do we have the right focus on vulnerable families and are our programs effective at preventing inter-generational transfer of disadvantage within families?

• How do we better meet the needs of families and join up service systems?

• Are we just joining up Commonwealth social services in the community sector or do we need to do more?

• Should we join Commonwealth and State and local government community services?

• Should we join these up with our income support system as we have for our Indigenous communities in the Northern Territory or are about to do around child abuse?

• Even if we are doing things right are we doing the right things? What is the evidence base telling us? Is the evidence base adequate?

Administrative responses

• Can we reduce the cost burden for everyone without cost shifting to other parts of the service system or to families?

• Can our new approaches work in harmony with the variety of different service provider organisations and there different service models?

Challenging environment

• The challenge for the not-for-profit sector and the government sector is to work together in the interests of families to not just do things differently but in doing things differently to do things better: to put in place practices and systems thatare more sustainable for all stakeholders, including not-for-profit organisations, government and families while also improving our accountability in terms of effectiveness.

(Australian Department of Housing, Families, Community Services and Indigenous Affairs)

Introduction: Australian Tax Systems for NPOs

Mr Peng Yew Lim

In this presentation I will provide an introduction to the Australian tax system as it relates to non-profit organisations.

Many of the terms and concepts we apply to non-profit organisations come from the Income Tax Assessment Act 1997-which is translated from the Income Tax Assessment Act 1936-as well as the Fringe Benefits Tax Assessment Act 1986 and the A New Tax System (Goods and Services Tax) Act 1999.

In applying the body of Commonwealth tax law in this area, we rely on the terms in the Acts, together with the definitions and their meanings from common law and judicial interpretation provided by our courts. Accordingly many of our tax law terms are built on the foundations in the tax Acts since 1936.

In this presentation I will firstly look at therole of the Australian Tax Office within our tax system and the way that we deal with non-profit organisations.

Then, I will discuss thetypes of non-profit organisations that are relevant to the Australian tax system. There are three main types-charities, deductible gift recipients and other non-profit organisations.

For your interest, I will also provide somestatistics on the number of non-profit organisations currently registered with the Australian Tax Office.

Lastly, I will look at how the Tax Officeidentifies non-profit organisations in general and then I will look at each of the three main types and their related tax concessions.

The Australian Tax Office has a specialised area called the Non-Profit Centre which has about 60 staff across Australia, of which I am the senior director. The Centre administers the tax status of non-profit organisations (including charities) and the special concessions they can access. The Tax Office also has a further 300 staff who are involved in the tax administration of non-profit sector. Currently there are about 200, 000 non-profit organisations registered with the Tax Office.

Tax policy is developed by the Australian Government and often involves public consultation. The Tax Office also has input into the policy making process, for example, we provide feedback to Treasury on draft legislation that is circulated for comment. The Treasury has primary responsibility for advising on tax policy and the design of tax laws while the Tax Office is responsible for the interpretation and administration of tax laws.

The Tax Office works with the Australian community and thenon-profit sector in developing its products. We do this by consultation, collaboration and co-designing. For example:

• We have a range ofpublications and services for non-profit organisations. Our approach in developing these products is to consult with representatives from the non-profit sector. This can include user testing methods, client focus groups and monitoring feedback on our products.

• Over the years, the Tax Office has released a number ofpublic rulings which explain our view of the tax law as it relates to non-profit organisations. Interested members of the public are invited to comment on draft rulings and where appropriate, their feedback is included into the final rulings.

Within the Australian tax system, it is important for a non-profit organisation to work out what type of organisation it is. This is so the organisation can work out what tax concessions it is entitled to and what responsibilities it has. The Tax Office educates non-profit organisations on these requirements.

There are basically three main types of non-profit organisations.

Charities have the greatest level of tax concessions, and deductible gift recipients or DGRs are organisations that are entitled to receive donations that are tax deductible to the donors.

These organisations need to beendorsed by the Tax Office so they can access the tax concessions available to them. It is interesting to note that most deductible gift recipients are charities, but not all charities are DGRs. In fact, there are two separate endorsement processes-one for charities and one for deductible gift recipients (DGRs).

Other non-profit organisations can generally self-assess their entitlement to tax concessions. Some will be exempt from paying income tax (for example, sports clubs and community service organisations) while others are taxable and may have to lodge tax returns and pay tax (for example, social clubs).

I would now like to show you some key statistics on our registration numbers.

At the end of December 2007, there were 191, 239 non-profit organisations activelyregistered with an Australian business number and/or a tax file number. The organisations can be either companies or trusts.

Under self assessment, some non-profit organisations do not need to register with the Tax Office. Academic research shows that there may be about 700, 000 non-profit organisations in Australia.

I will now look at the number of organisations that areendorsed by the Tax Office as tax concession charities and/or deductible gift recipients.

• In January 2008, the number of organisations endorsed astax concession charities only was 32, 480.

• The number of organisations endorsed asdeductible gift recipients only was 3, 829.

• While the number of non-profit organisations endorsed asboth TCCs and DGRs was 18, 121.

• This gives atotal number of 54, 430 endorsed organisations (which is about 28% of the total number of non-profit organisations registered with us).

The Australian Tax Officeidentifies a non-profit organisation by its governing documents or rules. These governing documents should contain acceptable clauses.

An organisation is non-profit if its governing documents:

• prevent it from distributing profits or assets to its individual members (both while it is operating and when it winds up), and

• the documents require the organisation to distribute its assets when it winds up or ceases to another non-profit organisation.

The organisation's activities must match what is in the governing documents. Any profit made by the organisation must go back into the operation of the organisation to carry out its purposes.

Our Tax basics for non-profit organisations guide (as shown here) educates and assists non-profit organisations on these requirements.

As previously stated, charities must be endorsed by the Tax Office if they want to access charity tax concessions.

Our Income tax guide for non-profit organisations (as shown here) helps organisations work out if they are a charity. Our information on what is a charity originates from English common law.

Much of this guidance on the meaning of charities goes back to 1601, where an attempt was made in England to give guidelines for the identification of charitable purposes in the Preamble to the Act, commonly referred to as the Statute of Elizabeth. The law dealing with charity is part of the law of trusts which is essentially the instrument for carrying the purpose of a charitable trust into effect.

Currently in Australia there is no statutory definition of charity. Although from 1 July 2004, the Australian Government introduced a statutory extension to the common law meaning of a charity to include certain child care and self-help groups, and closed or contemplative religious orders.

Acharity is a non-profit organisation established for the benefit of the community, or some section of it, for a charitable purpose. Charitable purposes are as follows:

The relief ofpoverty, sickness or needs of the aged (examples are organisations that supply accommodation to the poor, hospitals and nursing homes).

Another purpose is theadvancement of education (examples are schools, colleges, universities, research and scientific institutes).

The next purpose is theadvancement of religion (examples are churches, temples, synagogues, mosques, religious orders).

And the final charitable purpose is other purposes beneficial to the community (for example, libraries, museums, arts and cultural organisations, and disaster relief organisations).

The concessions a charity can access will depend on the type of charity. For these purposes we group charities into four types.

Firstly there arecharitable institutions. These are institutions that are established and run solely to advance or promote a charitable purpose. An organisation's purposes can be found from its governing documents and from its activities, history and control.

Secondly, there are public benevolent institutions or PBIs. These are non-profit institutions organised for the direct relief of poverty, sickness, suffering, distress, misfortune, disability or helplessness. Examples of

PBIs include organisations that:

- provide hostel accommodation for the homeless
- treat sufferers of disease
- provide home help for the aged and the infirm, or
- rescue people who are lost or stranded

Thirdly, there arehealth promotion charities or HPCs. These are charitable institutions whose principal activity is promoting the prevention or control of diseases in human beings. Examples of activities that can promote the prevention or control of disease include:

- providing relevant information to sufferers of a disease, health professionals, carers and the public
- researching how to detect, prevent or treat diseases, and
- developing or providing relevant aids and equipment to sufferers of a disease.

As you can see from the diagram, some charitable institutions are also public benevolent institutions or health promotion charities.

Lastly there arecharitable funds. These are funds established under an instrument of trust or a will for a charitable purpose. Charitable funds mainly manage trust property and/or hold trust property to make distributions to other entities or people.

If an organisation works out it is one of these types of charities, it can apply to the Tax Office for endorsement. I will discuss the process of endorsement for charities in the next presentation. Once a charity is endorsed, it is then entitled to certain tax concessions depending on the type of charity it is.

I will now show a diagram that gives an overview of the types of charities and their related concessions.

Public benevolent institutions and health promotion charities have access to:

- Income tax exemption - this means the charity is not required to pay income tax and is not required to lodge income tax returns.

• The next concession is GST charity concessions. GST, or goods and services tax, is a broad-based tax of 10% on the supply of most goods and services consumed in Australia. GST charity concessions include being able to treat sales as GST free.

• The next concession isFBT exemption. FBT, or fringe benefits tax, is a tax payable on non-salary benefits provided to employees. Examples of these benefits include employer provided meals, accommodation and motor vehicles. This concession is an exemption from paying FBT and is subject to a capping threshold of ＄30, 000 per employee.

Charitable institutionshave access to:

• income tax exemption

• GST charity concessions, and

• FBT rebate. The rebate helps reduce an organisation's tax liability. It is an entitlement to a rebate equal to 48% of the gross FBT payable and is subject to a capping threshold of ＄30, 000 per employee.

As I mentioned before, some charitable institutions are also public benevolent institutions or health promotion charities and as such they receive the wider concessions.

Charitable fundshave access to:

• income tax exemption, and

• GST charity concessions.

These charities do not receive fringe benefit tax (FBT) concessions.

The diagram is in the shape of a pyramid to show that the organisations at the top receive the highest level of concessions.

As I mentioned earlier, deductible gift recipients or DGRs are organisations that are entitled to receive donations that are tax deductible to the donors, and must be endorsed by the Tax Office if they want to access tax concessions.

Our guide GiftPack (as shown here) helps organisations work out if they can be endorsed as deductible gift recipients (DGRs) .

There are 47 general categories of DGRs. These categories can be put into these 11 broad groups:

• Health (examples are hospitals and health promotion charities)

• Education (examples are public universities, school building funds and scholarship funds)

• Research (examples are approved research institutes)

• Welfare and rights (examples are public benevolent institutions and Australian disaster relief funds)

• Defence (an example is a war memorial repair fund)

• Environment (an example is a public fund on the Register of Environmental Organisations)

• Family (an example is a public fund for an approved marriage guidance organisation)

• International affairs (an example is an overseas aid fund)

• Sports and recreation (examples are Scouts and Guides branches)

• Cultural organisations (examples are public libraries and museums)

• Ancillary funds are funds that collect donations and provide those donations to other DGRs.

Currently, there are about 21, 950 organisations endorsed asdeductible gift recipients or DGRs in Australia. Of these endorsed DGRs, the top 5 categories that organisations are endorsed for are shown in the table.

Public benevolent institutions-45% of all endorsed DGRs are public benevolent institutions.

School or college building funds represent 18% of all endorsed DGRs.

Cultural organisations also include organisations that promote literature, music, community arts, performing arts, film and videos. Cultural organisations represent 14% of all endorsed DGRs.

Ancillary funds represent 6% of all endorsed DGRs.

You may remember that I discussedhealth promotion charities as a charity type. Health promotion charities represent 3% of all endorsed DGRs.

An organisation may apply to be endorsed as a deductible gift recipientif it meets the necessary requirements. I will discuss the endorsement process for DGRs in the next presentation. Once a DGR is endorsed, it is entitled to receive donations that are tax deductible to the donors.

Organisations that are endorsed by the Tax Office have their details displayed on the Australian Business Register. This is an example of an entry on the register.

The register is available to the public on the internet. This helps the public identify which organisations are endorsed as charities and the concessions they have. It also shows whether an organisation is endorsed as a deductible gift recipient. This assists donors who want to make tax deductible donations.

The internet address for the Australian Business Register iswww. abr. business. gov. au

This example shows where endorsement details are located.

Details about charity endorsement are shown here. This shows the type of charity the organisation is, and the concessions it is endorsed to access.

Details about deductible gift recipient endorsement are shown here.

As well as checking the Australian Business Register, the public can phone the Tax Office to find out if an organisation is endorsed.

Endorsed organisations (both charities and deductible gift recipients) have an ongoing responsibility to review their entitlement to endorsement and to tell the Tax Office if they cease to be entitled.

At the start of this session I said there were three main types of non-profit organisations. So far I have discussed charities and deductible gift recipients. I will now look at other non-profit organisations. These organisations can self-assess their income tax status.

Australia has operated under aself-assessment system of income tax since 1986. The self-assessment system allows non-profit organisations (other than charities) to work out for themselves whether they are exempt from income tax or not.

Exemptorganisations include sporting clubs and community service organisations.

These organisationsdo not need to pay income tax or lodge income tax returns. They also do not need to get confirmation of their exemption from the Tax Office.

The Tax Office expects exempt organisations to carry out regular self-reviews of their status and take the appropriate steps if that status changes. The Tax Office may later check and verify the accuracy of the organisations' self-assessment.

Non-profit organisations that are not exempt aretaxable and may need to lodge income tax returns. Special rates of income tax and special arrangements for lodging income tax returns apply to these organisations.

Our Income tax guide for non-profit organisations (as shown here) includes worksheets to assist organisations with the self-assessment process.

That concludes the first part of my presentation.

I will befurther exploring our administration and approach to compliance for the sector in my next presentation.

(Senior Director of the Non-Profit Centre in the Australian Taxation Office)

Administration and Compliance: Australian Tax Systems for NPOs

Mr Peng Yew Lim

In this presentation I will be discussing the interaction between the Australian Taxation Office and the non-profit sector through administration and compliance.

Firstly, I will look at our registration process which is a requirement for many non-profit organisations within the Australian tax system.

I will then discuss theendorsement processes for charities and deductible gift recipients.

Next I will look at the requirements for how donors can claim tax deductions for donations as well as other ways non-profit organisations can raise funds to carry out their activities.

The important role ofvolunteers in non-profit organisations and within the Australian tax system will then be considered.

Lastly, I will look at how the Tax Office monitors non-profit organisations to ensure theycomply with their tax obligations. I will also discuss the range of products and services we have to help non-profit organisations with compliance.

To access various concessions and comply with various tax obligations, non-profit organisations may need toregister with the Tax Office for an Australian business number and/or a tax file number. Registration is also necessary for any organisation that is required to pay tax.

The Australian business number or ABN is a single public identifier that non-profit organisations use to:

• apply to the Tax Office for endorsement as a deductible gift recipient or tax concession charity, and

• register for various taxes, such as goods and services tax.

An organisation's ABN registration details will become part of the Australian Business Register which is available to the public to access.

Atax file number or TFN is a unique number issued by the Tax Office for identification and record-keeping purposes. If an individual or organisation intends to earn money in Australia, they are generally required to have a TFN and lodge income tax returns.

It is important for non-profit organisations to keep theirregistration details up-to-date.

If an organisation's circumstances change, it may need to cancel its registration for one or more taxes. It may also need to update its contact details. This includes changes to the organisation's address details and persons who are authorised by the organisation to discuss its tax affairs with the Tax Office. This helps us to protect the organisation's privacy.

Before I proceed, I would like to clarify that the registration process of non-profit organisations is separate to the endorsement processes for tax concession charities and deductible gift recipients.

As I said in the first presentation, charities must be endorsed by the Tax Office if they want to access:

• income tax exemption

A charity that is endorsed to access income tax exemption does not pay income tax and is not required to lodge income tax returns.

• Goods and services tax charity concessions

For example, a charity that is registered for goods and services tax or GST and endorsed to access GST concessions can sell donated second-hand goods GST-free.

• and lastly, fringe benefits tax charity concessions

For example, a health promotion charity endorsed to access the fringe benefits tax exemption does not pay fringe benefits tax (subject to a capping threshold of ＄30, 000 for each employee).

Charities that are endorsed to access one or more of these charity tax concessions are known as tax concession charities.

Being endorsed as a tax concession charity does not entitle an organisation to receive income tax deductibledonations. There is a separate endorsement for deductible gift recipients.

I will now look at our endorsement processes.

Firstly I will look at theendorsement process for tax concession charities.

Charities apply for endorsement using a specific application form (which you can see here on the screen). The form is available by phoning the Tax Office or it can be downloaded from our website.

An organisation must have an Australian business number or ABN before it can apply for endorsement. The ABN of the organisation is printed here on the form.

To be endorsed forincome tax exemption an organisation must meet certain tests. The tests differ depending on whether the organisation is a charitable institution or a charitable fund.

As mentioned previously, organisations must be endorsed by the Tax Office if they want to access fringe benefits tax and goods and services tax concessions. Organisations can apply for endorsement to access these concessions using the same form.

Once the application form is received, the Tax Office will assess the application. If it is successful, the organisation receives a notice of endorsement. If the application is not successful, the Tax Office sends written confirmation that endorsement has been refused. An organisation has review rights if its application is refused.

Endorsed charities haveongoing responsibilities. These include carrying out regular self-reviews and notifying the Tax Office if they cease to be entitled to endorsement. We provide worksheets to help organisations carry out the self-reviews. We also have an on-line self-assessment tool on our website to help organisations work out if they are still entitled to endorsement.

I will now look at theendorsement process for deductible gift recipients. As you may recall in the earlier presentation, deductible gift recipients or DGRs are organisations which are entitled to receive donations that are tax deductible to the donors.

DGRs must also apply for endorsement using a specific application form (which you can see here) . This form is also available by phoning the Tax Office or can be downloaded from our website.

An organisation mustmeet certain requirements before it can be endorsed as a DGR, such as it must have an Australian business number (to be printed on the form here) and fall into a DGR category. Organisations that meet the requirements need to complete the application form and submit it to the Tax Office.

Once the application form is received, the Tax Office will assess the application. If it is successful, the organisation receives a notice of endorsement. Donors can claim income tax deductions for the gifts they make to the organisation from the date it is endorsed.

If the organisation is not successful, the Tax Office will send written confirmation that endorsement has been refused.

Endorsed DGRs haveongoing responsibilities. These include complying with requirements where receipts are issued for donations, notifying the Tax Office if the organisation ceases to be entitled to endorsement as a DGR and carrying out regular self-reviews. We provide worksheets to help organisations carry out their self-reviews.

As I mentioned earlier, donors can claim income tax deductions for donations they make to deductible gift recipients in their income tax returns.

There are rules about the types of donations that can be tax deductible.

To be tax deductible, a donation must be:

• a gift. Australian legislation refers to donations as gifts. A gift is a payment that is made voluntarily. Also, to be a gift, the donor must not receive a material benefit in return for making the payment.

• Obviously the donation must bemade to a deductible gift recipient, and

• the donation must bemoney or a certain type of property. Examples of property include shares, furniture and land.

Our guide GiftPack (as shown here) explains the requirements for tax deductible donations to deductible gift recipients and donors.

Non-profit organisations that are endorsed as deductible gift recipients can also raise funds by holdingfundraising events, such as dinners and auctions.

Where the public makes a contribution to attend a fundraising event or purchase goods sold at an event, they may be able to claim a tax deduction for their contribution.

Similar to a donation, a contribution must meet certain requirements to be tax deductible. The contribution must be:

• money or a certain type of property

• made to a deductible gift recipient, and

• for an eligible fundraising event.

Examples of fundraising events are dinners, performances, events selling goods that are not part of a normal business, or events approved by the Tax Office as fundraising events.

The tax deduction for a contribution is the amount of the contribution less the value of the benefit received by the contributor. The value of the contribution must be \$150 or more. Also, the value of the benefit must be no more than 20% of the value of the contribution or \$150, whichever is less.

This differs to gifts where the donor does not receive a benefit for their payment and the full amount is generally deductible.

Our guide Non-profit organisations and fundraising (as shown here) explains the tax treatment of fundraising activities and the concessions available, as well as other government requirements with fundraising such as permits required to hold events.

I would now like to look at some statistics on thelevel of giving by people to deductible gift recipients or DGRs in Australia. Academic studies found that in 2005, 38.4% of all Australian taxpayers (or 4.3 million taxpayers) claimed tax deductions for donations and contributions made to DGRs. The total amount claimed in that year was about \$1.47 billion.

Non-profit organisations rely heavily on volunteers for administration and carrying out their activities.

In 2006, studies show34% of the Australian population aged 18 years and over, participated in voluntary work. They contributed 713 million hours to the community doing many different activities and in organisations and groups with a diverse range of interests. Overall 32% of men and 36% of women were volunteers.

The Tax Office is aware that volunteers are giving their spare and limited time to run non-profit organisations. There is also a regular turnover of volunteers as many non-profit organisations elect office bearers for an annual term. The Tax Office recognises the need to support and educate volunteers in tax and endorsement requirements.

The Tax Office therefore provides a range of publications, advisory, educational and electronic services to help volunteers with the tax andendorsement requirements for their non-profit organisations.

The Tax Office also has a guide Volunteers and tax (as shown here) that explains the tax treatment of transactions between non-profit organisations and volunteers.

For example, it is important for non-profit organisations to work out if a person is a volunteer or an employee of the organisation. This affects the tax treatment of payments the organisation makes to the person. Generally, volunteers do not pay tax on payments or benefits they receive in their capacity as volunteers, and the organisation does not have tax obligations on the payments it makes. Also, volunteers generally do not claim deductions for expenses they incur as volunteers.

I would now like to discuss the Tax Office'sgeneral approach for ensuring non-profit organisations comply with their requirements.

Generally we find that most non-profit organisations fully comply with their tax obligations. However, some compliance issues arise, mainly because many non-profit organisations have limited resources for managing their tax affairs and they rely heavily on volunteers who have limited tax expertise.

Our general approach is based on ensuring non-profit organisations have theinformation and support they need to comply. In designing our products and services, we consult with representatives from non-profit organisations through user testing of our products and attending peak and industry body forums, such as the Charities Consultative Committee and the Clubs Forum.

Another aspect of our general approach is that we publish details of endorsed organisations on the Australian Business Register website. This encourages compliance and means that prospective donors can check the tax status of particular organisations.

We alsomonitor trends in the sector closely and alert organisations that are at high risk of not complying.

As well, wereview organisations to ensure their activities correspond to their tax status. For example, this year as part of our compliance work for charities we are looking at organisations that undertake political lobbying activities and commercial activities.

Where organisations do not comply, we take action. For example, where organisations ignore their obligations or misuse concessions, we can apply penalties. Also, we revoke endorsement where organisations are no longer entitled to be endorsed.

Each year we publish our*Compliance program* (as shown here) which outlines the areas of risk to compliance and how we intend to respond, as well as a wide range of measures to help those trying to comply.

As I previously mentioned, we find that most non-profit organisations fully comply with their tax obligations. However some compliance issues arise and they typically occur in the following five areas:

Registering-some non-profit organisations seek endorsement when they are not entitled, or change their activities in ways that affect their endorsement.

Lodging forms on time-some non-profit organisations fail to meet some of their lodgment obligations, or fail to lodge on time.

Keeping proper records-many small non-profit organisations do not keep adequate records.

Also, Reporting correct information and claiming valid entitlements-some non-profit organisations do not report their taxable income correctly, or do not properly meet their employer and goods and services tax obligations. A very small number of organisations attempt to exploit concessions to get benefits they are not entitled to.

And lastly, Paying tax on time-some non-profit organisations have trouble paying their tax, often because of poor cash flow management and/or limited ability to raise funds.

I will now look at some of the specificcompliance approaches we undertake with endorsed organisations-that is, tax concession charities and deductible gift recipients.

Wecheck all endorsement applications to ensure that only those organisations that are entitled to endorsement receive it. Where information on the application does not match the expected organisational profile, we conduct a review. This may involve contacting the organisation.

We have disallowed charity applications because the organisation's activities were not charitable, the organisation was not an institution or a fund, or the organisation had no governing documents.

We have also disallowed deductible gift recipient applications where the organisation did not meet any deductible gift recipient category.

Unsuccessful applicants are advised and educated about why they are not endorsed.

Each year we also review a numberof endorsed organisations to check whether their activities have changed in ways that affect their concession entitlements.

Weselect cases for review by:

• analysing information we receive from our broad range of programs which includes learnings from our past compliance activities and data gathered from tax forms lodged by non-profit organisations

• comparing information provided by non-profit organisations with information supplied by third parties, such as the Australian Transaction Reports and Analysis Centre (AUSTRAC), and

• we follow up information supplied by thecommunity.

Following on, in reviewing endorsed organisations that may be at risk we consider issues such as:

• the nature of any activity that may affect the organisation's endorsement. Where the activity fails to meet the requirements for endorsement, we could revoke the endorsement.

We may also look at whether administrative requirements such asnonprofit clauses have been met.

In general where we find minor breaches of the requirements, we can allow the organisation to correct the defects in the non-profit clauses rather than revoking its endorsement.

As discussed, a key part of our compliance approach is to provide information and support products for non-profit organisations.

Briefly Iwould like to share with you our range of products.

These are the core guides that we provide. They are available in paper and can also be downloaded from our website.

We also have a range of fact sheets on topics including the endorsement process for deductible gift recipients and tax concession charities. We also provide fact sheets that are translated into other languages. I have supplied you with a copy of a fact sheet which we also publish in the Chinese language.

The Australian Tax Office website also includes an area specifically to assist the non-profit sector. This is a picture of our Non-Profit Organisations home page. It has information on:

- taxes relevant to non-profit organisations
- exemptions and concessions that may apply, and
- it also includes information on fundraising, record keeping, volunteers and deductible gifts.

In the Resources and services section (as located here) you can access our guides, fact sheets, forms and articles from our Non-Profit News Service.

It is an e-mail update service that:

- alerts subscribers to key tax issues that affect non-profit organisations
- provides information on new publications we release for the sector, and
- provides updates on changes to the tax law.

The public is able to subscribe to the Non-Profit News Service by using the Subscribe link on our website (as located here).

In addition to our paper and web products, we have a dedicated phone line that provides direct access to staff trained to deal with non-profit enquiries.

- I have supplied a brochure foryou which lists the products and services I have just discussed.
- That concludes my presentation.

(Senior Director of the Non-Profit Centre in the Australian Taxation Office)

NPOs' Effort in Delivering Services for the Community

——around the practise in NSW

Sonja Stewart

Presentation One

In my three presentations today I will be discussing the government and not-for-profit sectors in Australia. My first presentation will broadly outline the not-for-profit sector, including it's size, activities, and organisational structures, the legislative role of governments in the sector, and current trends. My second presentation will cover the relationship between not-for-profit organisations and governments in Australia, with a particular focus on NSW. My third presentation will illustrate the value of the services and activities provided by the not-for-profit sector to the community, various ways in which the NSW Government supports the work of this sector, and how the government allocates and manages funding programs.

The not-for-profit sector in Australia is broad and encompasses a wide variety of organisations with various structures and roles. The defining characteristic of a not-for-profit organisation is that is does not distribute profits to members. Other features of these types of organisations are a formal governance structure, independence from government, independent decision making and voluntary participation by members.

Activities which are usually included within the not-for-profit sector include：

- Culture and recreation-including museums，zoos and aquariums，sports and social clubs，performing arts
- Education and research-including medical research，policy studies，adult continuing education
- Health-including nursing homes，mental health intervention，public health education
- Social services-including child welfare and day care，youth and family services，services for the elderly，disaster response，refugee assistance，income support
- Environment-natural resources conservation and protection，animal and wildlife protection and welfare
- Development and housing-including community and neighbourhood organisations，housing associations and assistance，job training programs and vocational guidance
- Civic and advocacy organisations-including advocacy organisations，civil rights organisations，crime prevention，consumer protection associations
- Philanthropic intermediaries and voluntarism promotion-including grant-making foundations，volunteerism promotion and support，fundraising organisations
- Religion-including congregations of various religious backgrounds

Some not-for-profit organisations exist to serve only members while others provide services to the wider community. Many organisations do both. The organisations range in size from small，volunteer-based community groups to national service delivery providers employing relatively large workforces. Many not-for-profit organisations rely on volunteers for the effective delivery of their service.

Historically in Australia many of the not-for-profit organisations which have provided human services have been religious based charities，predominantly Christian. Many of these organisations were established as charities in the late 19th or early 20th centuries, and their services for the community have developed and evolved from this time on. These type of organisations currently work alongside many non-religious non-profit organisations in the sector to deliver a variety of services and activities to the community.

Not-for-profit organisations display a common interest in activities which have public, or collective, good characteristics. The absence of a profit motive allows them to perform activities which, while valuable to the community, might not be undertaken by business. For many not-for-profit organisations, this willingness to act in the interest of the community, and the idea that they exist to 'do good', can have significant impacts on the contributions made by not-for-profit organisations. This additional value comes from the generation of trust, generous motives of volunteer and employed workers, and greater organisational effectiveness driven by a focus on meeting the needs of clients or members rather than maximising profits.

There are a number of estimates of the size of the not-for-profit sector in Australia. These figures vary depending on the definition of not-for-profit that is applied. The Australian Taxation Office (ATO) estimates that there are approximately 700, 000 not-for-profit organisations in Australia in 2008/09. The definition that they use is extremely broad, including sporting clubs, business and professional associations, trade unions, private schools, some hospitals, and some financial and insurance companies, as well as community and service delivery organisations. This figure includes both registered and non-registered organisations of all sizes. The Australian Bureau of Statistics (ABS) indicates that at the end of June 2007 there were approximately 41, 000 not-for-profit organisations in Australia. The definition of a not-for-profit used by the ABS is slightly narrower than that used by the ATO, however this number includes only not-for-profit organisations which have registered for an Australian Business Number and have a turnover of more than ＄150，000 per year. The majority of not-for-profit organisations have an annual turnover of less than this，and it is estimated that there are approximately 147，000 not-for-profit organisations of all sizes using a registered incorporated structure Australia，of which the largest number are based in NSW.

In the 2006-2007 financial year not-for-profit organisations employed approximately 884，000 people，and in 2008－09 it is estimated that around 10％ of Australians are employed in the not-for-profit sector. In addition to paid employees，the sector uses approximately 2. 4 million volunteers. In 2006－07 the sector received ＄74. 5 billion in income，with two major sources in particular being government funding of ＄25. 4 billion and donations，sponsorship and fundraising of ＄7 billion. During this time the sector incurred ＄68. 3 billion in expenses.

Not-for-profit organisations have important internal relationships with their members，donors，employees and volunteers，and external relationships with their beneficiaries，trade creditors and the broader community，as well as governments. The integrity，efficiency and effectiveness of the not-for-profit sector are important aspects for maintaining the trust and confidence of these stakeholders.

In Australia，responsibility for the regulation of not-for-profit organisations is shared between the Commonwealth and the states and territories. The most significant legislative and administrative frameworks established at the Commonwealth level are those that administer the various taxation concessions available to not-for-profit organisations. Organisations established as companies，including those established as companies limited by guarantee，are required under the Corporations Law to be registered with the Australian Securities and Investments Commission（ASIC）. ASIC is Australia's corporate，markets and financial services regulator. Commonwealth agencies have a range of other statutory responsibilities for the supervision，administration，governance and behaviour of not-for-profit organisations, including responsibilities in the areas of:

- Trade practices
- Insurance
- Privacy
- Workplace relations
- Racial discrimination
- Disability discrimination

The State and Territory governments also have a range of relationships with the not-for-profit sector, through taxation concessions, delivery of government funded services, and oversight of fundraising and certain other aspects of not-for-profit operations. The states have sole responsibility in a number of areas including:

- Supervision and oversight of not-for-profit organisations
- Regulating charitable collections and fundraising
- Incorporation of not-for-profit organisations

Many of the larger and long established not-for-profit organisations are incorporated under their own specific Acts of Parliament.

There is no requirement in Australian law for not-for-profit organisations to take a particular structure. Structures available for not-for-profit organisations in Australia include public companies limited by guarantee, incorporated associations, co-operatives, entities incorporated under their own statutes, trusts, partnerships and unincorporated associations. Each structure will have its own governance and reporting obligations under contract and the applicable statutory common law.

Support is provided to not-for-profit organisations at both a federal and state government level through favourable legal and administrative treatments in recognition of the public benefits provided. In order to receive these benefits a not-for-profit organisation must be recognised as a 'charity' by the appropriate government authority. For an organisation to be charitable it must have a charitable purpose. Charitable purposes are defined by the Australian Taxation Office as：

- The relief of poverty
- The relief of the needs of the aged
- The relief of sickness or distress
- The advancement of religion
- The advancement of education
- The provision of child care services on a non-profit basis， and
- Other purposes beneficial to the community.

Broadly defined， a charitable institution is an establishment， organisation or association， run for the purposes of benefiting the community. One of the main features of the requirement that charities be for the public benefit is the requirement that a charity be not-for-profit. Some organisations are also eligible to be recognised as a Deductible gift recipient (DGR) or a Public Benevolent Institution (PBI) . DGR status enables organisations to receive income tax deductible donations and gifts. Organisations that are recognised as charities， DGRs or PBIs are eligible for various tax exemptions and rebates at a state and federal level， and goods and services tax (GST) charity concessions.

Not-for-profit organisations may provide services in addition to， in competition with， or to fill a gap in， public sector service provision. According to the Australian Council of Social Services (ACOSS)， the not-for-profit sector provided services such as disability support， child welfare， residential aged care and housing support to nearly 2 million Australians in 2006—07. As governments have contracted-out areas of service provision， the sector has moved into some more traditional public sector roles， for example in employment placement and training services. In addition， the sector has increasingly sought financial support from government for its programs.

Not-for-profit organisations in Australia are represented by a number of peak bodies at a federal， state and local level. The Australian Council for Social Services (ACOSS) is the peak national body for the community services and welfare sector across Australia. ACOSS has a membership of around 120 National and Affiliate organisations, as well as eight State and Territory Council of Social Services members. Each state and territory has their own Council for Social Services which represents thousands of front-line agencies in each state and is on the board of ACOSS. As well as these larger entities, there are a large number of other peak groups that represent the not-for-profit sector in Australia. These peak bodies generally represent organisations according to their population group, their geographic location, or their service type, and sometimes combine two of these criteria. Generally speaking, peak bodies play a valuable role by supporting and advocating on behalf of their member organisations, and linking members in order to share experience and knowledge.

While the not-for-profit sector is diverse and encompasses a huge range of organisation types, structures, motivations and member groups, government funding is generally provided to organisations that deliver services or provide community resources that are regarded as valuable by the government. These kind of organisations generally include community based organisations, charitable organisations, health and welfare services, recreational and cultural groups, and environmental groups. Many not-for-profit organisations undertake activities totally independent of the government and any funding they might provide.

There are a number of current trends and developments which are having an impact on the not-for-profit sector. These trends also impact on the policy environment in which not-for-profits operate, and can influence the community and government expectations of the sector. Some examples of these trends are:

• Developments in the way government funding is provided to not-for-profits for service delivery, including more comprehensive reporting and accountability requirements, a greater use of competitive funding allocation, and more emphasis on collaboration between not-for-profit organisations in delivering services.

• Improvements in information and communication technology (ICT) capacity, increasing the capacity for innovation in the not-for-profit sector, encouraging better communication or changing the way services are delivered.

• The current economic downturn, which is expected to place the sector under pressure as demand for support services increases and funding becomes more difficult to obtain.

• General shifts in philanthropy towards more strategic and proactive approaches involving partnering arrangements to secure better outcomes.

• Increasing numbers of partnerships with business as not-for-profit organisations seek access to more secure funding sources and specialist corporate skills.

• Social developments which impact on the not-for-profit sector, such as more family breakdowns resulting in single parent families requiring support, and an ageing population increasing the demand for carers.

The not-for-profit sector in Australia plays an essential role in the planning and delivery of human services, and these type of organisations make significant contributions to the creation of government policy and community development.

Presentation Two

In this presentation I will explore the way in which the not-for-profit sector and governments in Australia work together to contribute to the effective development of policy and delivery of services. I will be focusing on the NSW government and the development of an agreement between the two sectors in NSW to deliver the best quality services for the community.

As noted in my previous presentation, my discussion of not-for-profit organisations in this presentation will refer to organisations that deliver human services in NSW, as these are the organisations that are predominantly funded and supported by the NSW Government.

Broadly speaking, there is a current trend towards Australian governments exploring or participating in practices which seek to better involve the not-for-profit sector in the delivery of human services and the development of policy, as well as promoting capacity building within the sector.

The Australian Government, as part of its social inclusion agenda, is exploring ways to develop a stronger relationship with the not-for-profit sector, based on partnership and respect. One way to do this is through a National Compact-an agreement between the Government and the not-for-profit sector that outlines how the two will work together to improve and strengthen their relationship, now and into the future.

The social inclusion agenda recognises the critical role the not-for-profit sector plays in delivering services, advising and developing social policy and advocating on behalf of marginalised groups. A strong relationship between the Government and the not-for-profit sector is crucial to the success of the social inclusion agenda and related reforms.

At a state level, a number of governments, including NSW, Victoria, Queensland and the ACT, have developed compacts or agreements between the government and the not-for-profit sector in each state. These agreements aim to strengthen and define the relationship between governments and human services agencies in order to achieve better outcomes for their communities. These compacts are generally established through negotiations and consultations with government and not-for-profit peak bodies and organisations in each state. The format and wording of each agreement is different, however they all aim to provide a platform or structure which encourages more effective partnerships and cooperation between government and non-government agencies.

The NSW Government values the vital contribution that the not-for-profit sector makes to building a fairer, more sustainable and inclusive society. The not-for-profit sector plays an essential role in the planning, delivery and management of human services in NSW and a significant role in policy and community development and promoting community participation and engagement.

Close to \$2 billion is provided annually to a core group of around 3,000 non-government organisations in NSW to deliver ongoing community-based human services. Many more NGOs provide a significant contribution to the wider community in the arts, sport, environment, animal welfare and other sectors.

Human services organisations play a pivotal role in community development and capacity building, identifying community need and developing new ways of responding to need. Government, and its agencies, often seek the advice of not-for-profit organisations in the development and implementation of new social policies and human services programs.

Government funding and regulation, strong community support, and contributions of expertise and funds from businesses have assisted the development of a large non-government human services sector in NSW.

In order to enhance and support the valuable and complimentary roles of the government and not-for-profit organisations, the NSW Government and the Forum of Non-Government Agencies (FONGA) negotiated a compact in consultation with organisations in the human services sector. The idea for the development of this compact came from the community services sector, and the NSW Government committed to forming the agreement in order to increase their efforts to support and strengthen the community sector. The agreement, called Working Together for NSW, was launched in June 2006.

This agreement outlines why and how Government and non-government organisations can focus their efforts in partnership. The purpose of the agreement is to strengthen the ability of the NSW Government and humans service organisations in NSW to achieve better outcomes for individuals, families and communities. The agreement acknowledges the value in non-government organisations and Government and its agencies developing and building improved working relationships. It recognises that Government and human services agencies may play different roles in achieving a common purpose.

The agreement is not a legal instrument, rather it is a set of shared goals, values and principles to guide working relationships between government and human services agencies. Its authority comes from its endorsement by the NSW Government and the NSW human services sector through an extensive consultation process. The agreement provides a general framework and an enabling mechanism to enhance the relationship between the two sectors. It does not cover every aspect of the relationship, but is meant to underpin and support existing and future partnership agreements, as well as agreements between individual government agencies and NGOs.

The Working Together for NSW agreement recognises the complex and interdependent relationship between the NSW Government and non-government organisations. Government support for the human services sector in the form of funding and capacity building has enabled not-for-profit organisations to grow and take on new and important roles in the delivery of human services in NSW. At the same time, NGOs increasingly play an important role in the development and delivery of key human services both independently and on behalf of the government. These organisations also significantly contribute to policy development and play an important advocacy role within the human services sphere.

The agreement also recognises that, while the relationship between the two sectors is of strategic importance, not-for-profit organisations are also independent bodies that are free to pursue their goals, which may include advocating for changes in government policies and priorities. In this sense, there is a healthy tension built into the relationship between Government and the non-government sector. The agreement recognises that an independent, diverse not-for-profit sector is an essential part of a fair and socially-inclusive society.

The compact outlines the shared goals and values of the two sectors, and provides direction on the role of government and the role of non-government organisations within the agreement. The agreement also provides guiding principles for the relationship between the two sectors, which include:

- Taking an evidence based approach
- An emphasis on the importance of outcomes for the community
- The accountability of both sectors
- Respect on behalf of both sectors for both sectors
- Open communication and consultation
- The independence of non-government organisations, who are accountable to their stakeholders and funding bodies
- Ensuring that activities and policies are inclusive.

The agreement also provides underlying principles for the funding relationship between government and NGOs, ensuring the quality of processes and outcomes.

Importantly, the compact also outlines the commitments that both sectors have made in order to build a stronger relationship between the two sectors. Commitments made by the NSW Government include:

- Ensuring that the views of non-government organisations are sought and fully considered in policy and program changes
- Creating opportunities for non-government organisations to participate in planning and evaluation processes
- Recognising the independence of NGOs to pursue their own organisational goals
- Recognising the challenges faced by different types of NGOs in working with disadvantaged communities, and building the capacity of these organisations to do so.

The non-government sector commitments include:

• Providing and promoting opportunities for community participation in the planning and management of services, and to contribute the development of policy and responses to government consultations.

• Delivering services funded by the Government in a transparent, accountable and professional manner

• Working on policy development, program design and advocacy through various means including consultation and collaboration with government agencies

• Working towards delivering long term consistent service delivery and community development programs.

As a result of the Working Together agreement, the NSW State Government has identified four specific areas of action to pursue in supporting the NGO sector. The areas of action identified by the Government are:

• Building and maintaining the relationship with NGOs

• Improving NGO service quality and community outcomes

• Streamlining the funding and regulatory process

• Supporting the development of NGO organisational and workforce capacity

The Government has is implementing a specific set of programs and projects in each action area, which aim to support and develop the critical human services NGO sector in NSW.

The government recognises that supporting organisational and workforce capacity building in NGOs is vital to the continued success of the human services sector. Capacity building is the process of developing and strengthening the skills, processes and resources that organisations need to grow and adapt. Capacity building can be directed in two main areas:

• Developing organisational capacity, which includes the ability to manage, govern and evaluate activities, and:

• Developing the capacity of the workforce needed to deliver the business of the organisation, which includes the supply of appropriately skilled workers, their ongoing training, development and support to deliver against organisational responsibilities and strategies.

The NSW Government is investing significant resources to develop and support the NGOs that it funds. Agencies are participating in national activities to develop the non-government workforce across a range of critical sectors such as health, disability, ageing, children's and community services. Agencies are also investing substantially in training and development activities to target the specific needs of particular groups of NGOs, as well as developing information and other resources to address particular skill requirements.

In partnership with the NSW Council of Social Services (NCOSS), DoCS has developed a training and resource kit aimed at small to medium non government organisations (NGOs) who may be interested in formalising a partnership with a view to seeking new funding opportunities. The development of the kit recognises that one of the strengths of the human services sector is their willingness to co-operate, collaborate and work together to deliver good outcomes for people and their communities. Partnerships are a valuable and effective way to harness shared interests in providing high quality services to meet the needs of the community.

DoCS recognises the importance of fostering good community leadership in order to ensure that the community services sector is able to develop innovative and relevant responses to community need. The Indigenous Women's Leadership Program aims ot develop the leadership capacity of Indigenous women in the NSW community sector and establish an ongoing Indigenous Leaders Network. This program is implemented in partnership with NCOSS and an Aboriginal non-government organisation.

DoCS has also provided a number of Pay It Forward Community Leadership Programs which enhance the leadership, mentoring and collaborative skills of people already in a community leadership role. The program provides participants with the opportunity to evaluate their leadership styles and learn new leadership strategies and skills.

The NGO Training Program was established by DoCS to provide a range fo online and face-to-face training modules and resources to assist with improving governance in small and medium NGOs. Courses are offered on a range of topics. Courses are offered on a range of topics, including occupational health and safety, understanding financial statements and auditing reports, staff supervision, and management committee training.

I will further explore the valuable role of the human service sector, further support provided by the NSW Government for the sector, as well as funding and accountability processes in my next presentation.

Presentation Three

In this presentation I will discuss in more detail the value of the services and activities provided by the not-for-profit sector to the community, the various ways in which the NSW government supports the work of this sector, and how the NSW Government allocates and manages funding processes.

In order to provide some context for this part of my presentation I would like to give you a short overview of the work and scope of the NSW Department of Community Services (DoCS). DoCS is the largest child protection agency in Australia. We have an important role in keeping children safe from harm and arranging care for those who cannot live at home. DoCS helps children and young people by providing support and care to them, their families and communities. We also offer prevention and early intervention strategies that support families and quality children's services. These help build strong families and communities and give children the chance to have a good start in life. To do this, DoCS works in partnership with other government agencies, non-government organisations, community groups and the public.

DoCS total budget for 2008/09 was approximately ＄1.3 billion. Approximately 60% if this budget was used to purchase contracted services for clients，mainly from non-government organisations. In 2008/09 DoCS provided ＄79.5 million to non-government organisations and local councils for more than 900 community development projects such as neighbourhood centres，family support services，youth services and peak organisations. DoCS is also responsible for licensing，registering or granting approval to approximately 3，500 child care services in NSW，which includes preschools，long day care，family day care and occasional care.

The Division for which I am directly responsible，the Communities Division，is responsible for the planning，implementation and monitoring of a number of programs and initiatives which focus on strengthening families，engaging young people and reducing violence against women. Communities Division works closely with non-government organisations，many of which receive funding to deliver services in these areas.

The contribution of the non-government sector to supporting the community and delivering sustainable，relevant and quality services is well recognised by the NSW Government. The non government sector contributes to economic，social and civic outcomes in a number of ways.

The most obvious of these is in the area of service delivery. Without non-government there would be a significant gap in service provision in NSW，particularly in rural and remote locations. Much of this gap is filled with the support of volunteers contributing to the work of non-government organisations. The NGO sector is also a significant contributor to NSW economic activity，through its multimillion dollar turnover，its substantial provision of jobs，and volunteer opportunities.

A strong，viable human services sector，with the capacity to deliver services effectively and efficiently，operating under sound governance arrangements，and having mature business relationships with Government is critical to ensure the best possible services are obtained with the funding provided, and the supply of services is secure and stable.

Another important activity that non-government organisations undertake is advocacy. NGOs may advocate on a range of economic, social and civic issues on behalf of both individuals and communities of interest. Some NGOs take an advocacy role for individuals. For welfare focused groups this may be on behalf of clients, while other organisations advocate on behalf of a particular population group. Organisations may target their advocacy at government or government agencies, NGO peak bodies, NGOs, business and other community groups.

By representing the interests of the community, NGOs play a vital role in ensuring that governments, government agencies, business groups and other community groups are aware of current and pressing issues of need and concern in the community. The information provided by non-government organisations is an important part of ensuring that governments are able to respond to community requirements in a timely and relevant manner.

NGOs play an important role in connecting the community and expanding the social networks available to individuals. Connection through clubs and other organisations promoting community engagement are obvious examples, but connection can also occur through volunteering in, for example, a service delivery organisation. Accessing of social support services can also provide a means by which socially excluded individuals can re-engage with society.

The activities of non-government organisations in many ways enhance community capacity by investing in skills, knowledge and physical, social, cultural and environmental assets for current and future generations.

The contributions of the not-for-profit sector arise directly from their pursuit of these roles, and from the processes by which they pursue their objectives. Contributions of the sector are both direct from the delivery of services to clients, members and the general public, and indirect through encouraging changes in government and business activity. Non-government organisations influence the social values of the community and the 'social capital' that underpins the informal and formal institutions that govern market, political and community behaviour.

In order build and maintain the relationship between the NSW Government and human services NGOs, Government agencies have established and maintain a wide range of networks and advisory structures with their NGO partners. These structures aim to inform implementation and improvements to major program areas and to inform policy development for key target groups. The NSW Government has also established some practical structures and networks which are designed to build informal relationships between front-line workers in the public and NGO sectors, as well as other mechanisms to meaningfully involve non-government organisations in local planning decisions and in evaluating current service responses and policies that affect them.

These bodies include consultative and advisory mechanisms which allow Government agencies to build and maintain relationships with a number of different stakeholders, give and receive advice on various issues, and oversee the implementation of various initiatives and programs. They also include joint planning bodies which enable key partners to be engaged in the design and identification of local priorities in whole of government programs and initiatives.

In order to further support the activities of non-government organisations the Department of Community Services operates the Communitybuilders website. This is an interactive clearing house where the users contribute content relevant to community development, publish case studies and share resources. Users include a wide variety of community organisations and NGOs, community workers, all levels of government, business, students and individuals.

Providing good quality, sustainable services is a foundation principle for any organisation. It is vital that public funds allocated to non-government organisations for delivery of services or purchasing of goods are used in the most effective and valuable way. The NGO sector provides a wide range of services to people in NSW, and government agencies that provide funding are responsible for ensuring that services are effective and relevant.

Designing and implementing quality assurance and monitoring systems that are capable of reflecting the effectiveness and value for money of particular services is a main priority for funding agencies. It is also important to create an evidence base for what works not only at an individual service level, but also in a regional service system and industry wide context. The results of quality assurance and monitoring activities are also critical for NGOs in accounting to their stakeholders and in continually improving the services they provide to the community.

Over the past decade there has been a trend for governments to outsource and partner with NGOs in delivering human services which were previously delivered by governments. This trend has been accompanied by changes in government funding models, moving away from grants to funding for the delivery of specific programs with specified 'outputs' and 'outcomes'. Non-government organisations are now required to deliver in terms of service agreements which specify programs and outcomes to be measured, and there is a much greater emphasis on accountability. I will provide further detail on DoCS funding and accountability models later in this presentation.

Funding agencies are looking at ways to streamline the administration burden on NGO while still maintaining an appropriate level of accountability for public funds. This recognises that funding should be directed to the provision of front-line services rather than meeting administration costs. Key activities include streamlining funding agreements, simplifying tendering arrangements, and applying consistent approaches to grants administration across Government funding agencies.

DoCS is currently developing a Grantseeker Manual in partnership with Philanthropy Australia, the peak body for philanthropy and charitable giving in Australia. The manual will provide small to medium sized non-government organisations with an easy to read guide on how to source and apply for a variety of grants. The Manual will cover a variety of areas including researching and communicating with potential funders, recognising good project planning, and writing an effective grant application.

As mentioned earlier, DoCS provides a significant amount of funding to non-government organisations to deliver a wide variety of services. DoCS funding programs encompass a broad range of funding streams, activities and processes, as well as a diverse range of target groups that cover the spectrum of community services. The range of services that DoCS secures through its funded programs include:

- Information and referral
- Community capacity building
- Care and support
- Case management and coordination
- Group work and education programs (eg. parenting education)
- Emergency/disaster recovery and relief

Together DoCS funding programs make up a complex funded service system and establish DoCS as the largest funding body of community services in Australia.

DoCS' overall vision for its funding programs is to achieve the best client outcomes with the available funding, through rewarding enhanced performance and better sharing of responsibility for managing service delivery and service risks with service providers. In order to achieve this vision, in late 2005 DoCS produced a new Funding Policy which set the broad direction for funding reform in community services. The new funding policy indicates a fundamental shift from a system that focused largely on inputs, processes and largely DoCS controlled service system design, to one that emphasises outcomes, flexibility, and a greater role for providers in service system design.

The Funding Policy has three main themes, which are:

• Performance based contracting to give services more flexibility and control over the way they manage their projects. Under new funding agreements and reporting arrangements, services will have the opportunity to highlight how their project improves client results, rather than document inputs and processes.

• Strengthening the service system to ensure a viable, diverse community services sector that can meet the needs of our clients

• Funding options to make sure that DoCS selects the provider best placed to deliver the service needed. This will involve using a range of funding processes from the most contestable Expression of Interest (EOI) processes to direct allocation of funding.

The implementation of funding reform has had a number of benefits for funded services and their clients. Clearly outlined expectations for service delivery are negotiated between the services and DoCS, and reporting requirements are simplified. There is greater flexibility in how the service can respond to clients' needs as the focus shifts from 'how' the services are delivered to 'what' services are delivered to clients. Rewards are offered for services that perform well, such as extending the length of service agreements, and there is increased government support for capacity building in non-government organisations.

Government and services providers increasingly need to show that they are achieving results and are accountable for the money that they administer. DoCS funding reforms aim to make sure that performance measures are put in place that focus on client results and enable the Department and non-government organisations to demonstrate the achievement of sound results for the wider community. DoCS is implementing performance-based contracts in each of its major funding programs. Performance-based contracts focus on the outputs and results required of service providers rather than telling providers what to do or how to deliver services. In order to make sure the DoCS funding processes select the best placed provider to deliver the service required, the Department uses a range of funding options. These include:

- Performance managed renewable funding
- Selective Expression of Interest (EOI) /tender
- Open Expression of Interest (EOI)
- Direct negotiation

Making a decision about which funding option is most appropriate requires consideration of a number of factors. These factors include:

- the number of agencies interested in providing the service
- the number of agencies with the capacity to deliver the funded service
- the Department's existing knowledge of the market in a particular service area
- the length of funding involved
- best value for money
- fairness and transparency

It is important for government and non-government agencies to ensure that the information and data collected from agencies delivering services is of good quality and is consistent. DoCS, along with other human services agencies in NSW, has adopted the Results Based Accountability (RBA) approach as a framework for the planning and evaluation of funded and directly delivered government programs. RBA is a structured approach to thinking about service delivery, which starts with defining the ends we want (results and indicators) and works backward to the means to get there. It is an approach that can be understood and applied at all levels of the service system, ranging from Government Departments, through to small community based organisations. The aim of DoCS is to use the RBA framework in a manner that allows service providers to identify progressive and innovative service responses. The value of this approach to the community services sector is that all service providers, large organisations and small grass roots agencies alike, have a role in determining the means to achieve the intended results.

In order to ensure that non-government organisations funded by DoCS to deliver services are able to effectively and beneficially use the RBA framework, DoCS has provided funding to two NGOs to assist in piloting and promoting the use of the framework in the NGO sector. These organisations have developed a number of tools and resources that assist funded services to develop their own set of RBA based performance measures, and have encouraged the use of the RBA framework more widely in the sector. The RBA framework has also be piloted in a number of DoCS funded services.

DoCS has developed a set of Good Practice Guidelines to guide and support organisations in service development to acheive quality outcomes for clients, and to assist in quality improvement, evaluation and accountability. Strengthening NGOs is an important part of funding reform and is essential for a secure and stable supply of services. The good practice guidelines were developed through intensive consultation with industry groups, and have the support of peak NGO bodies. The guidelines were piloted with a cross-section of 30 DoCS-funded services. There are nine good practice guidelines in total which aim to:

- promote quality outcomes for clients
- guide staff in service development
- enable quality improvement, evaluation and accountability
- develop consistent and high level of quality across services.

An implementation and self-assessment tool has been developed to support service agencies to effectively use the Guidelines. The goal of this tool is to assist service providers to assess their own practices against the Guidelines and design a quality work plan that will deliver the best outcomes for clients.

One of the largest programs managed by DoCS Communities Division is Families NSW. This is the NSW Government's whole-of-government prevention and early intervention strategy that aims to provide children with the best start in life. This is achieved by supporting families expecting a baby or with children aged up to 8 years. Families NSW is the responsibility of five NSW Government partner agencies, with non-government organisations and local governments playing a key role. Each partner agency has specific roles and responsibilities, with DoCS Communities Division providing strategic coordination and leadership of the Families NSW Strategy, at both a statewide and regional level. In 2007/08, Families NSW had a total budget of ＄40.4 million, of which DoCS managed ＄29.6 million. DoCS funded 381 Families NSW projects, including supported playgroups, family workers, volunteer home visiting, early literacy projects, transition-to-school initiatives, toy libraries, parenting resources and family events.

Families NSW is implemented through 16 planning areas across NSW. The two main governance structures for the strategy are:

• A statewide structure that sets policy direction, guides the development and implementation of the of the Families NSW statewide plan and endorses regional plans for action and expenditure; and

• Regional structures that oversight and implement actions that they identify as relevant in a particular area to contribute to the overall Strategy.

Each Families NSW region determines allocation of their budget based on the priorities identified in their area. All projects are funded for a fixed term, and their continuation at the end of that fixed term will only occur if the project is identified as a priority in that area. Based on research and practice in early childhood development, Families NSW uses a set of service models to allow the strategy to achieve its results. For each DoCS managed activity, a standard Service Activity Description (SAD) is developed to identify the results to be achieved, the target population, the features of the model and the associated performance measures. This allows the organisation managing the activity and DOCS to measure the success of the program effectively, and use the results to inform future programs.

Consistent with the Results Based Accountability (RBA) model, Families NSW aims to improve outcomes for its target population over the long term by influencing factors that contribute to the high level result. An Outcomes Framework sets out the long term outcomes from the NSW Government's prevention and early intervention strategy, and each Families NSW initiative or project contributes to these objectives.

Families NSW uses the RBA model as its evaluation framework to measure performance and population accountability at both a program level and a project level. At the program level, performance accountability will measure how well Families NSW as an overall strategy is working. This means measuring the number and cost of projects funded, the quality of projects and the percentage of projects overall that contributed to achieving the program results. At the project level, performance accountability will measure how well individual projects are working and whether the agreed results of each project have been achieved. This means measuring the number of participants in a project, the number of families or children that were provided with opportunities as a result of the project, the number and type of project activities, how well a project was implemented and whether participants were better off as a result of the project.

The NSW Government will continue to further develop its valuable, complex and vital relationship with the non-government sector in NSW.

The Government recognises that the NGO sector will continue to play a vital and increasingly necessary role both in the delivery of human services in NSW, and the development of effective and relevant public policy initiatives.

(Ms Sonja Stewart, Executive Director of Communities Division, NSW Department of Community Services)

Development and Administration of Community NPOs in Australia

David Thompson

Brief context setting and basis for presenter analysis and remarks-including outline of the roles and operations of above organisations and their relevance to matters and issues under consideration.

Jobs Australia is a national NPO umbrella or peak organisation which is funded by its 280+ NPO member organisations which deliver a variety of services largely funded by the national government and which are designed to help people who are unemployed to obtain and retain employment. The 280 member organisations compete with one another and with private for profit organisations to secure contracts with the Australian government to deliver services to assist unemployed people to get and keep jobs. These services, which were once delivered only by government agencies, our now delivered and operate in a competitive market which is operated by for profit and nonprofit organisations and which has operated for the last 11 years in Australia. This system is regarded internationally as a radical experiment in delivery of public services which is now regarded as a new institution in public service delivery in Australia-one which is being replicated in a number of other countries globally and which continues to be further developed.

Jobs Australia is entirely funded by its NPO members and focuses on advocacy and influence and capacity strengthening of its member organisations. We support and fund research on relevant public policy issues and advocate for and seek to influence public policy and program parameter and architecture settings which enable our member NPO organisations to deliver the most effective and efficient services to the people who are unemployed whom we serve.

The Australian National Roundtable of Nonprofit Organisations represents and promotes the interests, aspirations and concerns of the broad nonprofit sector In Australia and has four key objectives:

• Promotion of the contribution the nonprofit sector makes to the Australian economy, to Australian society and to Australian communities-to government, to business to the broader community and to the nonprofit sector itself-including support and resourcing of research into the nonprofit sector's contribution to the "common good";

• Pursuit of necessary regulatory reform to enhance the effectiveness and efficiency of the nonprofit sector in Australia-including corporate regulation, charity and other taxation law reform, fund-raising regulation and contractual regulation in relation to governmental contracting of nonprofit organisations for delivery of public services-a major and growing cost for Australian nonprofit organisations and a major impediment to effective and efficient operation and delivery of services.

• Pursuit of a variety of issues concerning the access of the sector to financial capital and its terms of trade with governments, with business and the philanthropic sector-with a focus on investment and the need for the nonprofit sector to make its case for the efficacy of more investment in its service delivery and innovation and public policy contributions in advocacy, influence and lobbying.

• Promotion of debate and reflection about the place, identity and future of the nonprofit sector in Australia and in a global context.

The Australian Council of Social Service (ACOSS)

The Australian Council of Social Service, which has operated for more than 50 years, is substantially financially supported by the Australian government (as well as by its own member organisations), conducts research on issues affecting people on low incomes and suffering disadvantage, and advocacy and lobbying to government and the broader community to promote public policy reform and programs which seek to reduce inequality and disadvantage. ACOSS also provides a range of capacity strengthening initiatives for its NPO member organisations and enters coalitions with other national organisations such as, for example, trade unions and environmental organisations to address the impacts of climate change policies on people with low incomes.

Focus of Presentation-NPOs inAustralia

Broader NPO Taxonomy in Australia-There are estimated to be approximately 700, 000 NPOs in Australia-including a very large number of nonprofit voluntary organisations which employ no staff and which undertake a wide variety of activities which, in different ways, enhance and promote common good objectives. They include sporting, cultural, environmental and many other special interest groups which local citizens form to pursue and promote common interests. The great majority of these organisations have limited resources and rely on volunteers for both management of their organisations and the conduct of their affairs and activities.

Of the approximately 41 000 nonprofit organisations which employ paid staff, there is wide diversity of different sizes and types of organisations, which include universities, nonprofit hospitals, independent schools, industry associations, clubs and other forms of mutual organisations and trade unions-some of which employ thousands of staff and have annual incomes of many millions of dollars. The estimated annual turnover of these 41 000 organisations is of the order of \$ A75 billion. A snapshot of some of the key statistics for the nonprofit sector is attached for information.

The focus of the presentations is on community welfare and social services providers, disability and housing services providers as well as consumer and advocacy organisations.

Establishment of Organisations

Organisations are typically established by groups of citizens with a common interest in provision of services and or advocacy for particular causes or purposes. In some cases, organisations are formed specifically to apply for receive government or philanthropic funds for a particular purpose or cause. Smaller organisations which are member rather than public serving and which do not need to enter contracts may choose not to formally incorporate and can operate informally without any significant form of registration or government oversight. Those organisations which are formed to receive government or other funding and to employ staff and enter contracts are required to incorporate, to register for taxation and other purposes such as fund raising and, if appropriate to seek government endorsement of their status as tax exempt or tax concession organisations. Smaller organisations typically incorporate as associations which are regulated at State and Territory level and other incorporate as companies limited by guarantee which are regulated more rigorously and at national level by the Australian Securities and Investments Commission.

Constitutions

Those organisations which are incorporated must adopt a constitution which sets out rules and by-laws on many aspects of their operations, administration, governance, financial management and reporting, powers and obligations of office holders and reporting to regulatory authorities and to members and the public. Relevant laws set statutory minimum requirements for constitutions and usually provide for some variations to the statutory minima. The relevant laws also impose other obligations and responsibilities on organisations and their office bearers.

Sources of members

Most nonprofit organisations have some form of membership structure which enables citizens with an interest in a particular issue or cause to become members and to become involved in the management and governance of organisations by becoming members of Boards or management committees. Members can be drawn from geographic or other communities of interest (such as on particular issues) and members typically have the right to elect Boards and management committees on a regular and usually annual basis. Incorporation provides some protection of members by limiting their liability in the event that organisations incur significant debts or liabilities-but also imposes varying degrees of obligations on members and office holders in terms of their fiduciary duties and responsibilities. This is an important element of the regulatory framework given the voluntary nature of their involvement and participation in organisational governance and management.

Rights and Obligations of Organisations

Various regulatory requirement impose obligations on organisations in terms of their governance, management, accounting, taxation, fundraising and access to tax concessions and reporting (to regulators and their members and/or the public) . Many Australian experts and commentators argue that the present regulatory frameworks should be reformed so that regulation is more proportional to risks and consequences of non-compliance and so that the costs of regulation are also proportional. They also argue that there is a clear need for a specialist single national regulator for nonprofit organisations along the lines of the UK and New Zealand Charities Commission-rather than the complex layers of different regulatory authorities and requirement which now operate. Another important issue in this context is the current framework for taxation of nonprofit organisations and of those nonprofit organisations which are endorsed as Tax Concession Charities. Australia's charity tax laws are based on an English statute of 1601 and are extraordinarily complex and perhaps not best suited to contemporary needs and circumstances. These matters are the subject of a number of national inquiries and reviews which are presently underway in Australia.

Organisations which receive government funding are also subject to other levels and layers of regulation which arises from the terms of the contracts organisations enter into with governments. These contracts impose additional requirements in terms of matters such as data collection and reporting, ownership of assets and intellectual property, badging and identity, prescription of service delivery requirements and limitations on advocacy and public discussion and criticism of government policy. The contracts are frequently regarded as onerous, one-sided and excessive and might be seen to limit the freedom and autonomy of organisations and their capacity to be innovative and responsive to community needs.

The Australian government has recently acted to remove some of these restrictions on public discussion and criticism from its contracts with nonprofit organisations. In doing so, it reasonably expects that organisations will act responsibly and constructively, that criticism and advocacy will be objective and soundly based on evidence. This serves to reinforce and support the important role that NPOs have in advocacy and innovation and their role in terms of reform and improvement of public policies and programs. Many politicians and policy makers appreciate that NPOs, which have close and intimate knowledge of the needs and circumstances of the citizens they serve, have an important role in policy reform and development which needs to be encouraged and supported. The onus is on NPOs, in turn, to exercise this role responsibly, objectively and constructively.

Administrative Structures and Division of Work

NPOs which do not employ staff and which operate entirely with volunteers usually have a small group of people who form a management committee to attend to the good governance and management of their organisations and other who carry out the activities of the organisation. They operate with varying degrees of sophistication and make a variety of important contributions to community life and well-being.

NPOs which employ staff range from very small organisations which might only have one employee to very large and complex organisations which employ thousands of staff, operate in multiple locations, engage in complex and diverse service delivery as well as fundraising, advocacy and research activities. The nature of administrative structures and the division of work varies considerably and typically reflects the same kinds of diversity of approaches to organisational structures and approaches which we see in the private sector. The key to successful organisational governance and management in this context is to ensure that structures and arrangements promote and preserve organisational values and focus on the achievement of mission and purpose rather than on profit or financial surpluses. This frequently results in the need to adapt and modify good private (or public) sector practices to meet the different needs of NPOs.

One feature which is common for the larger NPOs is that their Boards of management committees will appoint a Manager or Chief Executive Officer who is responsible for the day to day management and operations and who is delegated powers and authorities which they must adhere to and report on a regular basis. A great deal of effort needs to be made to develop the governance skills and capacities of voluntary Board members and to ensure that they are sufficiently knowledgeable and empowered to properly fulfill the fundamentally important role of ensuring good and exemplary governance of organisations.

In this context, Boards can be regarded as keepers of the values of their organisations. The successful existence and future good health of organisations depends on their ability to continue to secure high levels of public trust in their integrity and the quality of their work and their contribution to communities and to society. They determine overall directions and mission and policies of their organisations, decide what they will and won't do and then rely on their paid staff, through their Manager or CEO to carry out the day to day work of management and operations.

Rights and Obligations of Managers and CEOs

As noted above, Boards and Management Committees appoint Managers and CEOs to conduct the day to day affairs of the organisation within a framework of clearly delineated and delegated authority and in accordance with governance and other policies which are determined by the Board or Management Committee. Boards also determine the mission, values and strategic directions and goals they wish to set for the organisation. They then regularly review compliance, organisational performance and strategic directions and the performance of the CEO against key performance indicators. Measurement of performance and organisational impacts and the oversight and supervision of increasingly skilled and professional Managers and CEOs presents considerable challenges for many organisations and their Board members and underpins the need for effective governance support and development strategies and programs. Another challenge for many Board and their members is to resist the temptation to interfere in day to day operations and management and to play a hands off role in their governance of organisations. This can be a cause of conflict and disputes in organisations.

Managers' and CEOs' rights will usually be set out in the contracts of employment which they enter with the organisation and which are generally reflective, in all but perhaps remuneration, of the contracts of their private sector counterparts. Dispute and conflict resolution and circumstances in which contracts can be terminated are governed by the terms of contracts and relevant employment and other laws which apply. Essential ingredients for avoiding fundamental conflict and problems between Boards and CEOs are clear delineation of roles and responsibilities and ensuring congruence of values between the Board and the CEO.

Internal Supervision and Discipline

As noted above, Boards are responsible for the effective supervision of CEOs and Managers and for undertaking any disciplinary action which might be necessary in respect of the CEOs performance and their compliance with board governance and other policies. CEOs and Managers, in turn, have responsibility for the effective supervision of subordinate staff and volunteers and for undertaking any disciplinary action against any staff member or volunteer who fails to comply with organisational policies and rules or whose performance is not satisfactory. The nature of processes undertaken to deal with disputes or performance or disciplinary matters is determined by policies and procedures adopted by individual organisations and the application of relevant state and national laws concerning employment, industrial relations, discrimination and other matters. Organisations are required to operate with procedural fairness, to provide natural justice and should (but don't always) approach these issues with the same values which the organisation espouses. Individuals who believe they have been unfairly treated or who are otherwise aggrieved, usually have access to external tribunals established by government to review their case and to enforce remedies that they deem appropriate.

Strategic and Business Planning

Many Australian NPOs have developed and implemented quite sophisticated approaches to strategic and business planning-along with their counterparts in the private sector. Effective strategic planning enables organisations to focus on achievement of their mission-their overarching purpose-and to allocate and focus their resources and their efforts on achievement of a limited number of key and clearly identified and enunciated strategic goals-avoiding the tendency to try to do more than is possible with limited and sometimes uncertain levels of financial and other resources. As with other approaches to effective and efficient management, NPOs need to ensure that their planning and other business management practices and approaches are consistent with their values and their ultimate purpose. This means they need to avoid slavish adoption of various fashions and vogues in management practice, that they need to consider adaptation of private sector practices when that is necessary and that they need to adopt approaches which preserve and protect their fundamental difference from the private sector.

The reason for their existence is not a healthy financial bottom line (but that might be a pre-condition for ongoing sustainability) but rather the achievement of their mission. This presents considerable challenges in the context of accounting standards and financial reporting requirements which are imposed by regulators and which are imported directly from the private sector. It also presents considerable challenges in terms of the ability of organisations to accurately and reliably measure their impact against often complex and difficult to measure indicators and measures of achievement of intangible social and other goals. These matters are the subject of current and ongoing debate not only in Australia but also in many other countries-as well as the subject of a great deal of endeavour on the part of academic and nonprofit personnel seeking to develop new approaches and techniques on impact assessment. Governments and other investors in the nonprofit sector also have a strong interest in developing approaches to impact assessment which help them to determine what progress is being made and where they can secure the best value from future investments in non-profit organisations. Another important issue in this context is the costs of data collection and of impact assessment techniques and approaches. Funds invested for these important purposes are funds which are diverted from service delivery and other activities and must also represent good value for money.

In terms of business planning, NPOs inAustralia have varying approaches and varying degrees of sophistication, depending on their history and their needs and circumstances. Those operating in competitive markets (such as employment services or aged care) often in competition with one another and with government and private sector organisations have highly complex and sophisticated approaches which involve environmental and competitor analysis, complex financial planning and forecasting, market research and analysis and well developed marketing and promotion strategies. One again, many of their approaches match the skills and capabilities of their counterparts in the private sector.

Smaller NPOs operating in less complex circumstances and environments generally, but not always, have adopted less sophisticated approaches to strategic and business planning which are adequate for their needs and which enable them to operate with a reasonable degree of focus and with reasonable levels of efficiency and effectiveness. Many nonprofit peak organisations, government and other investors and private consultants offer a variety of planning and assessment tools and professional development and other capacity building opportunities for smaller and medium NPOs. Some of the larger organisations rely on major private sector consulting firms for similar services.

Project Management and Operations of NPOs

Once again, the Australian experience in this context is one of enormous diversity. Smaller organisations operating in less complex circumstances and environments don't need and don't have sophisticated approaches to their project management and operations.

Others such as major charities and other providers of employment services, for example, have by necessity, very well developed project management and operational capabilities. Over the last decade, in an environment of increasing intra and inter-sectoral competition, organisations have responded with the use of state of the art information and communications technology for data collection, client and service management, customer relations management, reporting to investors and so on. The current global financial crisis has had a very negative impact on investments of some major organisations and on the capacity of many of their donors. This have added a new impetus to organisations which must continue to improve their efficiency and effectiveness in the face of reduced resources and often increasing demands on their services.

Many organisations manage a complex array of different services and activities, monitoring and reporting on their activities and achievements in different ways to different internal and external stakeholders. Many have adopted effective ways of integrating different types and kinds of services to provide integrated and seamless services to individual clients and communities.

The increasing application of competitive tendering as a means of procurement of services by government and uncertainty about continuity of revenue streams has operated to enhance the capacity of organisations to manage their operations, to pursue and achieve continuous improvement in service performance and quality and to improve their evaluation and impact assessment. Most of these organisations have well developed quality systems and business excellence frameworks and manage to meet the complex and often onerous burdens of contractual and other regulatory requirements imposed by government agencies and other investors.

Co-operation with government

The great majority of Australian NPOs engaged in form or another of social service delivery enjoy very positive, cordial and productive relationships with governments overall and with the government agencies which finance or otherwise interact with them. Most usually, there is a strong conjunction of interests in community well being in reducing inequality and increasing inclusion and a recognition of those mutual interests and the recognition of the interdependencies which operate between NPOs and government.

As in other countries, Australian NPOs have an increasing role in delivery of public services which were once delivered by governments (and typically delivered by NPOs before governments became involved) and governments have come to depend on NGOs for their ability to deliver services at less cost than the public sector, with the ability to innovate and adapt services to the needs of individual citizens, families and communities, to engage and connect with individuals, families and communities in ways which government generally find difficult and to identify gaps and areas for improvement in policy and programs which can't be immediately apparent to those not involved in the front-line of service delivery. Consequently, there is general and widespread recognition that NPOs cannot and should not be seen simply as service providers. They also have a very useful and invaluable role to play in providing input and feedback to government about ways of improving and refining policy and programs, in eliciting and passing on information from clients and consumers about the impact and effectiveness of programs and policies, in identifying gaps in service provision and new and emerging and unmet needs and in developing and fostering innovation in policy and service provision.

Most Australian government agencies have well developed processes for regular consultation with NPOs on matters of policy and program design which enable the preparation, submission and consideration of the views of NPOs and which provide policy makers and program designers with different and useful perspectives to inform their decision-making.

Many NPO personnel with long experience and detailed knowledge in their respective areas of expertise serve on numerous government consultative and advisory bodies to provide the benefit of their expertise to government in many different ways. In doing so, they demonstrate a shared commitment to the achievement of commonly held goals and, importantly, a shared responsibility for the achievement of those goals through policies and programs which they contribute to developing.

Australian governments have come to realise that they achieve better policy and program outcomes through effective co-operation and partnership with NPOs and that the investment they make in consultation and co-operation with NPOs delivers significant and positive returns. One of many examples of this is the comprehensive and lengthy consultations which have taken place with both service delivery and advocacy NPOs over the past few years on the future shape and directions of Australia's welfare to work policies and the iterative development of our contracted out public employment service. The former Secretary of the Department of Prime Minister and Cabinet, Dr Peter Shergold, readily acknowledges that NPOs engaged in the delivery of Australia's public employment services have a strong and useful role to play in service innovation, in policy development and program design, that the government has achieved a great deal by working in partnership with NPOs and that is important that they not be seen simply as service providers.

Throughout the development of the Australian Job Network, the NPOs engaged in this co-operation and partnership with senior government officials and Ministers have recognised and accepted that governments should, must and will have the final say. They have also come to realise that if they have a useful and constructive role to play they can be a positive influence for change which improves the outcomes for the people they work with and provides them with the tools and resources they need to deliver the best results for the unemployed and disadvantaged people they work with and for whom there organisations were established to serve. There are many other similar examples of this kind of government and NPO co-operation and partnership.

Developments in Government and NPO Partnerships and Relationships

Since the election of Australia's new national government, the government has been consulting with the broader NPO sector about the development of a national compact between the government and the sector. Such a compact would take the form of and operate along the lines of a similar process and instrument which has operated for a number of years in the United Kingdom and in some other countries. The proposed compact for Australia would enunciate the nature of the relationship between the government and the NPO sector, set out the shared understandings and agreements about the respective roles and responsibilities of the government and the NPO sector and provide a basis for the further and ongoing operation and development of a partnership relationship between the sector and the government. The sector has responded very positively to the initial consultations and to the degree of recognition and acknowledgement of the roles and contribution of the sector that a compact could provide. As noted earlier, the government has already acted to remove clauses in its contracts with NPOs which served to limit or prevent public debate and criticism of government policy and is now giving attention to the excessive reporting and regulatory burden which some of the terms of its funding contracts impose on NPOs as service providers.

The government is proposing that a compact with the sector would emphasise and recognise the significant role which the sector has to play in policy and program development and innovation and in advocacy and influence in that context. A compact would also formalise commitments and existing practices in terms of consultation by the government with the NPO sector and address issues concerning some aspects of the terms of trade between government and those in the sector which act as service providers. It would also set out some agreed principles for the terms of engagement and interaction between NPOs and government agencies.

The processes which will need to be followed to achieve agreement between the NPO sector about the terms and operation of a compact are somewhat daunting given the scale and scope of the broader sector and the need to engage with and involve hundreds of thousands of organisations and numerous government agencies. There is a clear recognition within the sector of the potential benefits of a compact (and not least being the formal recognition of the contribution of the sector to the Australian economy and the Australian community as a whole) and a recognition that formalising our partnership with the government which reinforces our roles as advocates and innovators will bring with it responsibility for us to conduct that partnership in a mutually respectful and responsible manner. Most importantly perhaps, the proposed compact would also be framed around the over-arching principle that we share the common objective of working for and promoting equality, inclusion and the common good for all of our citizens.

Consultation and Lobbying and Influence on New Laws and Policies

As noted earlier, Australian governments have well developed processes for consultation and engagement with NPOs as service providers, consumer and other advocates and as innovators in service and program design and delivery. In addition to long established parliamentary processes for formal submissions and provision of evidence to inquiries on significant new laws and policies, there are a myriad of less formal opportunities for NPOs to consult with and advise and inform politicians, their advisors and senior government officials about ways of improving and amending laws and policies where that is seen as relevant and desirable.

Many NPOs make use of their own research capabilities and their access to the media to publicly express and promote laws, policies and programs which they believe will increase the quality of public services and promote a more equal, inclusive and empowered society. In conducting such lobbying and influence activities and strategies, they recognise they must provide useful and constructive input and advice and their need to be factual and objective in putting their case. In doing so, they tend to have more influence and impact on outcomes than would be the case if they were to take a different approach. These activities are conducted with the objective of increasing equality and inclusion and achieving better public policy and programs and if the NPOs have useful and constructive input on important issues they more often than not get the hearing they warrant and deserve.

Financial Management

Once again, there is a diversity of approaches taken and adopted by Australian community NPOs to their financial management practices and standards.

Smaller organisations generally have simple and straightforward systems and practices and are not subject to onerous or complex regulation by relevant authorities. Since 2000, even quite small organisations must register with the Australian Taxation Office and provide regular reports on their collections and remittances of Goods and Services Tax. Smaller organisations are generally required to produce relatively simple annual financial accounts and reports for the corporate regulators and for scrutiny by their members and the general public. Many organisations achieve and meet their requirements through the use of voluntary treasurers and increasingly use paid book-keepers and simple financial management software.

Larger and more complex organisations, commensurate with the risks associated with their stewardship of very large amounts of public funds (from governments and from donors and other investors) have much more stringent and onerous requirements which they must meet. They must comply with the same requirements as those for large private sector organisations-including compliance with relevant International Financial Reporting Standards, independent auditing by registered company auditors. They must prepare and publish detailed financial statements and accounts and provide these to their members, to the public and to government agencies from which they receive funds. Organisations which are Tax Concession Charities are also subject to monitoring and review by Australian tax authorities. Organisations which operate overseas or which remit funds overseas are also subject to new international counter-terrorism financing measures. Organisations which conduct public fundraising are also subject to regulation and review by relevant state and territory authorities.

Larger and more complex NPOs will typically have dedicated corporate financial management divisions or units which use sophisticated software and other systems to monitor and manage all aspects of their financial affairs, will frequently also operate treasury management functions to maximise returns on their investments of surplus funds. Most organisations of involved in significant levels of service delivery also have systems for tracking, monitoring and reporting on funds for particular projects and lines of activity and business. Organisations need also to closely monitor their cash flows to ensure they maintain liquidity and solvency.

Human Resources Management

Smaller NPOs with small numbers of staff tend to have quite simple and uncomplicated processes and systems for management of their human resources, for recruitment and development of their staff, for performance appraisal and dealing with problems and disputes. Many of them use the services of organisations like Jobs Australia which provides expert human resource management services and advice to some 1000 community NPOs nationally and other use similar services provided by private sector employer associations.

Salaries and terms and conditions of employment of all staff employed by community NPOs in Australia are regulated by national and state and territory industrial award system which prescribe minimum rates of pay and terms and conditions of employment (hours of work and holidays and so on) which all employers are legally obliged to meet or be subjected to fines and penalties. In an increasing number of cases, employers are negotiating separate and more beneficial contracts of employment which sit outside and separate from our industrial award system. The inability of community NPO employers to compete with private sector employers was, until the time of the global financial crisis, an increasing problem in terms of their ability to attract and retain staff in an increasingly tight labour market. The impact of the crisis has been to somewhat ameliorate that problem for the time being at least. However, the ageing of the Australian workforce and the strictures on labour supply and growing demands for personal care workers in the aged care sector is going to present relevant NPOs with significant future problems.

As will be appreciated, the larger and more complex community NPOs have dedicated human resources management units or departments and have the internal need and capacity to service their own HR requirements. Many conduct their own professional development programs for staff and need to invest significant resources to meet the changing demands on their staff and associated development needs. In keeping with other parts of the Australian workforce, the involvement of trade unions is not particularly high and is in a slow decline.

Fundraising by Community NPOs in Australia

In keeping with the wide diversity of sizes and types of community NPOs in Australia, there is wide diversity in terms of the level and nature of fundraising activities of different organisations.

Smaller organisations do not typically engage in more sophisticated approaches but may conduct small scale local level activities such as raffles or sausage sizzles to generate moderate amounts of funds to supplement their other revenues.

Many medium sized organisations with strong involvement in delivery of public services for government, such as employment services, for example, are not generally able to attract public donations or corporate support for their government funded activities because they are seen as fully funded by the government. Many of these organisations are able to offer tax deductibility for donations but do not take advantage of this for the same reasons.

Larger community NPOs and charities, in particular, most usually conduct a diverse range of both government-funded services as well as services which they fund from donations and other sources. This group tends to have very sophisticated marketing and fund-raising departments and invest considerable resources to attract public, philanthropic and corporate support. Most would claim they use considerable amounts of the funds they raise to provide services which governments do not support or fund and to cross-subsidise services which are not adequately funded by governments.

The impact of the global financial crisis has resulted in many organisations across the community NPO sector reporting considerable losses on their investment portfolios, considerable reductions in public donations and in the levels of the support they receive from philanthropy and socially responsible corporations in the private sector. This means they are having to curtail some of their services and programs at a time when demand for their services is significantly increasing. The Australian government has recently announced some limited financial support for organisations facing these problems.

Use of Volunteers by Community NPOs

Smaller community NPOs rely on volunteers for their management committees and, in many instances, to assist them in the delivery of services. Many of them rely on services and assistance they receive from NPO volunteering support agencies for guidance on volunteer recruitment, management and development.

As can be seen from the attached summary statistics, the number of volunteers engaged with and utilised by the broader NPO sector is extraordinarily high and reflects the high level of trust and respect for the sector in the community and the commitment and willingness of citizens to volunteer their time and expertise for common good purposes.

Larger community NPOs in many cases rely on their armies of volunteers to provide services at local level and direct to individual citizens in their homes and communities. In order to do this effectively, they need to invest significant resources in recruiting, screening, training and development and retention of volunteers.

The role and contribution of volunteers in community NPOs is very important and significant and has a value which is significantly greater than the economic value which might be placed on their labour. The sector itself in Australia has much more to do to celebrate and promote the contribution of our good citizen volunteers to the common good. The National Roundtable of Nonprofit Organisations places high priority on this important task.

(Mr David Thompson, Chair of National Roundtable of Non-Profit Organisations and CEO of Jobs Australia)

The Nonprofit Sector in Australia: A Fact Sheet

3rd Edition 2009

Size

• There are as many as 700, 000 nonprofit organisations in Australia, most of which are small and entirely dependent on the voluntary commitment of members

• Approximately 380, 000 nonprofit organisations are incorporated in some form or another (meaning that they have a legal identity independent from their members)

• About 38, 000 nonprofit organisations employ staff; a further 3000 are also deemed by the ABS to be economically significant

• There are approximately 20, 000 organisations with Deductible Gift Recipient status inAustralia. Many of these are nonprofit organisations (others are government owned entities)

Source: Lyons & Hocking 2000, ABS 2008, ATO 2008

Economic Contribution

In 2006/07, Australia's 41 000 economically significant nonprofit organizations:

• Employed 995, 000 people, 8. 6% of Australians in employment

• Had an income of ＄74.5 billion

• Contributed ＄34 billion, or 3.4%, to GDP

• Made an economic contribution equivalent to that of the government administration and defence industry and one and a half times the size of the economic contribution of the agriculture industry.

Source: ABS 2008

Sources of Income

In 2006/07 the nonprofit sector's main sources of income were as follows:

• 38%-sale of goods and services

• 34%-government grants and contracts

• 14%-fundraising and membership fees

Source: ABS 2008

International Comparisons

In terms of its contribution to employment, Australia's nonprofit sector:

• Is of a similar size to that of theUnited States and the United Kingdom

• Is larger than that in theCanada, New Zealand and most other European countries

• Is smaller than the nonprofit sector in theNetherlands and Ireland

Source: Salamon 1999, and various

Components of the Sector

Organisations in the following fields account for the following percentages of nonprofit sector employment:

• Social Services — 27%

- Education and Research — 24%
- Health — 17%
- Culture and Recreation (including sport & registered clubs) — 10%
- Religion — 5%
- Business and Professional Associations and Unions — 3%
- Other — 14%

Source: ABS 2008

Philanthropy

- In 2004, 13.4 million adult Australians donated $5.2 billion to nonprofit organisations (and $0.5 billion to government owned entities)
- A further $2 billion was provided by 10.5 million Australians who brought raffle tickets or attended charity auctions and similar events
- Not all donations can be claimed as a tax deduction; in 2004/05, $1.5 billion was claimed
- In 2003/04, over half a million Australian businesses provided $3 billion to nonprofit organisations as gifts of money, goods, services and sponsorship

Source: Lyons & Passey 2005, Dept FACSIA 2005

Volunteering

- During 2006, 5.2 million Australians, 34% of adults, volunteered a total of 620 million hours of labour for non-profit organisations of all sizes; a further 93 million hours were donated to government and for-profit entities.
- Of this 620 million volunteer hours, 52% were for organisations that rely entirely on volunteer labour; 48% was for nonprofits that also employ staff
- This voluntary contribution was equivalent to an additional $13

billion donated to the nonprofit sector

Source ABS 2007

Membership

• In 2003, over 13 million Australians (86% of adults) belonged to at least one nonprofit association; 48% belonged to at least three organisations

• Just under 1 million held office in a nonprofit organisation

Source Passey and Lyons 2005

Sources:

ABS (Australian Bureau of Statistics) (2007) VoluntaryWork, Australia 2006 Cat No 4441. 0. ABS, Canberra.

ABS (2008), *Non-profit Organisations* 2006—07 Cat No 8106. 0 ABS, Canberra.

ATO (Australian Taxation Office) 2008*Taxation Statistics* 2005—06, ATO, Canberra.

Department of Family, Community Services and Indigenous Affairs (2005), *Giving Australia. Research on Philanthropy in Australia. Survey of Business*. Department, Canberra. Mark Lyons and Susan Hocking (2000), *Dimensions of Australia's Third Sector*, CACOM, UTS Lindfield.

Mark Lyons and Andrew Passey (2005), *Australians Giving and Volunteering* 2004. *Giving Australia*; *Research on Philanthropy in Australia*. Department of Family, Community and Indigenous Affairs, Canberra

Andrew Passey and Mark Lyons (2005) "Voluntary Associations and Political Participation" in Shaun Wilson et al eds*Australian Social Attitudes. The First Report*, UNSW Press.

Lester Salamon et al (1999), *Global Civil Society. Dimensions of the Nonprofit Sector*, Center for Civil Society, Johns Hopkins University, Baltimore.

Introduction to Not-For-Profit Organisations (Charitable Organisations) in Australia

Gina Anderson

Background

With our convict background and settler movement, modern Australia did not have either the aristocratic wealth of Europe or the industrialising wealth of the USA. However wealth was created in the 1800s with gold rushes and the development boom-particularly in commodities-followed by a big crash in the late 1800s. By 1890s there was an explosion of charitable organisations which were highly innovative and self-sufficient in culture, due to isolation. Community based institutions such as hospitals also started as charities, supported by individuals and governments.

After two world wars and the Great Depression in the first half of the 20th Century, Australia took years to rebuild. Without a big manufacturing base, and suffering the tyranny of distance, we really didn't have the wealth creation that much of the rest of the developed world enjoyed.

While there have always been a few who have made a lot of money, it wasn't until the past 15 years with a boom in commodities and structural changes in our economy due to the internet and the emergence of the Asian region as an economic powerhouse that vast wealth has been created in a whole cohort of people-primarily in the mining, property, finance and IT sectors.

With this wealth creation, we have seen the rise of the "Living Donor". As part of a global trend the 'Living Donor' is challenging assumptions about the role of the NFP sector and the ways things are done. These newcomers have decided to build their ways of giving from the ground up-changing the very shape of giving. In doing so they are not content to accept the status quo. As they learn about the not-for-profit sector, they are questioning current methods, seeking best practice and focusing on solutions rather than responding to crisis points. But they are also bringing with them skills and knowledge from the business sector and intellectually engaging with the big intractable issues to see how their skills might be used to best effect for the community

Introduction to terms used in Australia

- Charity/Charitable

The majority of philanthropic trusts must fund charitable purposes. The terms 'charity' and 'charitable purpose' have a legal meaning which differs from the popular understanding of the terms. Throughout this report, the terms are used as follows:

Charitable-purposes which are charitable under Australian law

Charity-an entity which has been endorsed as a Tax Concession Charity (TCC) by the Australian Taxation Office

- Deductible Gift Recipient (DGR)

A DGR is a fund or organisation that has been endorsed by the Australian Taxation Office as a deductible gift recipient, meaning that donors can claim a tax deduction for donating to that organisation. Some DGRs are listed by name in the income tax law. For other organisations to be DGRs, they must fall within a general category set out in the income tax law. Examples include public benevolent institutions, public universities, public hospitals and school building funds.

• Foundation

The word 'foundation' has no legal meaning. Throughout this report it is used to indicate a charitable trust which exists for the purpose of making grants to not-for-profit organisations.

• Not-for-profit / non-profit

A not-for-profit (or non-profit) organisation is an organisation whose primary objective is something other than the generation of profit for its members/shareholders. Only not-for-profit organisations are entitled to endorsement as charities or as deductible gift recipients. However, the majority of not-for-profit organisations have neither endorsement, either because they are too small for endorsement to be worth the effort, or because they are not eligible.

Defining NFPOs

When thinking about these issues, I always return to description of the difference between For Profit Organisations or businesses and Not-For-Profit Organisations:

In a For-Profit Organisation or Business:

The quality of the product/service determines the quality of the revenue

In the Not For Profit Organisation:

The quality of the product/service fulfils the Mission

The quality of the relationships determines the quality of the revenue

This is very important because it describes the connection in the For-Profit-Organisation or Business between the person or organisation purchasing or receiving the service and the person or organisation paying for the service and conversely the disconnect in the NFPO. It also emphasizes the importance of the 'Mission' of the organisation.

Activities included in Not For Profit Sector cover a wide spectrum of civil society:

- Culture & Recreation
- Education and Research
- Health
- Social Services
- Environment
- Development and Housing
- Law, Advocacy & Politics
- Philanthropic intermediaries & voluntarism promotion
- InternationalDevelopment
- Religion
- Business & Professional Associations & Unions
- Other

The Productivity Commission's Draft Report into the "Contribution of the Not-for-Profit Sector" released on 14 October 2009 describes the role of NFPs in Australia:

Role of NFPs

- They are established for a community purpose
- Add value to the community through both delivery of services and the nature of their production processes
- Many activities would not be undertaken by business or government
- Can be more effective than government or business in bringing services to marginal groups in society
- May generate benefits beyond service delivery such as building community resilience.

The Productivity Commission's Draft Report describes the sector in Australia as large and diverse:

- of the around 600, 000 NFPs, (excluding body corporates) a little less than a quarter have a formal legal structure, and of these only 59, 000 are employers and/or have an 'active tax role' -about 26, 000 have DGR status and about 19，000 are "charities" .

• the Australian Bureau of Statistics satellite accounts found these 'economically significant' NFPs contributed ＄43 billion to Australia's GDP and 8% of employment in 2006—2007.

• Over the 7 years to 2006—07，the contribution to GDP has more than doubled in current price terms and the NFP contribution to GDP has increased from 3. 3% to 4. 1% reflecting the strong growth in the NFP sector over this time.

• 4. 6 million volunteers work with NFPs，with an imputed additional contribution to GDP of ＄14. 6 billion. More Australians are volunteering (35% of adults in 2006 up from 24% in 1995)，but for fewer average hours and the proportion of volunteering in community services has fallen (increase in culture/arts and sport) .

Legal Framework

Turning to the legal framework，Australia has one federal government，and six (6) state governments

AllNFP organisations are required to comply with relevant state，federal and common law. Differences across the federal and state jurisdictions in regulation are not coherent and are complex to navigate. As charity law has been developed through case law there is no statutory definition of "charitable purposes" . In addition in Australia trust law is state not federal. Tax law，on the other hand，is federal.

Charitable status and tax deductible status

Attracting philanthropic support，either from foundations or from individual donors，is dependent on two endorsements in Australia-Deductible Gift Recipient and Tax Concession Charity. The majority of other countries have only one level so that all charities are automatically entitled to all tax concessions. In Australia，being a charity does not automatically entitle an organisation to (for instance) offer a tax deduction to its donors. Tax deductibility is covered by the separate category of DGR endorsement.

Endorsement to access charity tax concessions is the approval processa charity must follow if it is to access one or more of the following concessions:

- income tax exemption
- Goods and Services Tax charity tax concessions
- Fringe Benefits Tax rebate, or
- Fringe Benefits Tax exemption.

Foundationsand Trusts are required to abide by the relevant tax and charity law, both Commonwealth and State-based. For those seeking funding, this means a number of issues.

• Some foundations can only fund organisations that the Australian Tax Office (ATO) has endorsed as a DGR (Deductible Gift Recipient)

• Some foundations can only fund organisations that the ATO has endorsed as a Tax Concession Charity (TCC)

• Some foundations can only fund organisations that have both DGR and TCC endorsements

• Some foundations can fund almost any not-for-profit entity provided that the funding is spent on activities which are legally charitable

To make this even more complicated, some foundations can only fund organisations that have a certain kind of DGR endorsement. There are two main kinds of DGRs:

• Item 1 DGRs, known informally as 'doing' DGRs. These are the organisations which carry out the hands-on work-health promotion organisations, counselling, welfare organisations, etc.

• Item 2 DGRs known informally as 'giving' DGRs-which have no purpose other than to make or collect money in order to give it away.

The rule is that one 'giving' DGR cannot give to another 'giving' DGR-otherwise the money could go from foundation to foundation without any actually being spent on charitable activity. Most organisations that apply for grants from foundations will be a 'doing' DGR, but there are some entities which have been set up as fundraising foundations-often attached to a hospital or cultural entity-which are 'giving' DGRs. There are many foundations which cannot fund the 'giving' type of DGR.

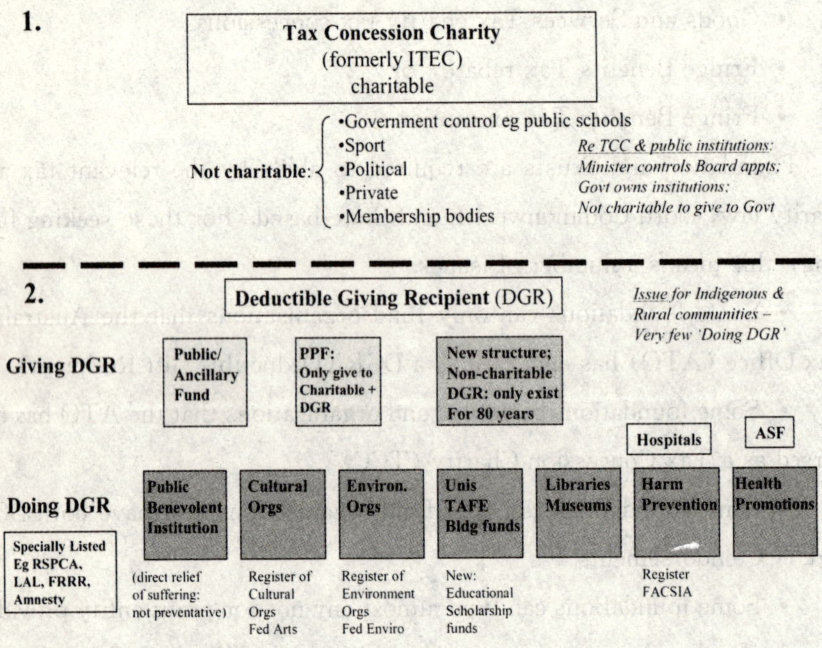

1. Charity law and endorsement as a Tax Concession Charity (TCC)

Many trusts are required to fund either charities or charitable purposes. Charities are entities whose sole purpose is charitable; in practical terms proof of an entity's charitable status is considered to be endorsement by the ATO as a Tax Concession Charity. "Charitable purposes" is more difficult to define as there is no statutory definition. The definition of charity in Australia is a common law definition based on the Statute of Elizabeth (dated 1601). The modern interpretation is from the 1800s and defines four "heads of charity". This definition still survives in Australia. The four heads of charity are:

- the relief of poverty
- the advancement of education
- the advancement of religion
- other purposes beneficial to the community not falling under any of the preceding heads

While the last seems broad, it is more restrictive than at first glance. The ATO is the body responsible for endorsing entities as charitable and has set out the purposes which are not charitable as being:

- The purpose is to confer private benefits
- The purpose is sporting, recreational or social
- The purpose is illegal or against public policy
- The purpose is political or lobbying
- The purpose is commercial
- The purpose is governmental
- The purpose is vague or insufficient value for the community.

If endorsed as a charity, an organisation is entitled to access tax concessions including income tax exemption. It is not, however, entitled to offer a tax deduction automatically.

Not all charities are entitled to be endorsed as DGRs, and not all DGRs are charitable at law. Examples of organisations which are charitable but not entitled to DGR endorsement include:

- Peak bodies
- Advocacy groups

Examples of entities which are entitled to endorsement as DGRs but may not be charities include:

- Public schools
- Public hospitals
- Public libraries, museums and art galleries

An entity considered to be an arm of government carrying out a normal government function may be entitled to endorsement as a DGR, but it is not considered to be a charity at law.

2. Deductible Gift Recipient status（DGR）

Being endorsed as a Deductible Gift Recipient enables an organisation to offer a tax deduction for donations. This is a primary factor in attracting donations from the public. It also entitles certain types of DGR organisations to other concessions including FBT exemption.

In order to receive DGR endorsement an organisation must fall into one of the categoriesspecified in the Income Tax Assessment Act 1997. The broad headings of these categories are:

- Health
- Education
- Research
- Welfare and rights
- Defence
- Environment
- The family
- International affairs
- Sports and recreation
- Cultural organisations
- Ancillary funds

There are detailed categories within each of these headings, and an organisation must fall within one of these categories. For example, theheading 'Education' has fourteen categories.

There are also certain entities which are named in the DGR legislation, most of which do not fall into any of the categories within the table. There is no application process for entities which do not fall into DGR categories to apply to be named in the legislation. Inclusion is a political process and is generally not initiated by organisations.

DGR is an important factor in both philanthropic support and public support.

• Philanthropic support

Many philanthropic trusts, including all PAFs (formerly PPFs) and Public Ancillary Funds are themselves DGRs. This means that by law they can only make grants to other DGRs.

• Private support

Offering a tax deduction to donors may not necessarily affect the decision to give, but evidence supports the supposition that it affects the amount they give, when they give and to whom they give. This is particularly true of high-net-worth individuals.

DGR is not the only criteria for philanthropic trusts. Charitable status, while it has little effect on garnering public support, is a vital element for most philanthropic trusts. A majority of Will trusts are limited by law to funding only entities with charitable purposes. Some are limited to funding charitable organisations, that is, those which are endorsed as Tax Concession Charities by the Australian Taxation Office.

Benefits of a tax deduction-indirect public funding for NFPs

Tax incentives do not generally govern whether an individual gives. However, tax incentives including particularly tax deductibility are an important factor governing the level of giving. Therefore it would be more advantageous to attracting money from high net worth individuals if such initiatives were able to attract DGR status and provide donors with a tax deduction.

• Plurality-taxpayer directs the allocation of public support for NFPs
  * individuals maybe better at identifying charitable causes, and connections can be enhanced
  * donors can impose discipline on recipient (but government has less control over its contribution)
• Can provide public support to politically sensitive causes
• Potentially increases the level of giving and possibly allocation of

donations if eligibility is limited to only some types of NFPs

International Charity Regimes

Unlike Australia which has two separate charitable endorsements which determines different tax concessions-Deductible Gift Recipient and Tax Concession Charity-, the majority of other countries have only one level of endorsement meaning that if an organisation is endorsed as a charity it is automatically entitled to all tax concessions.

Comparisons to other countries

United Kingdom

In the UK, a statutory definition of charity was legislated in 2006 (Charities Act 2006). This redefined charitable purposes in the UK, providing 12 specific heads of charity and one general one.

The list is:

- The prevention or relief of poverty
- The advancement of education
- The advancement of religion
- The advancement of health or the saving of lives
- The advancement of citizenship or community development
- The advancement of the arts, culture, heritage or science
- The advancement of amateur sport
- The advancement of human rights, conflict resolution or reconciliation, or the promotion of religious or racial harmony or equality and diversity
- The advancement of environmental protection or improvement
- The relief of those in need by reason of youth, age, ill-health, disability, financial hardship or other disadvantage
- The promotion of the efficiency of the armed forces of the Crown, or the efficiency of the police, fire and rescue services or ambulance serv-

ices; and

- Other purposes that are currently recognised as charitable or are in the spirit of any purposes currently recognised as charitable

United States of America

In the US the relevant status is "nonprofit", commonly also known as a 501 (c)(3) organisation. Nonprofit organisations are exempt from income tax and also able to offer a tax deduction for donations. Charities are included in the definition of "nonprofit organisations" . The relevant definitions are listed in section 501 (c) (3) of the United States Internal Revenue Code. The eligible purposes in the Code are:

- Religious
- Charitable
- Scientific
- Testing for public safety
- Literary
- Educational
- To foster national or international amateur sports competition
- To promote the arts
- For the prevention of cruelty to children or animals

As there is only one level of endorsement, regulation surrounding which entities a philanthropic trust can grant to is much simpler. This means that US tax code enables foundations to obtain 501 (c) (3) status and to grant to any other 501 (c) (3) organisation regardless of whether it falls into the definition of "charitable" .

The US definition of "charitable" is also broader than that in Australia, being defined as "organized and operated for purposes that are beneficial to the public interest" . A number of examples are given:

- Relief of the poor, the distressed or underprivileged
- Advancement of religion

- Advancement of education or science
- Erection or maintenance of public buildings，monuments or works
- Lessening the burdens of government
- Lessening of neighbourhood tensions
- Elimination of prejudice and discrimination
- Defence of human and civil rights secured by law
- Combating community deterioration and juvenile delinquency

Canada

The Canadian situation is similar to the Australian except that there is only one level of tax concessions，being charitable status. Canada follows the same four heads of charity as Australia does and endorsement is provided by the Canada Revenue Agency. Charitable entities are entitled to provide tax deductions for donations and they are entitled to some tax concessions such as GST rebates.

New Zealand

The New Zealand Charities Commission has been established to register and monitor charities as well as provide the charitable sector with management and good governance advice. The New Zealand definition of "charitable purposes" follows the same four heads of charity as the Australian one. Charities are entitled to exemption from income tax. Charities and some non-charitable entities can offer donors a tax deduction for donations.

(Ms. Gina Anderson，Chief Executive Officer，Philanthropy Australia)

Objectives and Achievements of Australian Not-For-Profit Organisations (Charitable Organisations) from a philanthropic perspective

Gina Anderson

I would like to begin this section by recognizing that philanthropy in action across our countries is not new.

Fon Ah Mouy (1869—1955)

Fon Ah Mouy died in Australia in 1955 and via his will established a trust to benefit two hospitals in Hong Kong and a school for orphans in China. In 1955 his fortune was nearly AUD£322，000 and within 50 years the Trust had grown to more than AUD＄14，300，000. Fon nominated two hospitals to receive annual donations in perpetuity; the Chung Wah and the Kwong Wah. Both hospitals now form the major part of the Tung Wah Group of Hospitals，which provides Western and Chinese health care free of charge to the needy. Like his brothers and sisters，Fon received a good education，attending a private school in South Melbourne. He ran the store for nearly 50 years，purchased 10 properties and held many debentures and shares.

Fon's father，Louey，was the first Chinese migrant in Victoria，in southern Australia，and research suggests he was largely responsible for the Chinese coming to Victoria for the gold rushes. Louey wrote to one of his brothers near Guangzhou about the discovery of gold in 1853. The letter was intercepted by the imperial authorities and printed in newspapers. By May 1853 more than 500 Chinese migrants had arrived in Melbourne.

In his will, Fon also named the Madame Chiang Kai-Shek Orphanage in Taiwan, China as a beneficiary. Now known as the Hua Hsing Children's Home, the school teaches students from kindergarten level to Grade Six. The children are refugees, orphans and children from disadvantaged circumstances. In 1982 it erected a new Assembly Hall and dedicated the building to the memory of Fon Ah Mouy, in conjunction with another large donor.

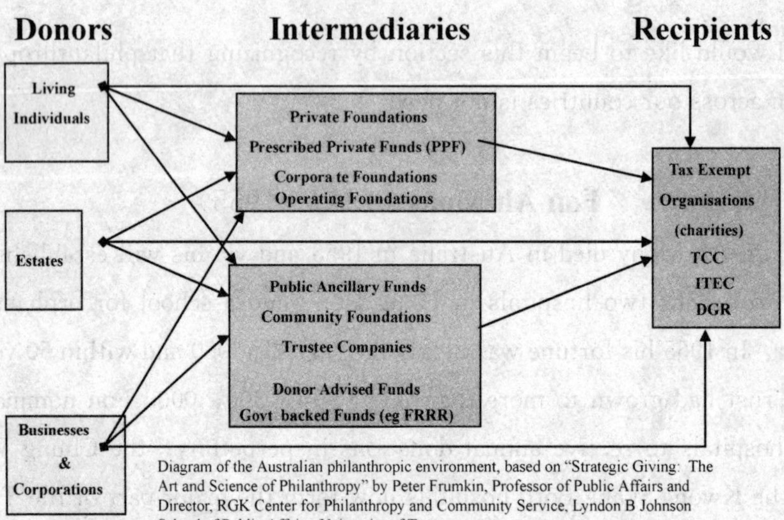

Diagram of the Australian philanthropic environment, based on "Strategic Giving: The Art and Science of Philanthropy" by Peter Frumkin, Professor of Public Affairs and Director, RGK Center for Philanthropy and Community Service, Lyndon B Johnson School of Public Affairs, University of Texas

The movement of philanthropic funds from donors to recipients

Giving and volunteering in 2004 by recipient sector

• Giving by Individuals is approx ＄5. 7 billion pa in the 12 months to January 2005

• 13. 4million Australians [86. 9% of the adult population] made donations

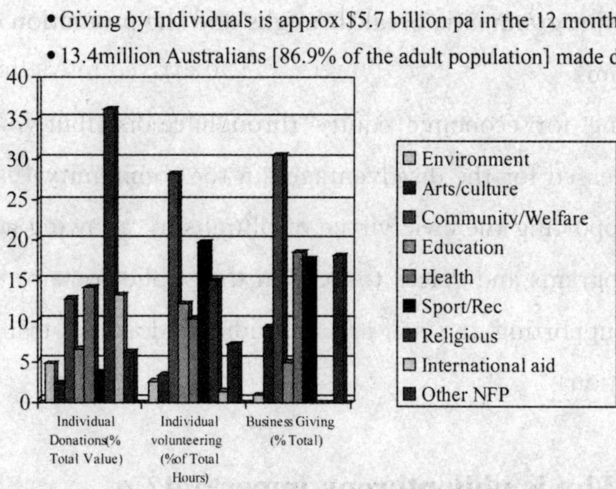

Giving Australia: Research on Philanthropy in Australia October 2005, PMBCP

• The latest charity tax statistics from the Australian Tax Office (20 March 2009) advise that in the 2006—07 financial year individuals claimed $1, 885 million in deductible gifts-a 21% increase on the 2005—06 financial year.

Philanthropy

At Philanthropy Australia we define philanthropy as the "planned and structured giving of money, time, information, skills, voice and influence for the well-being of humanity and the community" . When someone chooses to put aside a significant amount of money for the community they bring with them all their skills.

In his book "Strategic Giving: The Art and Science of Philanthropy" by Professor Peter Frumkin, from the University of Texas in USA identifies 5 Purposes (or drivers) of Philanthropy

Change: Using private funds to create social and public policy change (from community empowerment and advocacy to the critical role of social inquisitor)

Innovation: Locating and supporting important social innovations through research or programmatic breakthroughs and the promotion of new thinking and programs

Equity: Striving for economic equity through re-distributive giving (where care is expressed for the disadvantaged in the community)

Pluralism: Supporting the civic virtue of pluralism, allowing a multiplicity of ideas, programs and voices to exist in the public domain

Expression: Supporting the self-actualization of donors (translating their values into action)

Why is philanthropy important?

Bridge between government and the market-providers unique resources, in partnership and through social innovation and investment, to create a more civil society

Private investment for public good. It is different from government and the market and can operate where markets and governments don't, won't, can't and/or shouldn't operate.

As it is notsubject to the ballot box or to shareholders votes Philanthropy can be the "venture capital of social change"

- Invest in research and development
- Take risk
- Invest in innovation
- Fund for the long term

Link between people and people's organisations globally:

- NFP sector supported by philanthropy can link people and societies through national and international giving

Indispensable to democracy:

- Growth of civil society; empowerment of society and the individual through giving of money, time, information, goods and services, voice and influence

- Gives voice to the marginalised and disadvantaged
- Critical for strong democracy and a fair inclusive society

Great philanthropy depends on a strong NFP sector

Philanthropy and Government have Complementary Characteristics

Philanthropy	Government
Entrepreneurial/High Risk Tolerance	Cautious/Risk Averse
Independent/Trusted	Responsive to pressure from stakeholders
Start up capacity only	Capacity for scale
Long term horizons	Often short term timeframe
Deep，bottom up knowledge	Top down perspective
Innovation focus	Efficiency focus

Scope of Philanthropy in Australia

- Pluralist and highly diverse sector
- Different priorities，interests and geographic focus
- Different foundation structures and operating models
- Different risk profiles and timeframes

Philanthropy and giving structures in Australia

Formal philanthropic structures in Australia are as follows：

- Testamentary or Will Trusts

These are the oldest form of existing foundations in Australia. They are established by a Will and do not come into operation until after the benefactor's death. The majority of them are Tax Concession Charities and therefore income tax exempt but donations to them are not tax deductible. They are not limited to funding DGRs unless it is stipulated in the will that they do so, but they must fund the charitable purposes specified in the Will.

- Private Charitable Trusts

These have been established during a donor's lifetime through trust deed. They are able to obtain TCC status and therefore income tax exemption, but donations to them are not tax deductible. They are not limited to funding DGRs unless it is stipulated in the trust deed that they do so, but they must fund the charitable purposes specified in the deed.

- Private Ancillary Funds (PAFs)

The Prescribed Private Fund (PPF) structure was established in 2001 and was redeveloped as the Private Ancillary Fund (PAF) structure in 2009. There have been over 800 PAFs established making them the fastest growing form of philanthropy in Australia. Donations to PAFs are tax deductible and they can in turn only fund other DGRs. The majority of PAFs are also charitable, and they must therefore fund DGRs which also have TCC status, but it is possible in some States to establish a PAF which is income tax exempt but not charitable. This allows granting to a wider variety of DGRs (depending on the State in which the PAF is established).

The PAF structure is particularly attractive to families and "new donors" who are seeking a tax effective structure.

- Ancillary (Public) Funds

Sometimes just called public funds, these are established by trust deed for the support of charitable organisations. They are charities, and donations to them are tax deductible; in return the foundation can only fund other DGRs which also have TCC status. (Can also become ITEFs like PPF/PAFs) Ancillary funds must be controlled by a committee, the majority of which have a degree of responsibility to the general public, and the public must also contribute to the fund. Because of the requirement for public contributions and public participation, ancillary funds are not generally used by high-net-worth individuals. The structure is often used as a fundraising vehicle for hospitals and charitable organisations, or for foundations which maintain "sub-accounts" for individual donors such as community foundations.

- Companies

While the vast majority of grantmaking philanthropic entities are trusts, a number are companies which operate a public fund for grantmaking and which are specifically named in the tax legislation.

Living donors-Global Trend

The philanthropic traditions in Australia derive both from the English cultural and institutional origins, and the new world experience which Australia shares with the heartland of philanthropy, the USA.

Historically, "giving" has not been a conspicuous aspect of the Australian civic culture. British sociologist Karen Wright describes the approach to philanthropy of the British, as private, low-key support through small unplanned donations to universal causes, in contrast to the American, in which giving is public, planned, and unapologetically connected with personal identity. Domestic, household giving in Australia's reflects the nation's history as a convict settlement, based on the outreach of the British colonial government (unlike, as in the USA a flight from it), apparent unease about extravagant wealth, and the community's expectations of a significant role for government in the provision of basic services. Accordingly, private philanthropy-the voluntary giving of substantial amounts of money for public purposes by individuals and families-has played a relatively small role in Australian society to date.

I often speak about the lack of understanding philanthropy in Australia. In fact when I joined Philanthropy Australia in 2005 many people asked me whether I was going to change the name of Philanthropy Australia-as philanthropy was considered such an 'old word'. However in mid 2006 Warren Buffet changed all that.

Warren Buffet the second richest man in the USA announced that he was donating the bulk of his fortune to the foundation set up by the richest man in the USA. The Bill and Melinda Gates Foundation was already the biggest foundation in the world. With Warren Buffet's donation it doubled in size and completely changed the philanthropic landscape. Today Bill & Melinda Gates have already given about US＄15 billion-more than the Rockefeller Foundation has distributed since its creation in 1913 (even adjusted for inflation) .

Warren Buffet's donation was extraordinary for a number of reasons：

• He didn't follow the usual practice of setting up a library/art gallery or indeed a foundation in his own name. Rather he did what he had always done-he backed who he believed were the best people in the field-the Gates

• He put a sunset clause on his donation-saying that all the money must be spent within 50 years of the death the last surviving of Bill and Melinda Gates，thereby pushing the Gates Foundation to spend big large sums of money on today's problems.

• He made a statement that has been repeated to me many times. He said that he was leaving his children enough money to do what they want-but not enough money that they could to do nothing.

Following Warren Buffet's announcementthe reporting of philanthropy in Australia and globally changed.

Indeed up until the late 1990s，most foundations and trusts in Australia were set up through wills and bequests-on the death of the donor. Over the past ten years a number of new players have come to prominence：

• Corporate Australia is becoming increasingly sophisticated and prominent in the way it approaches its community involvement，community development and social investment；

• Private Ancillary Funds (PAF)，a rapidly growing form of private philanthropic foundation (now 800 from standing start in 2001 with est. ＄1. 3 bn+

under management) -usually started when an individual or family have a spike in income often through the sale of an asset or inheritance.

• Donor advised funds such Community Foundations, funds with financial services organisations

• First generation of women who have made their own money rather than inherited from their father/husband or brother

• Mass affluent: those earning large salaries who don't have spike in income that is often the catalyst for setting up a PAF but they are nevertheless giving often tens of thousands of dollars per year.

These donors have a number of characteristics in common:

• They are business people and they understand the language of business and they are often bewildered by the language of the NFP sector

• They are used to the concept of doing business globally; for this reason, their idea of community is global and all-encompassing. They don't see their community as part of the world; they see the world as their community. These are donors who wish to be active both inside and outside Australia; they wish their giving to encompass a wide realm.

• And they are well informed, sophisticated and confident. Through the internet, they are able to inform themselves about activities, projects and organisations all over the world. They are much less inclined to rely solely on external advice, and far more likely to actively investigate problems, projects and potential solutions. In some cases they will wish to apply their own business skills to assist the organisation or project they are donating to

• They don't want to write a cheque and rely on the recipient to know the best way in which to use the money-in other words they don't want to be treated as an ATM! They are informed and active. They want engagement; to be provided with measurable outcomes for their donations; to have influence-but they don't want control.

With transparency and the global nature of philanthropy we in Australia are seeing the influence of a more visible philanthropy. While not the same promotion of philanthropy as in the US, we are nevertheless seeing our philanthropic donors beginning to talk publicly about the areas and causes they are supporting in leadership and stewardship roles. They are encouraging and pushing their friends and peers to increase their giving. Not only that, if you read the Annual Reports of large public companies in Australia, it is now standard for company directors to list the charities and NFP organisations they are involved in.

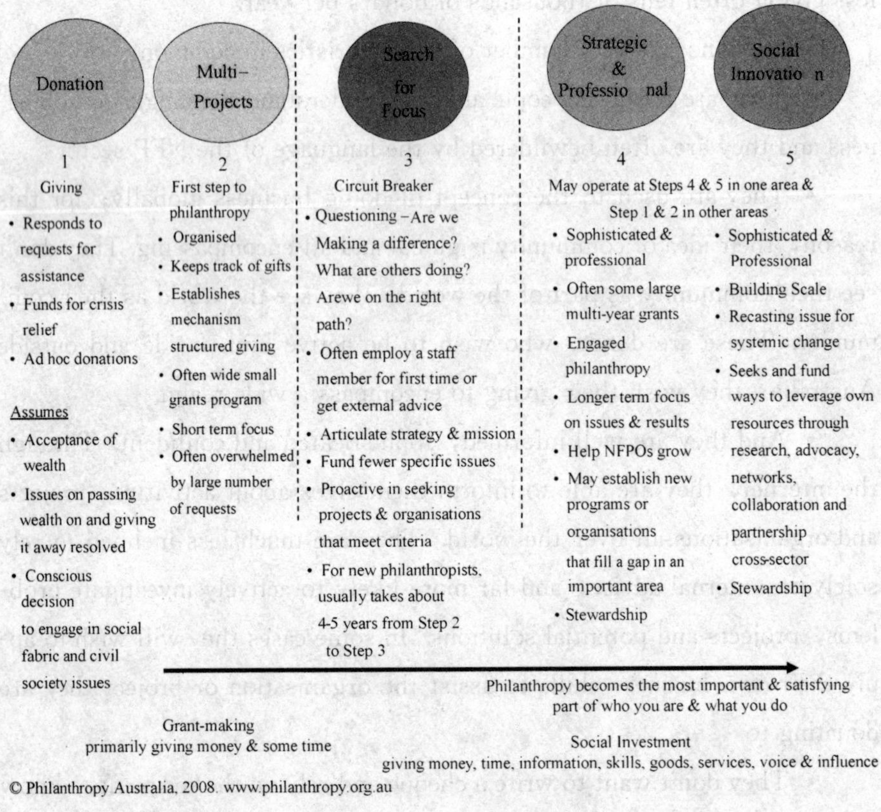

Five Steps of Philanthropy

PAFs and Philanthropy

The Private Ancillary Fund (PAF) is a private philanthropic foundation which enables the donor to get a tax deduction while retaining control over the investment decisions and the granting decisions of the foundation. It is the fastest growing form of philanthropy in Australia.

The PAF structure is understandable and convenient and can be used by individuals, families or companies. It must have "Responsible Person" and must be audited. Recent improvements in the legislation have ensured that it is simple to understand, simple to comply with, simple to administer, simple to monitor.

When the PAF was introduced it filled a gap in the structures which facilitated additional giving rather than redirection of existing activity. It acted as a catalyst for donors to become engaged with the community sector and has become a big support of social innovation. For many families the PAF as become the "family glue" and is encouraging inter-generational giving.

Growth in PAFs

From their introduction in 2001 there are now more than 800 PAFs with more than \$1.3 billion under management. While we understand the first 100—150 were set up by people who were already giving to the community and used the PAF to structure their giving, the following 600 PAFs are bringing new money to the community sector. With the recent improvements in legislation we anticipate a surge in new PAFs in the next few years.

PAFs build a culture of Philanthropy

The real success of the PAF structure is that it provides a structure which has facilitated additional giving to the community. Because those setting up a PAF have made a substantial financial commitment to the not-for-profit sector, they have become intellectually engaged with issues facing society, bringing their time, their skills, their voice and their influence. They have encouraged their families, their friends and their peers to become engaged with the community sector. In so doing, the PPF has been a significant catalyst in building a culture of philanthropy in Australia which is so important in building a socially cohesive society.

International Comparisons

In their report "Good Times and Philanthropy: Giving by Australia's Affluent" Associate Professors Madden and Scaife of the Queensland University of Technology outlined some of the international comparisons:

- World Wealth Report (Merrill Lynch/Capgemini, 2007) estimates that top 17% of ultra rich donors globally (assets of US$30m+) give away 10% of assets annually
- Global high net worth donors give between 3% and 11.8% of their portfolios annually
- Australia's gift levels increased in past decade to 2005 from 0.7% to 1.98% of their taxable incomes
- While no detailed figures exist, the wealthiest of Australia's affluent ($1m+ in taxable income) do not appear to be engaging in philanthropy, as a group, to the extent indicated by global trends
- Tax statistics indicated that making substantial donations still constitute an exception rather than a norm for the wealthy inAustralia.

Other giving in Australia

Corporate Community Investment and Involvement

- Corporate Foundations
- Corporate Community Investment
- Workplace Giving
- Sponsorship

Challenges for NFP Sector in Australia

- Sheer complexity of charity law

• And its inconsistent interpretation and implementation

• The Tax arrangements for philanthropy are outdated

• Wealthiest Australians not a generous as global peers (especially US)

• NFP organisations must manage the expectations of the new philanthropists. Need to articulate what is a reasonable expectation and what is an unreasonable expectation and demonstrate why that's so

Challenges for NFP Organisations in Australia

• Growing calls for accountability and demonstrating impact

• Purchasing arrangements for services are putting pressure on government-NFP relations

• Paid workforce shortages and a changing environment for volunteers

• Cross jurisdictional differences and complexities, of the federal government and six state governments, impose unnecessary regulatory burdens

Reference Material

	Title	Link to publication, if available
1.	Title: Author (s): Publisher: Publication Date:	Trustee Handbook: Role and duties of Trustees of Charitable Trusts and Foundations in Australia By David Ward Published by Philanthropy Australia 2008
2.	Title: Author (s): Publisher: Publication Date:	Trustee Handbook for Private Ancillary Funds By David Ward Published by Philanthropy Australia 2009

	Title	Link to publication, if available
3.	Title: Author (s): Publisher: Publication Date:	A Grantseeker's Guide to Trusts & Foundations By Vanessa Meachen Published by Philanthropy Australia 2009
4.	Title: Author (s): Publisher: Publication Date:	A Guide to Giving for Australians By Vanessa Meachen Published by Philanthropy Australia 2006
5.		PhilanthropyAustralia www. philanthropy. org. au www. philanthropywiki. org. au
6.	Title: Author (s): Publisher: Publication Date:	Contribution of the Not-for-Profit Sector Productivity Commission Draft Research Report Published by the Australian Government 2009 www. pc. gov. au/projects/study/not-for-profit
7.		Australian Centre for Philanthropy and Non Profit Studies, University of Queensland www. bus. qut. edu. au/research/cpns
8.	Title: Author (s): Publisher: Publication Date:	"Corporate Community Investment in Australia 2007", report prepared by The Centre for Corporate Public Affairs and the Business Council of Australia www. bca. com. au/Content/99520. aspx

(Ms. Gina Anderson, Chief Executive Officer, Philanthropy Australia)

Australian Red Cross Purpose and Governance Arrangements

Noel Clement

Introduction

This presentation provides an overview of Australian Red Cross as a case study example of a not-for-profit organisation in Australia. While there are some unique aspects that differentiate Red Cross from other not-for-profits, many of our activities, structures and governance arrangements are entirely consistent with other organisations in the not-for-profit sector.

This paper will focus on what Red Cross does and the governance arrangements that support our work. This will include a description of the structures and processes in place as well as a brief analysis of some of the key advantages and challenges of the governance model used in Red Cross.

History of Australian Red Cross

Australian Red Cross was formed in 1914 and is part of the International Red Cross and Red Crescent Movement, the largest humanitarian organisation in the world.

Red Cross Societies operate without political, religious or cultural affiliation. All services are underpinned by seven Fundamental Principles:

Humanity, Impartiality, Neutrality, Independence, Voluntary Service, Unity and Universality.

During its history Australian Red Cross has fulfilled many roles. When it was first established the organisation provided a lot of support to soldiers and their families, including convalescent care for soldiers who returned to Australia with serious injuries. In more recent decades we have shifted to focus on disasters, blood services, international development and health and care services for vulnerable people in the community.

Over the 95 years of our history, Australian Red Cross has become a highly respected and integral part of the Australian community. We have over 30, 000 volunteers and in excess of 2, 000 staff providing support to vulnerable people through more than 150 services across the length and breadth of Australia. Red Cross also has over 40 delegates working with other Red Cross Societies around the world, undertaking important capacity building, development and support roles in response to disasters, conflicts and health care needs.

Vision and Strategic Directions

The vision of Australian Red Cross is to improve the lives of vulnerable people by mobilising the power of humanity.

This vision is used to guide and direct all the work undertaken by Australian Red Cross. It links with the vision of the International Red Cross Movement, and it ties closely to our role as a charitable organisation in the Australian community.

To ensure the organisation is focused on achieving this vision Australian Red Cross has determined seven key priority areas for our work. The 150 services and programs Red Cross delivers therefore focus on these key priority areas:

• Strengthening disaster and emergency services-Building on this Red Cross strength in Australia and overseas we help people and their communities prepare for, respond to and recover from disasters and emergencies. The need for these services is likely to increase with the growing impact of climate change.

• Increasing international aid and development-Working closely with our Red Cross and Red Crescent Movement partners, we will increase our commitment to building well functioning Red Cross National Societies, to health (including HIV), water, sanitation and community health programming.

• Addressing Aboriginal and Torres Strait Islander disadvantage-Through building genuine partnerships with Aboriginal and Torres Strait Islander people and their communities in urban and remote areas, we work to improve life choices and opportunities.

• Overcoming social exclusion by providing bridges back into the community-We work with particular groups of people on the margins (such as ex-prisoners, people with mental illness and homeless people) to help them overcome social isolation. We will apply innovative thinking and the strength of our urban and regional networks to reconnect growing numbers of marginalized people back into their communities.

• Tackling entrenched locational disadvantage-We carefully identify areas of entrenched locational disadvantage throughout Australia. We commit to working with these communities for at least 7 to 10 years to build on strengths, maximise opportunities, develop social capital and tackle disadvantage.

• Championing International Humanitarian Law-We will build on our role as champions of the Geneva Conventions (or 'laws of war'), which aim to limit the effects of armed conflict.

• Addressing the impact of migration-We will provide increased support to refugees, asylum seekers, immigration detainees and people who become vulnerable as a result of migration.

While strengthening these priority areas in their own right are a key priority for Red Cross, we also recognise that Red Cross programs contribute to improvement in broader social inclusion. For example, reuniting people separated by emergencies, providing people with practical advice on coping strategies to prepare for and deal with post emergency situations, assisting communities develop programs and set priorities for their recovery from an emergency and providing opportunities for people to become involved with their community through volunteering all make an important contribution to social cohesion and the building of social capital in Australia.

Red Cross Ways of Working

How we work is as important as what we do. Red Cross, like more not-for-profit organisations in Australia, exists to achieve improvements to the lives of vulnerable people, but how we undertake this work is critical to ensuring success and sustainable outcomes for the people and communities we work with.

To ensure we work in ways that build individual and community resilience Red Cross in Australia has adopted the following 'ways of working' that guide all our work:

• Fundamental Principles

All Red Cross work is guided by the seven Fundamental Principles of the Red Cross Red Crescent Movement: Humanity, Impartiality, Neutrality, Independence, Voluntary Service, Unity, and Universality.

• Auxiliary to Government

Red Cross works as an auxiliary to Government in meeting humanitarian needs both within Australia and internationally. This affords Red Cross a unique position in the humanitarian sector.

• Focus on areas of locational disadvantage

Red Cross is making a significant shift in its approach by redirecting resources and energies to a place-based approach-working with the most disadvantaged people in the most disadvantaged places. This requires a rigorous and ongoing analysis of available research along with a change management program that results in locating Red Cross services and people in areas of greatest disadvantage.

• Long term commitment to those we work with

Available evidence indicates that short term commitments will not work. Red Cross works with communities for a minimum of 7—10 years to ensure any changes are sustainable.

• Negotiated role with communities we work with

How we work with communities is as critical as what we do. Consistent with the Core Policy Principles for Engaging with Indigenous Communities, Red Cross only works with communities that agree to our involvement and on the basis of a reciprocal partnership with those communities. A place-based approach requires a consultative and responsive style of working; communities are actively involved in the planning, implementation and review of Red Cross responses.

• Community Development

Red Cross is committed to using community development approaches and principles in its work. Empowering communities to create their own solutions can improve overall social cohesion and is critical to sustainable long term change.

• Building on strengths

Red Cross recognises the inherent strengths of all people, and in working with those who are disadvantaged delivers training and skills development programs that build on these strengths. Consistent with the Ottawa Charter for Health Promotion (WHO 1986), Red Cross recognises that developing personal skills helps people to exercise more control over their own lives and environments.

• Prevention and Early Intervention

While supporting and continuing to provide crisis interventions in appropriate circumstances, Red Cross prioritises programs and other responses that take a preventative approach or that intervene at the earliest possible point to address disadvantage and vulnerability.

• Work with strategic partners

Red Cross cannot achieve sustainable outcomes as an isolated responder and cannot be the expert in all endeavours. Red Cross works with community groups, corporate organisations, governments and other not-for-profits to meet the needs of communities. In some situations Red Cross may facilitate but not provide solutions or services.

• Avoiding Duplication

Red Cross endeavours to deliver services and programs where others are not, or where Red Cross can provide a better service or a clearly differentiated response. In core areas of priority, Red Cross recognises that there are other agencies working in the same sector and will endeavour to work wherever possible in partnership with these agencies, in order to maximise the benefits to the disadvantaged individuals and groups we are committed to serve.

• "Joined-Up" Response

Red Cross responses contribute to development of an integrated service and community development system that stretches across artificial boundaries or service silos. This includes establishing linkages locally and engaging with other providers already working in the community.

• Mobilising resources to help find community solutions

Red Cross redirects existing resources and locates new resources to ensure communities are in the best position to create sustainable solutions. This may mean that Red Cross provides or finds resources but does not always implement activities, depending on the required expertise and the needs of communities.

• Action based on best practice and evidence, outcomes that are measured and evaluated

Critical to this entire strategic direction is a focus on evidence-based practice, with Red Cross programs thoroughly evaluated and outcomes accurately measured. Program models and initiatives must be informed by available research on effectiveness; innovations must be properly evaluated and documented. Red Cross will draw on a wealth of practice material it has access to locally and internationally. Red Cross will analyse and respond to the different needs of men and women. A combination of internal capacity and strategic partnerships will be required.

• Advocacy is an intrinsic part of what we do

Red Cross utilises the information and evidence derived from its programs and partnerships to advocate for disadvantaged and marginalised people and communities. Information gathered at local levels is critical to inform advocacy positions. Advocacy is a central component of all program design and ranges from casework practice guidelines through to Government delegations and public campaigns.

• Mobilising Volunteers

Research demonstrates that a critical indicator of a socially cohesive and resilient community is one with high levels of volunteerism. Increasing volunteerism can have significant positive impacts on health and social wellbeing outcomes. Red Cross, given its skills, expertise and mandate in volunteering will invest in communities by increasing the level of community volunteering as an important community and service enabler.

• Engaging with people reflective of our diverse community

Red Cross ensures its services are accessible to the diverse communities we serve. Access and equity issues are identified and addressed in program design and review, including analysing and responding to the different needs of men and women. In order to be able to respond effectively to the diversity and complexity of community need, Red Cross mobilises a more diverse workforce including its volunteers and staff, who will come from a diverse cross-section of the community.

Internal Management Structure

See Appendix 1

Australian Red Cross is a single national organisation with both national and state/ territory (or provincial) offices.

The National Office is responsible for the strategic directions, policy and support functions of the organisation, including program development, financial management, human resources, information technology, marketing, fundraising and communications. The National Office is located in Melbourne (Victoria) but there are National Office staff located in many offices around the country, most notably in Sydney.

State and Territory offices (or provinces) are responsible for implementation of the strategic directions including service delivery within their geographic boundaries. State and Territory Offices are located in each capital city and some employ up to 300 staff. State and Territory offices are overseen by an Executive Director, who reports ultimately to the National Office.

Many States and Territories also operate Regional Offices, particularly where the geographic area is particularly large or complex. Regional offices are used for service delivery and member engagement activities and often employ fewer than 20 staff. Regional staff report through to the State or Territory Office.

The organisation is managed internally by a Chief Executive Officer in National Office, with senior managers who are responsible for key functions and geographic locations.

Other key executive level positions in the organisation include:

• Director of Services and International Operations-who is responsible for all humanitarian programs of Australian Red Cross.

• Chief Financial Officer-responsible for the financial management of the organisation and, while reporting to the CEO, also has legal responsibilities around financial accountability.

• Director Marketing, Fundraising and Communications-responsible for the generation of large portions of the organisations resources including public fundraising, bequests and corporate sponsorships.

Some functions in the organisation are managed centrally, including information technology, finance, human resources and commercial operations.

Whereas services and other humanitarian programs are managed through a matrix of responsibilities. National Office staff are responsible for strategy, resources, policy and the broad settings of all programs and State/ Territory offices are responsible for program implementation. For example, my role is responsible for the strategic development and oversight of all Services in Australia, but implementation of those services is overseen by an Executive Director in each State or Territory office location.

Australian Red Cross has a culture of organisational collaboration and makes all efforts to have a 'one Red Cross' approach to all our work.

Red Cross employs over 2, 000 staff and has over 30, 000 volunteers across Australia. All management and staff positions are paid employees, all volunteers are non-paid positions but some reimbursement of expenses can be provided to volunteers (e. g. some travel costs) .

All staff are ultimately accountable to the Chief Executive Officer (CEO) and the CEO in turn is accountable to the Red Cross Board.

Incorporation by Royal Charter

There are a number of ways that not-for-profits can be legally constituted in Australia. While the most common are under the Associations and Incorporations legislation others can be incorporated through company structures more akin to business enterprises.

Red Cross is one of few organisations that are incorporated through a

Royal Charter, which is effectively approved by the Governor General of Australia. This unique status in part stems from our history as a Branch of the British Red Cross and also from our status as an auxiliary to government in the humanitarian sphere. Red Cross Societies cannot be registered as a Non-Government Organisation at the United Nations. To be established as a Red Cross Society the government of a country needs to be a signatory to the Geneva Conventions and to have enacted legislation related to those obligations.

Despite this important distinction to the legal basis of Red Cross, the charter and rules of Australian Red Cross and the governance arrangements that flow from them are very consistent with many other charitable and not-for-profit organisations.

Charter and Rules

The Charter and Rules of Red Cross outline how the organisation is governed, and need to be amended whenever governance changes are required. This has been undertaken twice in the past three years to reflect ongoing change and development of Australian Red Cross.

Key changes made in recent years include a strengthening of the role of the Red Cross Board and a consequent change in the role of State and Territory (or provincial) Boards to that of an important advisory function.

The charter and rules can only be changed through a meeting of the Red Cross Council, our highest level governing body, and must then be approved through government to enable changes to the Royal Charter.

The charter and rules outline the detail about the membership structure, the role of governing bodies and how governance decision processes must operate. The Charter and Rules therefore provide some stability and surety for the organisation's governance.

Independence from Government

While Red Cross is an auxiliary to government in the humanitarian field, it is also entirely independent from government. Independence is one of the seven fundamental principles of Red Cross.

Australian Red Cross receives funding from government for many humanitarian programs, and works closely with government in many areas, but maintains its unique role as a separate entity as do other not-for-profit organisations in Australia.

Charitable/ Not for Profit Status

As will be outlined in the second presentation, Red Cross and other similar organisations in Australia are granted charitable status known as Public Benevolent Institutions through the Australian Taxation Office. This provides taxation and other benefits to Red Cross, employees and donors.

Red Cross Membership

Red Cross is a membership-based organisation, with over 23, 000 current members across Australia.

Members come from all areas of the country, all professions and a diversity of backgrounds. However, Australian Red Cross has a dominance of members who have been with the organisation since the time of the 1940s. Many joined as children or were involved in post-war support for return soldiers.

Australian Red Cross, like most similar organisations, has some significant challenges with generating and sustaining membership. Membership numbers have dropped significantly over recent decades and continue to be in decline. This is in part due to the changing nature of Australian society with more people in the paid workforce and fewer hours for people to get involved with organisations. However, it is also due to the changing expectations of younger generations who want to 'come and go' from organisations instead of belonging to an organisation for their entire lives.

Red Cross is currently working on a strategy to re-invigorate the membership of the organisation, which will need to clearly outline the future role of members in the organisation and the methods of membership that will attract younger and more diverse members.

Governance Reforms

As noted earlier, Australian Red Cross has undergone significant governance reform in recent years. Key changes have included:

- Strengthening the role of the Red Cross Board as the key governing body for the organisation.
- Changing the role of State and Territory office Boards to an advisory function, with an important role to play in guiding the work of the organisation in that area of the country.
- Re-affirming the roles of governance and management-with governance focused on policy and strategy.
- Updating voting and membership structures to provide a more equitable voting system across the country.

These reforms have assisted to organisation to operate as "One Red Cross" instead of the 8 Red Cross approaches seen prior to the changes. While the organisation often operated like a federation, it has always in fact been a single organisation.

Overview of Governance Structure

See Appendix 1

The governance structure of Australian Red Cross has multiple levels and is based on representative voting by members as the 'shareholders' of the organisation. The following are key elements of the governance structure:

• National Council

The National Council is the highest level governance body of Australian Red Cross. It usually only meets one per year at the Annual General Meeting where it elects the National Board members from within its ranks and approves any changes to the Charter and Rules of the organisation.

There are 36 members of the National Council, including 2 representatives from each State and Territory.

• Red Cross Board

The Red Cross Board is elected annually by the National Council and is responsible for governance oversight of the organisation throughout the year. The Board meets at least 6 times per year.

Board members include the President, Vice President, 8 State and Territory Board chairpersons and a number of external members appointed for their specific expertise or knowledge.

Further information about the operations of the Red Cross Board is explored in more detail below.

• State and Territory Councils and Advisory Boards

State and Territory Councils generally meet on an annual basis and provide a forum for members of that State or Territory to elect people as representatives onto the National Council and State Advisory Board.

State and Territory Advisory Boards provide advice on local issues of significance to the organisation, including issues of vulnerability in their jurisdiction. While no longer autonomous decision making bodies, these are important forums to ensure local level ownership of the organisation and to inform strategic and policy directions at the national level.

• Branches and Units

Branches and Units comprise groups of members who support the organisation in meeting its strategic objectives. Branches and units are usually organised at a very local level and can comprise small to large numbers of members. Branches and Units are responsible for voting people onto State Councils and Advisory Boards, which then in turn elect people to the National Council and Board.

• Members

Members of Red Cross join the organisation and provide an annual fee as part of their support for the organisation. Members are able to vote in elections of the organisation and are the basic building blocks of the organisation's governance arrangements. Members are effectively the 'shareholders' of Red Cross.

Red Cross Board

As noted previously, the Red Cross Board has responsibility for governance of the organisation throughout the year and is elected by members of the National Council.

Like many modern Board in Not-for-profit organisations, the Red Cross Board has adopted many of the features of corporate Boards, including a separation of governance from management. The governance focus is on strategy and policy, rather than getting involved in the detail of organisational management, which is delegated to the Chief Executive Officer.

Unlike corporateorganisations, Red Cross Board Members are not paid and do not receive any other financial reward for their service. Like other volunteers Board members can have expenses reimbursed.

The current Red Cross Board includes:

• President (previously referred to as Chairman)

• Vice President (previously referred to as Vice Chairman)

• Chair of ARMC (Audit & Risk Management Committee)

• ARCBS Board Chair (Australian Red Cross Blood Service)

• 8 State and Territory representatives

• Youth Representative

• 4 External appointments recruited for their specific skills or expertise

Decision making of the Board is through majority voting where required.

The Board has a number of Sub-Committees established to assist in its operations, key committees include:

- Audit and Risk Management-responsible for oversight of financial and risk management processes.
- Asset Strategy-responsible for maximizing the asset base of the organisation (buildings, investments).
- Advisory Committees-responsible for providing strategic and policy advice in specific areas of activity (e. g. disaster services).

Advisory Committees usually comprise members of the Board and some co-opted members recruited for specific expertise.

Public Accountability

Like all not-for-profits in Australia, Red Cross is required to account publicly for its activities and expenditure. The formal mechanisms include:

- Annual Report-This is published and released on the website. The Annual Report includes both financial results and key achievements for the year. A copy of the annual report needs to be submitted to government authorities as part of the organisation's legal status.
- Annual General Meeting-to provide an overview of the year's activities and presentation of the financial results of the organisation.
- Published Financial Accounts-as part of the Annual Report above the results of external audits are released publicly and submitted to relevant government authorities.

In addition, there are specific accountabilities to government funding bodies and corporate supporters that need to be met. These often include copies of published reports but can extend to additional audit and information release.

Advantages

The governance arrangements of Australian Red Cross offer some significant advantages, particularly since the reforms of recent years. These include:

• Clear rules

The charter and rules provide clarity in how the organisation's governance arrangements function. The reforms in recent years have provided the opportunity to update and simplify the charter and rules, which were originally written in the 1940s.

• Voluntary governance

All governance members volunteer their time to the organisation, so none of the organisation's scare resources are used to provide payment to governance members.

• Representative structures

The membership and election structures of the organisation ensure governance members are representative of the views and interests of the widerorganisational membership.

• Setting organisation directions for management to implement

Following modern governance arrangements means the Red Cross Board focuses on strategy and policy and delegates responsibility for management of the organisation to the Chief Executive Officer.

• Diversity of viewpoints

The inclusion of external experts and the representative structure improves the diversity of skills, expertise and viewpoints that are so critical to informed decision making.

• Public trust and goodwill

Clear governance, local representation and the reach of membership across the country all help to secure and maintain public trust and goodwill in the organisation. This trust and goodwill is essential to the organisation's survival, not least in the area of public fundraising.

• Confidence of government and other funding bodies

A robust governance system is critical to gaining the confidence of funding bodies including government. Investing millions of dollars in the organisation requires a level of due diligence from funding bodies, who are keen to understand how an organisation is ultimately governed.

• Influence

Board members can help the organisation in its influence with government and corporateAustralia, which can be used to further the strategic goals of the organisation, including advocating for policy change to improve the lives of vulnerable people.

Challenges

Despite the level of reform in Australian Red Cross governance arrangements there remain some major challenges, many of which would be shared with other not-for-profits. These include:

• Strategy not management

It can be very challenging for some Board members to remain focused on strategy and not want to involve themselves in day to day management of the organisation.

• National and State/ Territory commitments

The majority of Board members are elected by members from their State or Territory. This can create a real or perceived split-loyalty both to the interests of the organisation as a whole and to the interests of a particular geographic part of the organisation.

• Expectations of representatives

Governance of a large organisation like Red Cross requires a significant investment of time and energy from members. This can impact personally on the members, including loss of income in some situations.

• Size and complexity

Red Cross is a highly complex organisation. There are around 90 people involved in governance across the organisation. The processes needed to ensure representative involvement of members across the country are necessarily complex and involved.

• Financial Impacts

While governance members are not paid, the costs of servicing a large membership and governance base can still be significant and can divert resources away from the meeting the needs of vulnerable people.

• Appropriate skills and experience

A representative structure does not guarantee governance members will have appropriate skills and expertise needed to oversee a large and complex organisation like Red Cross. This is in part mitigated through having several externally appointed Board members who are recruited specifically to address skill and expertise gaps on the Board.

• Appropriate delegations

It can be challenging to strike the right balance between empowering management with appropriate delegations and retaining control at the Board level.

• Change management

There can be a lot of resistance of change from members who have supported the organisation for decades. There is a need to respect and acknowledge the past while ensuring the organisation remains relevant.

• Voices of Vulnerable People

Given the organisation's primary reason for existing is to meet the needs of vulnerable people it is critical to ensure the voices of those people are heard at governance levels of the organisation. Australian Red Cross is yet to have a significant number of members who are drawn from the groups the organisation helps.

Conclusion

This paper has outlined the governance arrangements of Australian

Red Cross as an illustrative example or case study of not-for-profit organisations in Australia. Red Cross has undergone significant governance reform in recent years, which has improved the governance arrangements of the organisation, but there remain some significant challenges in an organisation that is based on a membership structure which dates from the 1940s.

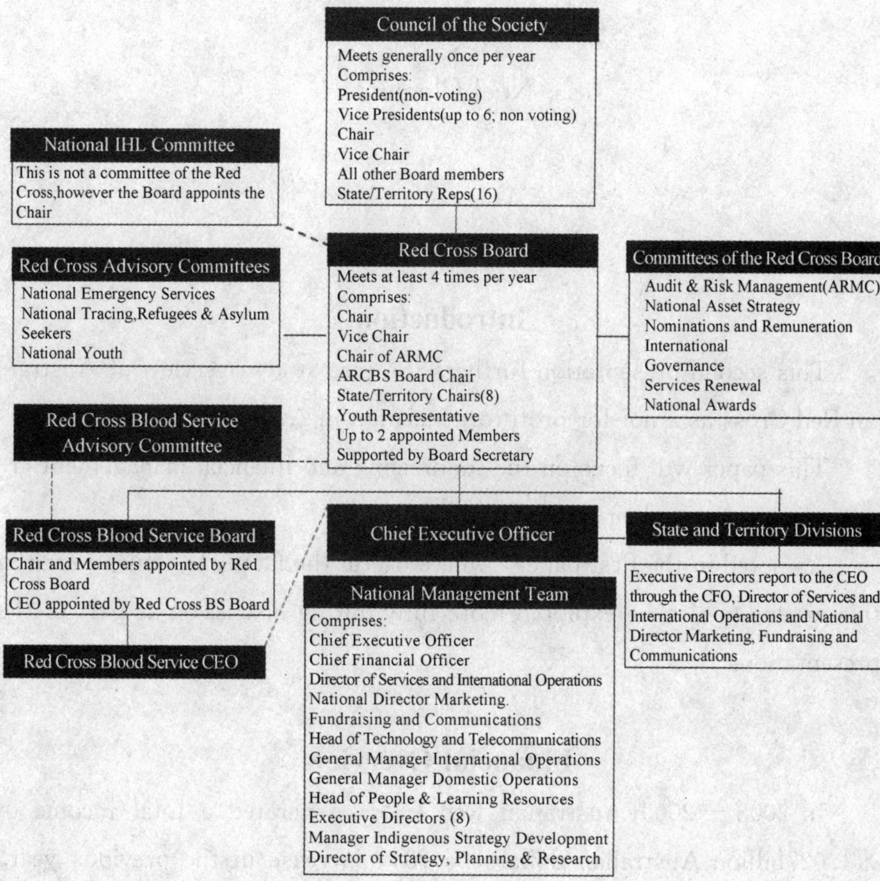

Appendix 1

(Mr. Noel Clement, Head of Australian Services, Australian Red Cross)

Australian Red Cross Fundraising and Financial Management Arrangements

Noel Clement

Introduction

This second presentation furthers the case-study overview of Australian Red Cross as a not-for-profit organisation in Australia.

This paper will focus on the fundraising and financial management arrangements that support our work.

As noted in the first paper, where useful the facts and issues raised in this paper can also be explored more fully during discussion as part of the presentation.

Financial Overview

In 2008 — 2009 Australian Red Cross generated a total income of ＄1.027billion Australian dollars, a 73% increase in the previous year. This increase was due largely to the Victorian Bushfires Appeal 2009, which raised in excess of ＄373 million Australian dollars for people and communities affected. All bushfire funds were transferred into a Trust Account established by the government.

Red Cross humanitarian programs and services had a total income of over ＄200million Australian dollars.

The Australian Red Cross Blood Service received $446million from government to provide blood supplies to the country. Given the Blood Service operates as a separate division of the organisation the figures in the rest of this presentation will exclude the blood services.

Revenue Sources

Australian Red Cross receives funding and generates income from a diverse range of sources. While most revenue is provided directly by government, there is also a sizeable amount of income raised by the organisation through public donations, bequests, corporate supporters, philanthropic trusts/ foundations and commercial ventures.

A quick overview of each funding source is provided below.

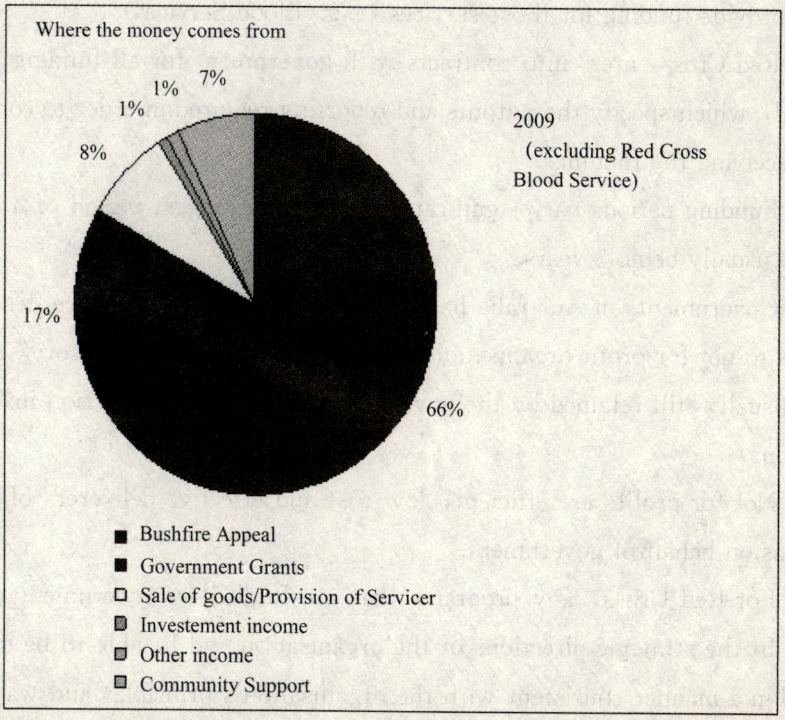

Government Funding

Australian Red Cross receives funding from the Australian Government and each State/ Territory (or province) Government. In 2008—2009 over 54% of Australian Services in Red Cross were funded by governments. However, when Bushfire Appeal results are excluded from total income received, government funding represents 83% of funding in financial year 2009.

Funding from governments is usually provided for a specific service or activity, such as a Family Support Program or the Personal Helpers and Mentors Program.

Red Cross often competes with other not-for-profit organisations for government funding through a competitive tendering process. However, in some situations government will directly source services from Red Cross and provide funding for those services (e. g. Blood Services) .

Red Cross enters into contracts with government for all funding provided, which specify the outputs and reporting required in order to continue receiving the funding.

Funding periods vary significantly, with the longest period of a contract usually being 3 years.

Governments in Australia have "contracted out" most service delivery roles to not-for-profit organisations; although some core "statutory" roles are usually still retained by the government (e. g. child protection investigations) .

Not for profits are efficient, low cost and effective deliverers of programs on behalf of government.

For Red Cross, any programs that are funded by government must still fit the strategic directions of the organisation and be able to be delivered in a manner consistent with the organisation's principles and ways of working. Red Cross does not accept or seek funding from government for programs that cannot meet these criteria.

Corporate Supporters

Many corporate organisations (businesses) provide support to Red Cross programs through donations or sponsorship.

In 2008—2009 Red Cross received over $2. 3m in tied funds from corporate supporters and Trusts & Foundations (see below) for its programs and activities.

Corporate supporters of Red Cross include banks, insurance companies, health food companies, supermarket chains, retail stores and manufacturing companies.

Red Cross provides recognition of corporate supporters in promotion and marketing, with an agreed level of recognition based on the level of support provided. This may include printing of company logos on material produced, annual report acknowledgement and public mentions in advertising campaigns.

Philanthropic Trusts and Foundations

Red Cross regularly receives grants from Philanthropic Trusts and Foundations. This funding is usually for limited periods of time (e. g. 12 months) and normally funds innovative or other new activities.

Some corporate organisations have established charitable foundations (e. g. First National Real Estate Foundation) and provide more significant levels of assistance under a multi-year agreement.

Public Fundraising

There are many different approaches to public fundraising employed by Red Cross and other charitable organisations in Australia.

These range from traditional approaches (raffles, door knocks) to more recent models (planned giving) . A quick snapshot of these methods is outlined below.

• Major Donors

Targeting of high net worth individuals who want to support charitable causes. Often this is achieved through establishing a direct relationship with the donor over an extended period of time. Major donors can be a highly efficient and reliable source of income but requires an upfront investment from the organisation.

• Fundraising Campaigns

These include the annual "Red Cross Calling" campaign where Red Cross seeks donations during March of each year and undertakes a comprehensive campaign (advertising, website, door knocks, events etc) to encourage donations.

Fundraising campaigns provide high profile opportunities to raise funds and can generate large amounts of money, but the costs associated with them are often quite high and the organisational effort over an extended period should not be underestimated.

• Disaster Appeals

Red Cross regularly launches public fundraising appeals in response to both international and domestic emergencies. These are often highly successful, as evidenced by the Victorian Bushfire Appeal ($373m) and the Asian Quake and Tsunamis Appeal ($120m) . However, funds raised from disaster appeals must be used for the purpose they are collected for and therefore usually do not support the ongoing operations of an organisation.

• Bequests

Many people will leave money to be given to Red Cross after their death, which is referred to as a bequest and is mentioned in the person's last will and testament. While highly cost effective, bequests can also be understandably unreliable sources of regular income.

• Planned Giving

This is a more recent approach to fundraising employed by Red Cross and many other charitable organisations. Donors are 'recruited' by a private company on behalf of the charity to provide regular donations deducted directly from their bank account or salary. Planned giving can be expensive in the initial start-up phase, but the long term cost effectiveness is excellent with the ongoing costs of servicing donors being very low. Donor retention is usually very high.

• Public Fundraising Methods

There are many ways that people can provide a donation to Red Cross. The following are often deployed during campaigns and disaster appeals:

• Website-donations directly on the Red Cross website are highly effective and low cost.

• Call Centres-while these can be higher cost, the use of volunteers during emergencies and donated call centre facilities can make this method highly effective.

• Door to door collection-the need to recruit, train and monitor door to door collectors often makes this a less effective and more expensive option, but it can yield results during a campaign.

• Third party-often during a campaign or disaster appeal other organisations or groups will collect on behalf of Red Cross. This is managed by registering the groups and providing clear directions on the Red Cross website. While the costs are very low, the capacity for Red Cross to manage and monitor third party collectors presents particular challenges.

• Raffles and Events-as mentioned previously, traditional approaches such as raffles and events (e. g. Red Cross Ball), have not been found to be very cost effective. While there can be other benefits (such as the profile and goodwill that comes with a fun event) the amount of organisation required is often underestimated.

• Most cost effective methods of public fundraising

As outlined above, the most cost effective methods in Red Cross experience include planned giving，bequests，major donors and website donations.

The most effective time to collect funds is almost always during or after a major disaster，but these funds are generally used directly for that disaster and therefore do not support the other operations of the organisation.

• Fundraising Laws

Strict laws and regulations are enforced for all fundraising in Australia. For instance，all raffles and events need to be registered with the State or Territory Government authority，and inquiries can be conducted by governments into fundraising activities. This links directly to taxation legislation which is outlined separately below.

Commercial Operations

Another important area of income generation for Australian Red Cross is our own commercial operations. These are established as business arms of the organisation and their primary purpose is to generate a surplus that can be used to fund both infrastructure and humanitarian programs.

It is important to distinguish the purpose of Red Cross commercial operations from those of the for-profit sector to ensure the organisation maintains its charitable tax status. A key distinction is that all ‘profits’ from Red Cross commercial operations are put back into the not-for-profit activities of the organisation and Red Cross directors and members do not receive a share of ‘profits’.

Australian Red Cross currently operates the following as commercial ventures：

• Retail shops

Red Cross shops are established in major shopping locations around the country and offer a mixture of secondhand，new and vintage clothing and homewares. While these were once operated as ‘opportunity’ or ‘charity’ shops, the new model of Red Cross shops is much closer to a mainstream retail outlet. Shops are still supported by volunteers, but a store manager is appointed to oversee operations.

• Training

Red Cross is a Registered Training Organisation in Australia, which means we are able to offer both accredited and non-accredited training and provide formally recognized qualifications. Red Cross currently provides a range of courses, but the greatest area of business is in the first aid, health and safety arena.

Training is provided to corporate enterprises, community groups and individuals.

Red Cross also produces and sells a range of first aid kits and other merchandise.

• Investments

Red Cross also has investments in property and shares that generate some income for the organisation. These are managed through the Asset Strategy Committee of the Red Cross Board.

Taxation Status

Red Cross as a not-for-profit and charitable organisation in Australia has been granted a special taxation status as both a Deductible Gift Recipient (DGR) and a Public Benevolent Institution (PBI) . Not-for-profit organisations need to apply for this status, which is approved through the Australian Taxation Office. Not all not-for-profits are granted this status.

As a Deductible Gift Recipient (DGR) Red Cross is able to receive donations from tax paying members of the public and can issue receipts that the donor can use to offset their own taxation. This provides an incentive for donors to both reduce their taxable income and to benefit charitable organisations at the same time.

As a Public Benevolent Institution Red Cross must demonstrate that its purposes are primarily related to charitable relief, which is articulated in government legislation and common law. This taxation status provides significant advantages for the organisation.

Key benefits include an exemption from some taxes, including the Goods and Services Tax (GST) in many situations. As a PBI Red Cross is also able to offer employees additional taxation benefits that effectively increase the staff member's take-home pay while reducing the amount the organisation needs to find from its resources. This is achieved through 'salary packaging' where a proportion of the salary is paid directly to cover debts of the employee on a tax-free basis.

There are however significant challenges with having DGR and PBI status. The activities of the organisation can come under close scrutiny from the Australian Taxation Office if they are perceived to stray from the strict purposes of a charitable organisation. The legislation that specifies these purposes is recognized to be out-of-date in many areas, most notably in the expectation that charitable organisations focus exclusively on immediate relief, which is contrary to modern practice where organisations are often involved in prevention, relief and recovery activities over extended periods of time. This has been particularly challenging in response to the Victorian Bushfires Disaster Appeal, where the need to support businesses, farmers and long-term re-building programs have conflicted with the requirement to only provide immediate relief to people in distress.

Financial Management Arrangements

Australian Red Cross financial management arrangements don't differ greatly from most large organisations-both profit and not-for-profit.

The organisation employs a Chief Finance Officer (CFO) who oversees all financial management arrangements, including direct management of finance staff. The CFO along with the Chief Executive Officer report to the Board on all financial matters. A Board sub-committee (Audit and Risk

Management Committee) provides governance oversight.

Accounting and audit requirements are also consistent with the private sector. Red Cross complies with Australian accounting standards and has an annual audit conducted by an independent audit firm. The results of the audit and financial outcomes of the year are posted on the website and published in Annual Reports. A series of reports are also provided to government.

Financial controls in place include:

- Annual Budget process
- Monthly Variance Reporting
- Single General Ledger for the organisation
- Financial management delegations approved by the Red Cross Board
- Regular Reporting toRed Cross Board
- Reporting to external funding bodies (e. g. Government)
- Internal audit processes
- External audit

Advantages

In addition to the advantages of Red Cross as a not-for-profit organisation already outlined through this paper, the following are worth highlighting:

- Building civil society

Red Cross provides significant opportunity for people to participate in the creation of civil society. Over 30, 000 people participate in Red Cross as volunteers, over 2, 000 as staff and hundreds of thousands as donors and supporters of the organisation. This gives a wide proportion of people the opportunity to 'give back' and to make a difference in the lives of vulnerable people.

- Capacity for public, corporate organisations, philanthropic bodies and governments to contribute

The funding structure of the organisation means there is ample scope for public and private sectors to support the organisations purposes and activities. Whether it is for an ongoing program, a contribution through purchasing in a Red Cross shop or a donation to a disaster appeal there are many ways for people to provide their support. Taxation arrangements provide added incentive for people to support the causes they want to help.

• Diversified funding base manages risk

While relying heavily on government monies in many areas, a reliance on government funding alone would be a significant risk to an organisation like Red Cross. A diversified funding base enables the organisation to prioritise programs and activities that meet the strategic goals of Red Cross without the uncertainty that can come from changing government priorities.

• Efficient and effective structures-volunteer contributions

The contribution of volunteers, pro-bono support from many businesses, and the extra effort contributed by Red Cross staff all help to maintain a level of cost-efficiency that profitable organisations could not maintain. These both maximizes the use of resources the organisation has access to and also encourages both government and other donors to support the organisation knowing that funds are put to proper use.

• Public accountability

A high level public transparency and accountability is increasingly expected charitable organisations in Australia. This focuses the organisation's attention on maintaining the high trust people have for Red Cross. Without this level of accountability and trust Red Cross would not receive the financial and volunteer support it currently enjoys.

• Delivery vehicle for government funded programs

Red Cross as a national organisation, with a presence in local communities across the country, has an excellent capacity to support government funded programs. Red Cross will only seek to undertake these programs where they are also consistent with the purposes and strategic goals of the organisation.

Like many not-for-profit organisations in Australia, Red Cross is able to implement many programs more effectively than government could do itself because of the level of public trust and the direct involvement of community members in the organisation.

- Focus on meeting the needs of vulnerable people not generating profit

As noted previously, the capacity for Red Cross to meet its own strategic objectives and to implement programs that respond to the needs of vulnerable people are central to all the organisation does. Our funding and management arrangements are all structured to maximize this capacity.

The organisational focus on outcomes of vulnerable people, and not on profits, means we are entirely focused on what will make a meaningful and sustainable difference in the lives of those we are here to serve.

Challenges

There are of course some challenges with the structure, income sources and financial management arrangements of organisations like Red Cross. Key challenges include:

- Funding body expectations

It is important to be clear about the expectations of a funding body, be it government or a corporate supporter. It can be particularly problematic where Red Cross accepts funds for a purpose that is not entirely consistent with the objectives of the organisation.

- Donor expectations

When members of the community provide funds to Red Cross they also have expectations for how those funds will be used. Very clear statements about the use of funds received, and regular communication to donors, are the keys to managing expectations.

• Clarity in purpose of funds for public appeals

It is critical that Red Cross clearly states the purpose of all public appeals and ensures this is effectively communicated to all potential donors. Any perceived inconsistency in how the organisation uses funds can create significant reputational damage and impact on the organisation's capacity to continue generating public support.

• Costs of fundraising

The costs of raising income are a highly vexed issue for Australian charities. While there are clearly administrative and other costs associated with raising income these are often poorly understood or accepted by donors.

• Need for diversity of funding

As noted previously it is critical that Red Cross maintains a diversity of funding sources in Australia to ensure it can meet its strategic objectives. A heavy reliance on government funding means the organisation can be exposed to the whims of government funding priorities instead of Red Cross priorities.

• Importance of long term funding

Red Cross is committed to long term programming that creates sustainable outcomes for vulnerable people. Government funding is often limited to 3 year cycles and does not provide the stability and continuity often needed to deal with entrenched problems.

• Administrative overheads and indirect costs

This is a similar challenge to the costs of fundraising. It is critical that the organisation strikes the right balance between the level of administrative overheads (or indirect costs) and the level of direct program costs. Benchmarking with other organisations and communicating the actual costs of running an organisation like Red Cross are both important strategies to get this balance right.

• Funding major infrastructure

While government and corporate supporters will often fund Red Cross for particular programs and initiatives, the major infrastructure needed by the organisation is often an area the organisation struggles to find resources to support. The availability of commercial and other incomes are critical to maintaining the infrastructure of the organisation, as is an appropriate level of contribution from government.

• Delegations and financial controls

Red Cross delegations attempt to get financial decision making down to the lowest level possible without impacting on the financial control of the organisation. Red Cross works to breakdown heavy bureaucracy through flexible and autonomous local management of resources where possible, but tight controls over some expenditure have been necessary to curb costs (e. g. travel, staffing recruitments) .

Conclusion

This paper has provided information about Australian Red Cross as a case study example of a not for profit organisation in Australia. Red Cross has much to learn from the operation of not-for-profits and other organisations in China and looks forward to opportunities to exchange ideas and experiences.

(Mr. Noel Clement, Head of Australian Services, Australian Red Cross)

后　　记

本书是中国国家民间组织管理局与澳大利亚人权委员会三次研讨会文章结集。自 2008 年以来，中国国家民间组织管理局与澳大利亚人权委员会合作，双方共同召开了中澳培育发展非营利组织、培育发展社区社会组织、培育发展基金会三次研讨会。研讨会邀请了来自澳大利亚和中国的政府官员、社会组织代表、专家学者，围绕会议主题，共同探讨、交流中澳培育发展社会组织的经验。研讨会中，澳方专家从理论和实务层面，深入介绍了澳方的经验、法律、制度，中方代表交流了中国的实践、思路与建议，大家深入沟通、互相学习。这也为我们借鉴澳大利亚好的经验和做法，进一步完善中国社会组织管理与培育制度提供了有益的理论及实证支持。在澳大利亚人权委员会的支持下，为扩大合作影响，推广和分享合作成果，我们把 2008 年以来三次研讨会的专家发言、交流的文章结集出版。

澳大利亚人权委员会主席凯瑟琳·布兰森女士对双方的合作高度重视，多次亲临指导，大卫·罗宾逊局长、白书亚先生以及娜塔莎·德席尔瓦女士、莫林·哈里斯女士等对项目合作的立项、设计、执行倾注了巨大心血，给予了重要支持，澳大利亚人权委员会对三次研讨会的召开和本书的出版给予了资助，我们在此表示深切的感谢！同时，谨对参与、关心和支持中澳社会组织领域合作的各界人士致以诚挚的谢意！

由于水平有限，时间仓促，缺憾在所难免，恳请有关专家、学者与广大读者批评指正。

廖 鸿

2010 年 8 月

Epilogue

The book collects articles from the three seminars of China State NGOs Administration and the Australian Human Rights Commission. From the year 2008, State NGO Administration of China and Human Rights Commission of Australia jointly hosted three seminars: Sino—Australian International Seminar on Government Support for the Development of Non—Profit Organizations, Seminar on Sino—Australian Community NPOs Development and China—Australian International Seminar on the Development of Charitable Foundations. Government officials, representatives of NGOs, specialists and scholars from China and Australia invited to the seminars discussed and shared the experiences on Government Support for the Development of Non—Profit Organizations around the theme of the seminars. Specialists from Australia presented the practice, legal system and institutions in theory and practice, while representatives from China informed its practice , development concepts and suggestions on the development of NGO. Deeply exchanges of opinions and mutual learning from each other will provide the good experience and practice of Australia, and will help us to acquire theoretic and positivistic support to further improvement on the administration and support system on development of NGOs. With the help of the Australian Human Rights and Equal Opportunity Commission, we anthologize the specialists' presentations and the articles of all the three seminars to publish, in order to expand the cooperation influence, as well as to promote and share the cooperation results.

We will thank Ms Catherine Branson, president of the Australian Human Rights Commission. She paid close attention to the cooperation and came to the spot to direct for several times. We will thank Mr David Robinson, Officer of International technological cooperation Bureau, Mr Joshua Bird, Ms Natasha de Silva and Ms Maureen Harris for their important supports and great effort to the design, determination and execution of the project. We will thank [th3] Australian Human Rights Commission, for its financial support on the three seminars and the publishment of this book. At last, we will also sincerely thank people of all walks of life who have participated, concerned and supported the Sino－Australian cooperation on the development of NGOs.

However, because of the limitation of our knowledge and time, there might be errors in the book. Criticism and suggestions from specialists, scholars and readers would be welcome.

By Liao Hong

August 2010

图书在版编目（CIP）数据

社会组织建设的新视野：中国和澳大利亚经验分析/廖鸿主编．—北京：时事出版社，2010．11

ISBN 978-7-80232-369-8

Ⅰ．①社… Ⅱ．①廖… Ⅲ．①社会团体—中国—文集②社会团体—澳大利亚—文集 Ⅳ．①C23-53

中国版本图书馆 CIP 数据核字（2010）第 204187 号

出版发行：时事出版社

地　　址：北京市海淀区万寿寺甲 2 号

邮　　编：100081

发行热线：（010）88547590　88547591

读者服务部：（010）88547595

传　　真：（010）68418647

电子邮箱：shishichubanshe@sina.com

网　　址：www.shishishe.com

印　　刷：北京百善印刷厂

开本：787×1092　1/16　印张：31.75　字数：415 千字

2010 年 11 月第 1 版　2010 年 11 月第 1 次印刷

定价：75.00 元